赵 强 主编
张志强 副主编

· ZHUCUN DIYI SHUJI ·
JIANG TUOPIN

驻村第一书记讲脱贫

復旦大學出版社

编　委　韩　煦　王　睿　孙晓雷　甲干初
　　　　王英豪　潘　晨　贺瑶瑶　杨宇禄

序

过上殷实富足的小康生活,是中华民族的美好愿望。党的十八大以来,以习近平同志为核心的党中央坚持"全面建成小康社会,一个都不能少",脱贫攻坚力度之大、规模之广、影响之深前所未有。如今,决战决胜脱贫攻坚不断取得新进展,我国贫困人口已经从2012年底的9 899万人减到2019年底的551万人,贫困发生率由10.2%降至0.6%,越来越多的贫困地区传来脱贫摘帽的好消息。

作为全面建成小康社会的底线任务和标志性指标,全面打赢脱贫攻坚战标志着千百年来困扰中华民族的绝对贫困问题将历史性地划上句号。今年脱贫攻坚任务完成后,我国将提前10年实现联合国2030年可持续发展议程的减贫目标。世界上没有哪一个国家能在这么短的时间内帮助这么多人脱贫,这是人类减贫史上的奇迹,对中国和世界都具有重大意义。这些成绩的取得,凝聚了全党全国各族人民的智慧和心血,是广大干部群众扎扎实实干出来的,彰显了中国共产党领导和中国特色社会主义制度的政治优势。

2020年3月,习近平总书记主持召开决战决胜脱贫攻坚座谈会,强调"脱贫攻坚不仅要做得好,而且要讲得好",要宣传好基层扶贫干部的典型事迹和贫困地区人民群众艰苦奋斗的感人故事。2020年4月以来,复旦大学团委在全国发起了"百名驻村第一书记讲脱贫"系列活动,联合60多家高校和企事业单位开展线上学习交流活动,取得良好反响。"驻村第一书记"向广大青年师生讲述了脱贫攻坚背后一个个真实感人的扶贫故事,生动展现了基层扶贫干部以初心得民心、以倾心换真心的使命担当,真实还原了脱贫攻坚伟大成就背后的壮阔历程。

我曾数次前往复旦大学定点扶贫的云南省永平县,先后同学校派遣的两任"驻村第一书记"一起访贫户、送温暖、献爱心。驻村第一书记舍小家、顾大家,忠诚为党、一心为民,真心为群众办实事、解难事,全力帮助当地发展产业、改善民生,令人钦佩、令人感动。正是因为有无数这样的"第一书记",国家的脱贫攻坚事业才能取得今天这样的决定性成就。为留下这些动人瞬间和勇毅精神,本书从"第一书记"的视角,再现了广大扶贫干部在脱贫攻坚战场上勇挑重担、攻坚克难的真实场景,这些都是我们党带领全国各族人民夺取脱贫攻坚伟大胜利的生动缩影。

"第一书记"的感人故事既生动呈现了中国脱贫攻坚的巨大成就,同时也是高校立德树人最生动、最鲜活的教材。2020年"七一"前夕,习近平总书记给复旦大学《共产党宣言》展示馆党员志愿服务队全体队员回信,勉励大家"在学思践悟中坚定理想信念,在奋发有为中践行初心使命"。当前,复旦大学正深入贯彻习近平总书记重要回信精神,大力实施红色基因铸魂育人工程,高举"宣言精神"伟大旗帜,培养堪当民族复兴大任的时代新人。我们要挖掘好、总结好、利用好这些中华民族伟大复兴征程上的生动案例,将学校"三全育人"工作同中国特色社会主义的火热实践紧密结合,不断探索创新思政工作的模式和途径,引导广大师生进一步深刻领会中国共产党坚定人民立场的根本追求,进一步深刻认识中国特色社会主义制度的显著优势,进一步深刻理解中国面对世界百年未有之大变局所彰显的大国担当。

希望通过这本书,能让更多人坚定理想信念、矢志拼搏奋斗,积极投身夺取脱贫攻坚战全面胜利的伟大征程中,投身国家富强、民族复兴的伟业中,不忘初心、牢记使命,坚定信心、永远奋斗,在新时代的壮阔征程中书写无愧于历史的华彩篇章,向祖国、向人民交出一份满意答卷!

是为序。

复旦大学党委书记 焦扬
2020年9月于复旦园

前　言

2020年,是全面建成小康社会的决胜之年,也是脱贫攻坚的收官之年。为了更好地展现脱贫攻坚成果,2020年4月,复旦大学团委率先发起"百名驻村第一书记讲脱贫"系列活动,充分发挥组织优势,以各分团委、团总支、团支部为抓手,积极调动广大复旦青年参与其中,实现了在校内的院系与人数全覆盖。

为了让更多的青年学生得到感召,复旦大学积极邀请兄弟高校和相关企业共同开展学习活动。截至本书出版前,已经和包括北京大学、清华大学、上海交通大学、浙江大学、中国商用飞机有限责任公司、攀钢集团等在内的60多个单位一起开展了线上学习与交流活动,总覆盖人数超过30万人次。活动也相继得到《人民日报》《中国教育报》"中国扶贫""央视网"等多个媒体、平台的宣传报道。

为巩固线上思政教育成果、进一步扩大宣传和影响,让青年师生在学习基层一线的脱贫故事中更加坚定砥砺奋斗、报国强国的理想信念,复旦大学团委精心整理46位驻村第一书记的讲课稿汇编出版。46位驻村第一书记在百忙之中抽出时间为青年师生带来了有高度、有深度、有温度的讲课,他们的故事动人心弦,他们的行动感人肺腑。在这场脱贫攻坚战役中,他们是最重要的力量之一。他们深入贫困地区,与老百姓想在一起、干在一起,同吃住、同奋斗,以智慧和行动切实帮助老百姓解决最关心的问题。在书中一组组数据的背后,是一户户建档立卡贫困户实现了"两不愁三保障",是一幢幢新房子在村里拔地而起,是一个个特色产业在村里落地实施,是一张张幸福的笑脸和一句句对党和政府的真切感恩。

除了对贫困村情况、扶贫经历和经验的介绍,本书的字里行间还释放着驻村第一书记们对党、国家和人民的深厚情感:有人表明自己前往贫困地区开展扶贫工作的初心,是响应党的号召,是希望尽自己所能在脱贫攻坚工作中收获更积极的成果,希望让人民过上更加幸福的生活;有人回忆了初到村里时遇到的困难,"语言关""气候关""生活关"关关难过关关过,表现出了"不破楼兰终不还"的勇气和恒心;也有人提及自己的家庭,面对打赢脱贫攻坚战的目标和压在肩上的扶贫重任,他们表现出"舍小家、为大家"的无私和奉献,有的甚至带上自己的家人一同参与扶贫……还有许许多多相似的感动在中国大地上闪耀着光辉,正是有着这些感动,才有今日中国的大好河山与国泰民安。

将祖国的山河作为高校思政育人课堂,将一线脱贫攻坚故事变成鲜活的思政育人素材,一直是复旦大学团委开展实践育人的重要内容。本书的出版是复旦大学团委对疫情期间实践育人工作新尝试与新探索的总结,希望通过本书,能让更多的人了解驻村第一书记和驻村干部这个群体,看到在脱贫攻坚战役中他们的努力和坚守,由此读懂中国扶贫故事。

目　录

序　　　　　　　　　　　　　　　　　　　　　　　　　　　/ 1
前言　　　　　　　　　　　　　　　　　　　　　　　　　　/ 1

精准扶贫启航地　脱贫致富排头兵　　　　　　　　　孙中元 / 1
不忘初心　牢记使命　建设新双庙　　　　　　　　　王　卫 / 6
穿越"唐朝"当"村官"　　　　　　　　　　　　　　朱　振 / 10
无需旁白和音乐　真诚即上乘
　　——一个"记者类"扶贫干部的融会贯通　　　　　刘　超 / 15
以实绩践行中交人　"让生活更美好"的美丽愿景　　　金佳炜 / 19
敢教日月换新天
　　——贾家沟村扶贫工作点滴　　　　　　　　　　邹云鹏 / 24
在决战决胜脱贫攻坚的历史伟业中践行初心使命　　　陈郝杰 / 28
"陇上孟河"驻村帮扶记　　　　　　　　　　　　　　谷双魁 / 33
用文化托起官庄幸福的明天
　　——娄烦县官庄村驻村帮扶手记　　　　　　　　孙占伟 / 39
我就是来干活的　又不是来享受的　　　　　　　　　杨　聪 / 46
从"心"出发　践行担当　　　　　　　　　　　　　时圣宇 / 51
不负青春韶华　决胜脱贫攻坚　　　　　　　　　　　徐　宏 / 56
扑下身、沉下心、扎下根　　　　　　　　　　　　　张维熙 / 65
二入景东行　一生滇西情
　　——我眼中景东的那些"变化"　　　　　　　　　陶　甄 / 70
"用情、用心、用力"谱写精准扶贫新篇章　　　　　　彭胜鑫 / 74

扶贫路上与祖国和人民同频共振	刘世伟 /	79
切实际　求实效　做好扶贫工作	杨　亮 /	86
巩固脱贫攻坚成果　压茬推进乡村振兴	郑慧涛 /	90
五年扶贫路　一份红手印	赵建成 /	96
用奋斗与担当打通脱贫攻坚最后一公里	沈正波 /	105
设计是一种方法	陆瑞阳 /	115
沉下身子　真抓实干		
——携手连心谱写新时代脱贫之歌	陈家乐 /	119
港澳与内地心贴心　共同打赢脱贫攻坚战	任　敏 /	128
坚守初心　勇担使命		
——凝聚智慧和力量共促高质量脱贫	魏培徽 /	134
为了津津有味的生活	董晓光 /	140
青南藏区的脱贫与振兴		
——我在冬虫夏草之乡的扶贫见闻	刘　帅 /	145
坚守初心使命　决战脱贫攻坚	刘小营 /	150
心中有信念　脚下有泥土　手上有力量	张志强 /	156
用真抓实干换取群众的真挚笑容		
——用无私奉献诠释扶贫人的初心和使命	曲正祥 /	161
勇攀高峰赴而尖　高天圣境露新颜	仝攀峰 /	168
坚持党建引领　聚焦精准发力	席世浩 /	172
脱贫攻坚路上充分发挥基层党组织战斗堡垒作用	田　煦 /	183
扎根绿水青山间　绣出脱贫"幸福花"	张　诤 /	188
说小话　办大事	吕晓勋 /	195
创新模式、铆足干劲		
——为盘州市脱贫奔康贡献央企力量	何　凯 /	202
山海相连　扶贫攻坚	徐　锋 /	211
感受、启示、期待	李本源 /	217

带着母亲开展驻村扶贫的第一书记	王　玮 / 222
做一个让老百姓信赖的第一书记	李锦江 / 227
山沟沟里的"向阳坡"	韩　庚 / 238
张庄的故事	王晓楠 / 243
真抓实干搞基建　深入农村谈扶贫	张体磊 / 252
扶贫是良心活	姚聪学 / 255
情系基层　维护稳定　精准扶贫　奔向小康	扎西曲扎 / 260
让党的旗帜在扶贫一线高高飘扬	王军辉 / 265
见微知著　睹始知终 ——听方言谚语　讲脱贫故事	杨胜勇 / 268

后记　　　　　　　　　　　　　　　　　　　／272

精准扶贫启航地　脱贫致富排头兵

湖南省湘西州委派驻湖南省花垣县双龙镇十八洞村第一书记
孙中元

十八洞村位于湖南省花垣县双龙镇西南部,紧临吉茶高速、209和319国道,距矮寨大桥8公里,距县城34公里,2005年7月区划地名调整,由原来的竹子、飞虫两个村合并而成,因村内有18个天然溶洞而得名。全村6个村民小组,225户939人,人均耕地0.83亩,是一个典型的苗族聚居贫困村。2013年以来,十八洞人牢记习近平总书记殷切嘱托,在上级党委、政府的关心支持下,积极探索可复制、可推广的精准扶贫经验,使该村先后荣获"全国先进基层党组织""全国少数民族特色村寨""全国乡村旅游示范村""全国文明村""中国美丽休闲乡村""全省脱贫攻坚示范村"等殊荣。2016年,全村人均纯收入由2013年的1668元增加到8313元,136户533名贫困人口实现脱贫,贫困发生率由2013年的56.76%下降到1.28%,率先在全省退出贫困村行列。

2013年11月3日下午,习近平总书记在湘西州调研的时候来到了十八洞村,当时村里的基础设施非常落后。总书记到十八洞村之后,路过的第一户人家的女主人叫石拔专。石拔专是个文盲,一辈子在村里生活,对外面的世界知之甚少,当看到有陌生人来到她家,她怯生生地用苗语问习总书记,"不知道怎么称呼你",村干部施金通说"这是我们的总书记",翻译给她之后,总书记就讲"我是人民的勤务员",她摇摇头,不知道总书记什么职务,然后村主任说,"这是北京来的,是我们中国最大的官来看你"。老人家非常淳朴,又摇摇头,因为她也不知道中国最大的官是什么意思,村主任就说"像毛主席一样大的官来看你来了",老人家对毛主席的感情是非常深的,所以她一下子就懂了站在她面前这个人是谁。当时老两口非常激动地把总书记邀请到了家里面,总书记问她"多大年纪了",她说她"六十三了",总书记就说

"你是大姐"。后来我们村里留下两句"名言",一个是"不知道怎么称呼你",第二个就是"你是大姐"。总书记叫她大姐,现在所有人都亲切地喊这位老人"大姐",全国人民的大姐,现在,石拨专老人是我们村的一个形象代言人。

总书记到村子里走访的第二户人家的老人叫龙德成,当时总书记走到她家时,龙德成老人走上前去主动给总书记打招呼问:"总书记,您来啦?"总书记笑着讲:"哎?你怎么认识我?"老人回答说,"我在电视里面看到过您",总书记很亲切地讲,"你看像不像",然后老两口齐声说说"像,非常像"。总书记的这种爱民之情,这种永远和人民在一起的情怀,感动了我们所有人。

十八洞村在2013年之前非常贫穷,这也是总书记为什么会来十八洞村的原因。2014年初,十八洞村的贫困发生率是56.76%,明显高于全国贫困发生率。十八洞村本地有一首苗歌唱道:"山沟两岔穷疙瘩,每天红薯苞谷粑,要想吃顿大米饭,除非生病有娃娃。"老百姓讲,十八洞村有"三怕",一怕猪养肥,猪养肥了就要卖了,家里就没有值钱的东西了;二怕孩子学习好,孩子学习好,意味着家里的教育负担重;三怕老人生大病。这是一个穷到让人心痛的小山村。

有三个数据可以形容十八洞村。一是空心,三分之二的人常年在外打工。二是光棍,大龄男青年35岁以上55岁以下从来没有结过婚的有41个。三是特困,三分之一家庭一年难得吃上几顿肉。有人说十八洞村"四大皆空",一是没有产业口袋空;二是没有想法脑袋空;三是没有老婆家庭空;四是没有寄托精神空。这样的村庄在现代文明进步与城市化进程中可能会被合并。

2013年,总书记来了十八洞村后,全国从十八洞村吹响了精准扶贫的号角。精准扶贫不是简单的几个字,而是随着总书记的论述而不断丰富的内容。2014年3月7日,总书记提出了精细化管理、精确化配置、精准化扶持等重要思想;2015年6月18日,提出"六个精准";2015年11月,提出"五个一批"的基本方略;2017年3月8日,在十二届全国人民代表大会上总结了一个很关键的问题,就是扶持谁?谁来扶?怎么扶?如何退?2019年4月16日,总书记在重庆石柱县强调要着力解决"两不愁三保障"的突出问题。总书记的一系列重要论述为我们开展精准扶贫工作提供了基本遵循,为十八洞村的脱贫激发了活力。由于总书记的到来,十八洞村有了好的机会,产生了非常大的变化。

十八洞村的人均收入由2013年的1 668元增长到2019年的14 668元，集体经济收入由2013年的0元增长到2019年的126.4万元。返乡就业的青年达到230人。现在村里的山泉水、苗绣、山村旅游、特色种植猕猴桃等产业基本成型。2019年乡村旅游人数达61万人次，2019年5月20日成立旅游公司，到2019年12月31日摆渡车中转人数25万人次，旅游收入1 000万元。村里的精准扶贫博物馆、展示厅、苗寨特色产品店已初具形态，特色旅游景点溶洞也正在开发中。成熟的产业为打赢"精准扶贫"仗立下了汗马功劳，产业扶贫是老百姓最喜欢的扶贫方式。

总书记讲，扶贫既要扶智，更要扶志。我们针对十八洞村的短板和不足，对症下药，把群众的内生动力激发出来。关于十八洞村"扶贫先扶志"的故事有很多，在这里我给大家分享两个。一个是甜蜜夫妻的甜蜜事业。龙先兰是我们村里面的养蜂大户，2020年春节，他在中央电视台"故事里的中国"栏目向全国人民讲述了十八洞村的故事。龙先兰幼年时父亲去世，母亲改嫁，所以他从十几岁就开始酗酒，没有什么正经工作，快30岁了也没有成家。经过县委驻村工作队帮扶之后，龙先兰在村里举办的第一次相亲会上认识了现在的爱人，也因为自己养蜂的工作特性，所以他把自己的经历称为"甜蜜事业"。龙先兰原本酗酒问题严重，后来在帮扶过程中，他先后尝试养鱼、赴广东打工等，但都不是很成功。后来，工作队安排他参加养蜂培训，尝试之后，龙先兰坚定了信心。为扩大养殖规模，需要小额信贷，但他没有担保人，还是由我们工作队出面他才获得五万元的贷款额度，才办起了这个养蜂专业合作社，此后才逐渐脱贫致富。2017年底，龙先兰和爱人吴满金结婚了，他有感而发，请人写了一副对联，"孤儿不孤全村个个是亲人，贫穷不贫苗寨处处显精神"，横批"爱的力量"。我认为这种爱的力量，不仅体现了工作队对龙先兰的帮助，更彰显了我们共产党人不落一人的精神。通过扶智和扶志，龙先兰成为十八洞村实现精准脱贫的典型人物之一。他的转变过程，是一个非常令人感动的故事。

第二个故事人物是我们十八洞村的施六金。以前的他爱争爱闹，长期以来特别不支持村里的工作。2015年在进行农网改造的时候，有一根电线杆要树在他家的水田里，农村电线杆的直径不过四十厘米左右，工作队上门做工作的时候,他从中阻拦,要五十元钱,并扬言"谁要把电线从他家过,就要把谁的电线剪断"。当村里要征用他家的土地建造停车场时,一开始他说,"你为公、我为私,不要说没有补偿,即使有补偿也不干"。后来工作队反复做工作,介绍他去山泉水厂上班,请他参与村务监督,成为村民委员会的监督员,并用开展思想道德星级评定等方式来教育他,他的思想因此有了很大转变,为建设停车场主动让出了一亩多地。他说:"我活了这么久,以前什么事都要争,争了大半辈子自己还是个光棍。搞精准扶贫让我有了不一样的生活。"2018年的中秋节,44岁的施六金结了婚,这个曾经有名的老光棍脱了单。2020年2月,施六金有了儿子,施六金把自己的儿子取名为施泽恩。恰好致富能手龙先兰在2020年的3月份,也生了一个女儿,他把孩子取名龙思源。脱离贫困的苗家人以这种朴实的方式表达着感激之情,让子子孙孙永远铭记精准扶贫带给十八洞村的变化。

  媒体朋友说,十八洞村是精准扶贫的一面旗帜。我们感觉这个荣誉来之不易,这是媒体界朋友对我们的鞭策。十八洞村发展的背后有很多有益的做法,但是我更想跟大家分享我们十八洞村的青年是怎么来服务家乡、建设家乡的。

  精准扶贫也好,乡村振兴也好,关键是在人才。我们村里外出务工人员返乡的有几个代表,其中龙书伍原来是在阿联酋迪拜工作,他放弃了国外优越的生活,放弃了高收入,回到我们村当村干部,一当就是七年。施进兰现在是我们村旅游公司的负责人,他在竞选村干部的时候讲"有钱没钱,大干三年",几句话就打动了老百姓。还有杨斌是我们村"90后"的党员,他原来是在乌克兰工作,后来回到十八洞村。我们村外出务工人员返乡的已经有200多人,这么一群有情怀、有见识的青年为十八洞村共谋发展之路。2019年,十八洞村成立了旅游公司,旅游公司吸纳62名返乡就业人员,有52个是我们村的,大部分是年轻人。

  我们还招聘了大学生村干部,共有9名全日制大专以上学历学生回村工作。2020年,《人民日报》有个报道,讲述了十八洞村"三小施"回乡创业的故事。故事的主人公之一叫施林娇,是我们村的一个新网红。她毕业于浙江音乐学院,回来之后在我们村里面搞直播,宣传十八洞村,进行网络带货,效果非常好。我们村有两名博士,其中一名是复旦大学的博士生,他叫申宸,在村子里做了大量卓有成效的工作。村里还有一些专业技术人才,指导我们的黄桃、猕猴桃、黄金茶、白芨等特色农产品的种植,帮助我们进行旅游营销。这些高素质人才在十八洞村挥洒青春与汗水,成为我们乡村振兴的中坚力量。

很多人都想问十八洞脱贫到底有哪些经验?我觉得十八洞村比较成熟的做法是:第一,在扶贫对象识别上,不搞暗箱操作,注重公开公平与群众满意相结合。第二,在内生动力激发上,不搞空洞说教,注重典型引路与正向激励相结合。第三,在发展产业上,我们不搞大包大揽,注重统筹布局与因地制宜相结合,发展苗绣、山泉水,包括旅游公司都是因地制宜。总书记来十八洞村的时候讲,十八洞村风光秀丽,是小张家界,可以发展乡村旅游。所以我们后来发展乡村旅游。因为精准脱贫是在十八洞村提出的,所以我们不仅搞乡村旅游,还搞红色旅游。随着十八洞村脱贫经验的进一步提炼,脱贫故事的进一步总结,我们在红色旅游基础上开展了党性教育。从红色旅游到党性教育,我们一步一步越走越精,越走越有自己的品牌,这是我们的一个思路和战略。第四,在基础设施建设上,我们不搞大拆大建,注重留住乡愁和彰显美丽相结合。总书记讲"要看得见山望得见水记得住乡愁",所以我们现在的苗寨,就是把原汁原味的房子打扮得更加宜居,更符合老百姓的生活习惯。这也是总书记要求我们的,不搞大拆大建。第五,在攻坚力量统筹上,不搞孤军奋战,注重将发挥基层党组织战斗堡垒作用与党员干部先锋模范作用相结合。

我们说十八洞是一本书,离不开大家共同为这本书增添的精彩篇章。在党的方针、政策指导之下,希望有更多的有志青年投身乡村振兴的伟大战略,投身"两个一百年"的奋斗目标。

(2020年4月28日,为复旦大学、中南民族大学、吉首大学师生讲座讲稿)

不忘初心 牢记使命 建设新双庙

国核宝钛锆业股份公司派驻陕西省延安市延川县双庙村第一书记

王 卫

为贯彻落实习近平总书记提出的精准扶贫重要指示精神,2018年5月,我有幸被组织选派担任延川县双庙村第一书记。驻村以来,在上级部门的关心支持下,我以实现"两不愁三保障"为重点,坚持党建促脱贫、产业促脱贫的思路不动摇。截至2020年6月,脱贫攻坚工作有条不紊,基层党建逐步强健,农业基础设施逐渐完善,全村建档立卡贫困户74户253人已成功退出70户233人,贫困发生率由2018年初的18.33%降低到0.7%,村集体经济收入增长50%,村民年人均纯收入由2018年的8 700元提高到15 600元。两年来,我经历了一些事情,积累了一些经验,也得到了一些教训,在这里给大家分享一下。

一、贴民心、用耐心,铁杵成针

习近平总书记说:帮钱帮物,不如帮助建个好支部!作为第一书记,初来村里我就把抓基层、打基础作为首要职责,想着只要用真心,坚持大伙儿的事大伙儿商量着办,难干的事我来带头干,一定能把全村党员群众的精气神拧成一股绳。可是接下来的事却让我哭笑不得。要讨论并解决村里的事务,组织召开会议是必不可少的方式,也是村务"四议两公开"的基本要求。第一次开会,考虑村民日常生产生活习惯,原定于下午四点的会议,我一个人在会议室坐到晚上七点多才来了一个人。到了晚上九点多,才陆续来了三四个,而且来了后躺在凳子上的、脱鞋的、抽烟的都有。后来,我慢慢习惯了,只要能来能把事情讨论清楚并解决了就是胜利,不再计较形式了。按时召开"三会一课"是健全党组织生活、严格党员管理、加强党员教育的重要活动,但是,常常有党员组织不起来、群众不说真话等问题。这个时候一定要有耐心,转变思维,不再以之前的标准要求,不再以之前的思维习惯去考虑问题,而是以问题为导向,以结果为导向,静下心,勤思考。经过两年多的时间,村里各项事务通过会议讨论研究决定,让老百姓自己"说事、议事、主事",大家的事情大家说,大家的事情大家决定,党员党建意识逐步增强,村委各项工作效率明显提高,村情民风逐步向好。

2019年9月,根据主题教育活动要求,我们村支部召开了村两委会议,研究推进主题教育活动,并成立了领导小组,制定了活动计划和实施方案,开展村干部点评、党员评议和访户工作。同时,为做好主题教育活动,村支部充分利用延安红色老区优势,组织双庙村党员干部赴延安市王家坪、杨家岭和枣园等爱国主义教育基地参观,学习先辈们的革命精神。参观学习氛围热烈,起到了提升党性、增强凝聚力、增强村党组建设的作用。经过不断努力,双庙村党支部被延川县党委表彰为"先进基层党组织"。

二、秉公心、赢民心,事半功倍

还没到村里的时候,朋友同事就都告诉我,农村工作非常难做;来到村里后,镇上村上的老乡也说,农村事情千头万绪,不容易处理。作为一个没有农村生活经历,又一直在企业工作的人,我感到了压力,担心自己不能胜任。

2018年,公司确定在我们村建设日光温室。项目前期首先要做的是土地清表工作,其中涉及绿植、迁坟赔偿等错综复杂的问题。谈妥赔偿问题是土地清表也是整个项目是否能如期按质完成最关键最难啃的一块骨头。前期延川县投资几个亿的物流园区项目本来是在双庙,结果就是因为赔偿问题不能协调好,最终导致项目搁浅、易地建设。为了解决这个棘手的问题,通过不断走访,我终于搞清楚,土地清表的范围涵盖了几个村,村民认为存在不合理的情况,村民"不患寡而患不均,怕穷更怕不公平"的想法是导致清表工作推进异常艰难的根本原因。之后,我亲自带领村民代表和上级业务主管部门,按照先村领导后党员,最后群众复核的程序,公平公正地进行土地附属物清算和土地尺寸丈量。同时,晓之以理,动之以情,告诉村民个人得失与村子发展的关系,让村民意识到只有村子发展好了,个人才能更好。通过努力,我们最终如期完成清表工作,保证了项目正常开展。

2018年，双庙村低保贫困户评定为68户178人，低保占比较大，但是村民依旧满意度不高，时有上访。2019年，我结合民政局对低保进行审核的机会，没有按照之前已是低保户基本就不评定的惯例，而是在征得村领导的支持后，严格按照规定的"三无"标准，公平公正对全村在册户进行重新评定。经过严格评定，并经村民大会等"四议两公开"程序，村低保户减少至31户76人，但无一户有意见上访，村情越发稳定。

两年多的时间里，我顺利解决了关乎村民切身利益的有关低保享受、教育扶持、异地搬迁、产业扶持资金及历史遗留等各项问题约60余件。现在如果有人对我说农村基层工作难搞，我会告诉他不难。因为我明白了，只要怀着一颗公平、公正的心去处理解决他们真正关心和需要解决的热点、难点问题，事情就会迎刃而解。

三、以恒心、有雄心，未来可期

乡村振兴战略背景下，村级集体经济发展水平的高低直接关系农民收入高低。村集体经济的壮大发展是致富的必由之路，也是实现乡村振兴的关键所在。目前，制约村集体经济发展的主要原因除了发展氛围不浓，手段和长效机制缺乏导致发展后劲不足以外，村农业设施不完善不健全也是一个重要因素。因此，我在深刻领会习近平总书记关于产业扶贫是稳定脱贫的根本之策的重要论述后，坚持以产业扶贫增强"造血"为主，力求带动村集体经济和村民持续增收，不断增添富民强村动力。2018年，双庙村组织实施了日光温室扶贫援助项目，建成温室总长2 255米，自然棚26个（标准棚45个），2019年，实现棚均收入5万元，总产值225万元。日光温室设施投入使用后，不仅提高了村民经济收入，也使产业基础设施得到了加强，村集体经济结构得到改善。更难得的是，村民自发形成的互助组模式，使村民之间的关系越发和谐融洽，村情民风持续向好，总体实现了经济效益和社会效益双丰收的良好结果。截至2020年6月，日光温室项目实现增收脱贫26户72人，饮水、交通等基础设施全部满足脱贫要求，达到整村脱贫的基本条件。

为持续增强"造血"功能，完善和健全基础设施，原本计划在2019年实施的几个项目申报工作异常艰难，最终没有如期进行。但是秉着一颗刚来村时的雄心，经过多方沟通和协调，2020年初，项目终于如愿获得批准并实施。

2020年5月,完成了两座产业桥的建设,满足了120户500人的生产生活出行。目前,日光温室园区设施不断完善和提升,包括棚设施维修完善、园区绿化、道路硬化和排水设施完善等正在进行。同时,两座科技示范棚的改造工程也正在进行,增加了测温、传感、自动控制等设备,提高了科学管理水平,正在向智慧农业转变,以实现管理智能化。

驻村以来,在集团公司的正确领导和大力支持帮助下,我没有辜负集团公司和派出单位的信任和希望,被延安市、延川县先后授予"优秀第一书记"称号,工作事迹先后被陕西省电视台、《延安日报》等各级媒体报道,做到了不忘来时的初心和任务,践行自己的使命和责任。

延川,是习近平总书记战斗过七年的地方,是扶贫思想生根发芽的地方,是把心留住的地方。接下来我会继续一颗红心干到底,带领双庙村一张蓝图绘到底,以党建为根本,以产业为动力,努力把双庙村建成产业兴旺、生态宜居、乡风文明、治理有效、生活富裕的党建文化示范村、集体产业特色村,给2020年脱贫攻坚战交一份满意的答卷,为下一步乡村振兴奠定坚实基础。

(2020年6月18日,为复旦大学师生讲座讲稿)

穿越"唐朝"当"村官"

公安部禁毒局派驻广西省柳州市三江县独峒镇唐朝村第一书记

朱 振

2019年1月,受组织委派,我担任广西柳州三江侗族自治县独峒镇唐朝村党组织第一书记。唐朝村有一个大气富贵而略带神秘的好名字,但实际上却是一个被藏在深山的深度贫困村,全村2 988人有40%是贫困人口。

记得来村报到的第一天,我坐车下了高速,顺着蜿蜒曲折的山路行驶了大约40分钟到了村口,一股呛鼻的味道扑面而来,村民正在露天焚烧垃圾,浓烟滚滚,火堆中不时发出炸裂的响声。贫困笼罩下的古村落与山清水秀的广西印象形成强烈的反差。村干部领我到了宿舍,十几平米的房间,窗户是用报纸糊住的,不时漏着湿冷的寒风,只记得那天身体一直在抖,当晚喝了农户家的土酒,才暖和了身子。

对于工作生活角色、环境的双重转变,对此我做了充分的思想准备。记得一位哲人说过,"我们必须奉献于生命,才能获得生命"。赶上了新时代扶贫工作,能够通过自己的一份光和热,把党的扶贫政策带给大山深处的侗族乡亲们,我觉得自己是"时代幸运儿"。既然选择来到了扶贫一线,那就要干出个样子。

一、从京城过来的"弼马温"

刚驻村没几天,就从村干部的口中听到消息,村民在议论从北京来了一位"弼马温",喜欢扫马粪。提及这件事,还得从村里的垃圾问题说起。

来村第二天,一大早我去村委会上班,短短500米的路上,发现很多生活垃圾随意丢弃,后来在村里走的地方多了,才发现这是个普遍现象,村干部对此"束手无策",村民们也有颇有怨言。村里原来有三位公益性岗位保洁员,有村民认为公共卫生是保洁员的事,"因为他们得钱",有村民认为捡垃圾是丢面子的事,不愿弯腰,保洁员因为劳动强度大,每天有捡不完的垃圾,经常被人嘲笑,也不愿意干了。结果,村里卫生状况越来越糟糕。

对此,我看在眼里,急在心头,试想在这种环境下养出来的鸡鸭、种出来的茶叶,谁愿意去买,谁愿意去吃。在我看来,这不仅是一个公共卫生问题,更是一个关系村民脱贫致富的"钱袋子"问题。"青山绿水就是金山银山。"在这个问题上,我第一次与村民的观念发生碰撞。喊破嗓子,不如甩开膀子,带头干,要求群众做到的事自己首先做到。刚开始驻村的两个月,我每天早上抽出一点时间,捡垃圾、扫马粪,有的村民看到了,觉得很新鲜,蹲在一旁看我扫地,有的村民拍了视频,发到微信聊天群,说村里来了位"弼马温",喜欢扫马粪。我觉得这是好事,开始引起村民的注意了,在日复一日的示范带动下,越来越多村民拿起了扫把,村医杨胜勋在他的微信朋友圈发了一条信息,"在手机电量不足情况下我偷拍了个相片,一个中央来的领导下农村当清洁工,我不禁掉下感激的泪水"。看到这个信息,我深刻感受到,党员心中装着群众,群众心中才会装着党员。群众的支持给了我信心,此后又联系了后盾单位,修建垃圾焚烧场,购置垃圾运输车,安装固定垃圾桶。现在村里的环境变了样,我也因此同村民成了朋友,走进他们的生活,吃百家饭,在闲谈中了解他们内心真实的想法,了解村民所需所盼,掌握了"基本村情",这是我驻村工作真正的起点。我也深刻认识到,要想开展好工作,必须跟这片土地和这里的人民融合,真正依靠他们。

二、村支书家人的"眼泪"

有一天晚上,村支书杨永庆的家人流着眼泪找到我,"书记,能不能别让永庆做事了,有村民跑到我家闹事,骂的很难听"。原来就在当天上午,村里公立幼儿园建设第二次被少部分村民阻挠施工,施工人员受到威胁,村干部遭到辱骂。有的村干部顶不住压力,也找到我,"书记,实在不行,这个项目咱不要了""以前村里这样的事情多,很多项目就是因为个别村民带头闹事,落不了地,一再错失机会"。这件事曾一度让我打了"退堂鼓"。

上一届村委利用一块闲余的集体土地,为村里争取了公立幼儿园项目。但因为各种利益冲突,两年内项目迟迟开不了工,原因是有的村民早已开办了私立幼儿园,有的村民觉得建起幼儿园,就近停车不方便,有的村民猜疑

"村干部从中牟利"。2019年是项目开工的最后期限,否则就要收回,很多党员、村民找到我,"书记,我们想要这个学校,留给孩子们",但迫于压力,没有人站出来说话。了解到此事后,我认为幼儿园建设是利村利民的好事,"扶贫先扶智",村子里的穷根就是教育落后,要坚决拔掉,幼儿园建好了,孩子们都是受益者,年轻的父母也可以解决后顾之忧,在外安心务工,"一人就业,全家脱贫"。正因为我们是贫困村,更应当把村里最好的地段,留给教育,留给孩子们。

村干部及家属、极少数反对的村民思想情绪都需要疏解,要解开他们心里的疙瘩。我请来了县教育局、镇政府领导同村民见面,做解释宣传工作,对于一些反对的村民,村两委也答应腾出一些地方,留作停车场。就在我感觉问题即将得到解决的时候,组织召开了村民代表大会,投票表决,同时邀请镇政府领导见证,但是意外还是发生了,极个别村民冲进会场,打砸计票设备。在派出所到村后,两名闹事村民找到我说,"书记,你是从北京公安部来的,能不能说说情,不抓我们",他们的要求被我当即拒绝,"正因为我是人民警察,才要带头执法、遵守法律",闹事村民当场被行政拘留,他们的家人一时激动,扬言要报复,叫嚣"搞出人命",村干部担心我的安全,要我夜间锁好门窗,派出所的同事们当晚在宿舍楼下留守至凌晨,我请他们早早回去休息。那天夜晚,我感到了压力,本地的村干部都心生畏惧,更何况自己是一个外来人,只身处在偏僻的山村。那一夜辗转反侧,心理上的压力远远超过体力劳累和生活上的苦,我觉得自己在用公心为村民做事,始终相信会赢得闹事村民的理解,只有敢于给自己"添麻烦",才能给更多村民添福利,干部"吃亏",群众享福。第二天一大早,有村民跑来告诉我,闹事村民是被"鼓动"的,背后还有其他人。还需要顺藤摸瓜,把村民的思想工作做到位,其中反对最为激烈的是幼儿园工地旁边的农户,担心幼儿园建起来,挡住他们家的房子,我因势"利"导,劝说他,"幼儿园建起来,人来人往很热闹,你的房子成为商铺,可以升值,也可以赶在其他人前面,提早计划开间餐馆,早上卖些豆浆、鸡蛋、包子、米粉,家长、孩子们一定很喜欢吃"。我的一番说法,让他动了心,还未等幼儿园建起来,现在餐馆已开张了,每天的营业额在200元以上,户主和闹事村民也因此消除了顾虑和抵触情绪。当前,幼儿园建设在正常施工中。通过这件事,我赢得了村民的信任,学会了做群众工作的方法,同时，也坚定了我的信心，基层党组织是人民群众的主心骨，在人民群众需要的时候，要坚决同他们站在一起。群众需要什么，群众想要怎么办，干部就要带着大家怎么办。

三、深山侗寨"寻宝"

记得在参加的第一次村两委会上，村妇女主任吴海香向我提出了一个问题，"书记，你从北京来，看看有没有什么项目，能让我们留守妇女有点收入"。这是代表群众在出题，我是答卷人。产业扶贫是脱贫致富的根本之策，政策如何落地，从那次会议后，我就憋着一股劲儿。

在此后遍访农户的过程中，我了解到家家户户成年女性基本都会侗族刺绣，为自己做嫁衣，为孩子们做新衣服，图案精美，手艺精湛，只是"藏在深闺人未识"，因此，我有了发展侗绣产业的想法。这项产业惠及面广，带贫减贫效果直接，精准帮扶到户，为贫困家庭多了一条增加收入的门路。同时，我把侗绣产业视作每个家庭的"一把手"工程，妇女同志家庭地位高，组织动员起来，心里踏实，有深厚的群众基础做后盾。有了想法，我就开始琢磨如何开发设计产品，心里一直揣着这件事。有一天，我接到电话，说国家禁毒办领导近期要来村里调研禁毒扶贫工作，放下电话后，我第一感觉是机会来了，"娘家来人了，借机讨些彩礼，在村里说话、办事更有底气"。我想到以往参加禁毒国际交流的工作经历，萌生了以国家禁毒委会标为图样进行手工刺绣，制作禁毒外事礼品的念头。经过多次沟通交流，最后成功拿到60万元的侗绣订单。听到这个消息，整个村子都沸腾了。欣喜之余，如何消化订单，却成了难题。从产品设计、原料采购、外包装制作、会计账务等，每一个环节都是系统性、专业性工作，村子里基础十分薄弱，担子压在我一人身上。起步阶段，我的心情可谓"食不知味，夜不能寐"，白天带着背包奔波于设计公司、广告公司，晚上回到村里商量各种细节，细到每一条线条的颜色都要反复比对甄选。同村民打招呼的内容也变了，以前见面就问"吃了吗"，那段时间见面就问"绣花了吗"。记得有一天接到家人的电话，儿子要和我视频，方才想起已经连续一个星期没有往家里打电话了。"心中装着群众的利益，就没有干不成的事情。"现在唐朝村的侗族刺绣产品已经作为禁毒外事礼品走进十余个国家，村里9名绣娘加入了三江县刺绣协会，致富带头人被推举为三江县刺绣协会副秘书长,刺绣产业发展有了更广阔的平台和市场。

回顾2019年以来的驻村工作,在公安部帮扶带动下,唐朝村直接引进帮扶项目33个、帮扶资金500余万元,当地政府投入产业基础设施建设资金超过1000万元,这都是唐朝村历史上前所未有的。唐朝村贫困发生率从15.7%降至2.1%,整村高质量脱贫,成功摘下了贫困村的帽子。唐朝村的变化,是新时代党的扶贫工作的一个缩影。

"春播一粒粟,秋收万颗子",驻村扶贫工作生活,教会了我很多,在田间地头感受了"春生、夏长、秋收、冬藏"的稼穑艰难,领悟了"种瓜得瓜、种豆得豆""一分耕耘一分收获"的朴实道理,坚定了"脚踏黄土地,一步一脚印"做人做事的信念。

(2020年8月23日,为复旦大学师生讲座讲稿)

无需旁白和音乐　真诚即上乘

——一个"记者类"扶贫干部的融会贯通

中央广播电视总台派驻四川省喜德县中坝村第一书记

刘　超

一、扎根可以给你答案

我是中央广播电视总台派驻到喜德县中坝村挂职的第一书记,任职两年。中坝村是一个彝族聚居区,幅员21平方公里,下辖7个村民小组,全村目前在册1 091户4 245人。

在这4 000多人中有410户贫困户,2020年最新的统计我们村还有1 708人未脱贫。贫困发生率从2014年的40%多降到2020年的26%,即便这样也远远高于凉山州平均水准。全村党员有31人,但只有两个年轻党员,其余年纪都已经超过70岁,基层党员先锋模范作用基本没法发挥。所以来到中坝村之后,我不仅要带领全村1 708人脱贫,也需要时刻关注边缘户、非贫困户、三类人员、特殊困难户、D级危房户等情况。想让这几类人员过上好生活,某种程度上,我面临的问题难度会更大。因为针对建档立卡贫困户,国家给了很大的政策和资金支持,引入多方力量帮扶,贫困户的住房都是统一维修。但实际上,在收入等方面,贫困户和非贫困户之间差距很小,许多边缘户、非贫困户很可能是被忽视的群体。

我所在的这个村,先是2020年5月7日发生了山火,随后在6月5日发生了泥石流。而这些是我们在脱贫攻坚的道路上经常会遇到的问题。它也从一个侧面反映出,贫困向来不只是单方面的原因造成的结果,在众多贫困地区都存在着因灾致贫、因灾返贫的情况。我们村许多彝族人家的老房子都没有窗,发生泥石流时,有一些老人在家里根本不知道发生了什么。我就带着驻村工作队和村组干部分工合作,把老人们一个一个拽出来。

在中央电视台工作已经9年半了,新闻人很大部分工作内容就是报道突发,泥石流我每年都要报道很多次。但是这回为了把老乡们救出去,我人生首次真正踏进了泥石流。那一刻,水底那些暗藏的大石头,顺着水流的动能从山上被裹挟而下,大大小小的石块不受控制地越跑越快,在凶猛的洪水中就像一颗颗炮弹。现在回头看,当时我经历了无数个命悬一线的时刻,但是在灾情当下,我的脑中完全容纳不了其他想法,精神高度集中进行观察和判断,拉着老乡,手牵着手,在没过腰的洪水里,一步一步艰难地往前走。当晚我们一共救援了四个点,三个多小时转移了60户256个老乡,晚上十一点左右安全抵达我们村的一所小学进行临时安置。

二、观察让你看到自己

都说记者是一个"杂家",对每一种你要报道的专业都要有所涉猎,在采访过程中不能说行外话,对于采访对象和选题要有一个多点的判断。这跟做扶贫工作某些方面是相像的,都要去跟人深入地打交道。虽然报道的核心可能是一件事,但是它一定是某一群人或者是某一个人在表达着什么。在这个过程中,如果你想要了解事情真相,要去报道事件真相,就一定要让你的信息源分层,要多样化,选取不同的人群类别,规避同一角色人群,因为他们给你传递的价值和他们要达到的目的,是相类似的,如果不这样,你就没办法得到他们想达到的目的之外的信息量。深入的扶贫工作,让我坚定了对这件事的认知。

举个例子,有人说"贫困山区群众穷,因为他们懒,不愿意干活",其实这是不负责任的观点。贫穷和懒惰,也是有很多历史成因和传统。在彝族地区,以往他们都是生活在高山之上,非常冷。他们把房子修的没有窗,是为了尽量让风少点冲进屋子里。然后里面烤一盆火,这样保证了房间的温度,出了太阳就出门晒太阳,这就形成了彝族同胞的一些生活和居住习惯。我们在报道过程中,应该在时间纵向和环境横向上进行一些客观的调研,这样的报道才能客观公允,视角突出,传递真实。

2020年5月,我们村曾经历了一次山火,那是我第一次经历山火,离我大概几公里的距离,火焰冲天。在山火中,很多的树木都被烧成了木炭,我们村受影响的森林面积是87.6公顷。这无疑是脱贫攻坚冲刺阶段的当头一棒,对我们的扶贫工作有着很大影响。而对脱贫攻坚产生更直接影响的就是：泥石流。在我人生的这一集里,命运"编剧"给我吃了一个连环棒。这一切都发生过以后,我惊魂甫定地来到山上,被大自然深深地教育了一顿。泥石流发生后的第二天,我上山勘察发现了一个细节:山上其实有很多先是被人工砍断的大树,树根带着仅存的一点点树冠,还留在地表大概30厘米左右,这是他们受到的第一层伤害;然后山火就把它们烧焦了,变成了黑色的木炭,心也空了,叶也光了;随即,又遭遇了第三层伤害——就是那天倾泻而下的泥石流。洪水从山上裹挟着巨大石块,最大的石块大概有一米多宽,把树皮都磨光了,磨掉了。尽管经历了这样的三次伤害,它们仍旧在尽力保护着人类。因为,我看到每一个这样的树冠之后,都挡了很多的石头。专家告诉我,"如果不是这些树冠,这个泥石流的威力和危害一定会更大"。如果我们报道的时候,可以讲这样一个故事,那"我们要保护森林、保护树木"这样的口号和倡议应该更加深入人心。看到这些节目的人,他对森林的敬畏和保护一定会更深一层,我们报道的传播力也一定会翻倍。

三、多少都得有点理想

"脚下有多少泥土,心中就有多少真情。""每一个优秀的人都有一段沉默的时光,这段时光可能是你付出了很多,但是并没有结果的日子,我们把它称之为扎根。"扶贫干部一定要扎根,一定要用自己的脚、心、眼睛去丈量人心、人情,去发现、去发掘。

经常会有人问我:"你为什么要来扶贫?选了你,你也可以拒绝。"没错,接到扶贫任务时,我也徘徊。因为这个任职时间,对于一个大龄女青年来说,确实有一点长。两年时间,回去之后已经是2022年了,我所拥有和适应的一切都会改变。可是当我在对话自己的时候,脑袋里冒出来一个声音:你不是一直想要去接近真相和探求真相吗?这就是一个最好的机会。你不再需要别人告诉你什么是贫穷,你的生活就是了解贫穷、改变贫穷,挖掘最根本的贫困究竟是如何发生的?贫困群众又将怎样被带动起来?这些都是我在这里将要做的工作和课题。

平庸的生活会使人感到一生不幸,让我去最平凡的生活里了解最基层最真实的情况,会让我触电,让我感到波澜万丈。现在我觉得我的生活就过得波澜万丈,非常夸张。当你站在山火的脚下,离你只有5米的时候;当你真正踏进泥石流的泥水和石块里的时候,你才真正明白,作为一个党员,每一次在宣誓时,那最后一句让你鼻酸流泪的话,你也才真正能明白什么是党员先锋模范带头作用。这些都不再是写在墙上的口号和标语,它真正成为你的精神和血液,会让你感到幸福和快乐。所以,城市和乡村的差别永远不在于房子,差得更多的是心中那团火。如果说我们能尽自己所能,让更多人燃起心中那团火,我相信我们在脱贫攻坚的工作中,一定会收获更积极的成果,让那些完全吹不出褶的贫困山区里的平静日子,也在闪光。

"做一个理想主义的务实者"——这是我对记者和扶贫干部的双料总结。只有理想主义的务实者才能干并干成这个工作。余世存老先生说,"年轻人,你的职责是平整土地而非焦虑时光,你做三四月的事情,七八月的时候自然有答案"。在一线,有一线的苦,也有一线独一无二的收获。每一个在一线参与脱贫攻坚工作的人,都在用自己的学识、办法、工作方式来改变他所面对的难题和贫穷的现状,都在努力让更多老百姓扎根在自己的土地上,赢得更多的时间和机会,过上有选择的生活。

人的一生可能燃烧,也可能腐朽,我不能腐朽,我愿意燃烧起来。

(2020年6月9日,为复旦大学、贵州师范大学师生讲座讲稿)

以实绩践行中交人
"让生活更美好"的美丽愿景

中国交通建设集团派驻云南省怒江州兰坪县通甸村第一书记

金佳炜

通甸村地处滇西北横断山脉纵谷地带,隶属怒江州兰坪县。通甸村面积77.98平方公里,海拔2 400米,年平均气温12℃,年降水量900毫米,霜期210天,林地面积65 464亩,森林覆盖率61%,耕地面积4 775亩,人均耕地1.2亩,下辖4个自然村12个村民小组,共有1 156户3 973人,以白族为主(占总人口90%),其中农业人口3 733人,农村劳动力1 952人。通甸村设有4个党支部,12个党小组,有102名党员(正式党员98人,预备党员4人)。截至2019年底,通甸村累计脱贫411户1 676人,目前还有6户20人未脱贫,贫困发生率降到了0.52%。

初至通甸,忆初心,立使命

我是2018年8月30日从上海出发到的通甸,到通甸的第二天就跟老队员一起去最远的麻栗坪东山组入户,有队员开玩笑说:"今天你能坚持下来,后面的工作也就不会觉得有多难了!"刚进山的道路还算好走,路边溪水潺潺,空气清新,坡上山花绚烂,野生猕猴桃挂满枝头,颇有一番踏青郊游的感觉。但是好景不长,再往里走山体滑坡的痕迹就多了起来,路基本都被冲毁了,只能跟在老队员后面"亦步亦趋",没什么空闲再欣赏沿路风景。随着海拔升高,身体也出现了头疼、气喘等一些不良反应,在经历了若干个"快了,还有十几分钟就到"的鼓励后,终于到了!

到了山上,看着眼前的一切,切身感受到了什么叫家徒四壁、屋顶透光、墙壁透风……莫名地感觉鼻子发酸,眼泪在眼眶里打转,身体的那点不适也烟消云散。彝族老乡看到工作队来,非常热情地邀请我们进屋,大家围着火塘边烤火边聊天,一会儿身子就暖了起来。我们跟大爷闲着,他媳妇端了一簸箕土豆进来,用火钳把土豆放在火堆边上烤。工作队范姐告诉我,这就是他们正常的主食。烤一会儿感觉熟了,拿一根竹片把外面烤焦的部分刮掉就可以吃了。烤土豆虽然吃起来其实还有点夹生,但混着一股清香,我一下吃了四个。过了一会儿,两个小伙子拿了两只鸡进来放在火上烤,烤了一会,把鸡脚砍了下来放在火堆上烧,队员告诉我这是要做鸡脚酒,鸡脚酒一般被彝族用来招待尊贵的客人。鸡脚酒做起来不复杂,就是把土鸡脚放在炭火上慢慢烧,等鸡脚的皮子烧糊拿出来放在碗里,然后把烧酒倒进去浸泡一会儿就做好了。说实话,鸡脚酒喝起来真是别有一番风味,就像彝族老乡的热情好客,让人印象深刻。

说来也巧,那天回去的路上,我第一次看见双彩虹,心里触动很大。回顾一天的经历、感受,我在日志里这样写道:七个小时的跋涉,深刻体会到扶贫攻坚的艰辛不易;目睹家徒四壁、屋顶透光的窘境,眼泪忍着在眼眶里打转;热情的招待、善良质朴的脸庞,清晰感觉到自己的心灵接受了一次洗礼。借此审视自己来这里的"初心",我也更加坚定了人生在世当有所为的个人追求。同时我也清晰地认识到,为通甸村民早日脱贫谋福祉、献力量将是我今后很长一段时间的光荣使命!当时看着远处天边挂着的两弯彩虹,觉得好美!一身的疲惫也好似轻了几分。

聚焦教育扶贫,扶贫先扶智

2019年初,我向中交上海航道局全体职工发出"书香传递爱心永存"的捐书倡议,得到了包括中交上航局局机关、中交第一航务工程勘察设计院、中交上航局上海交通建设总承包公司、上海福山正达外国语小学、上海沪东竹园小学、中交上航局江苏分公司、福建分公司等单位众多爱心人士的响应和支持,累计收到各类图书3 000余册。带着这些图书我多次走进了通甸红军小学以及通甸镇幼儿园,相继开展了"书香伴我行阅读喜分享"——通甸红军小学三(1)班阅读分享课暨"4.23世界读书日"主题活动和"我爱读书"主题活动暨中交集团图书捐赠仪式。我还积极联系上海交通建设总承包公司及中交集团下属其他单位(中交第二公路勘察设计研究院),给通甸镇中心幼儿园捐赠了一批图书架、户外素质能力拓展器材以及现金5万元。

为了传承红色基因、弘扬红色精神,我还举办了红色影院,定期播放红色影片,传递党的好声音,弘扬社会正能量。我希望能够通过观看红色影片,引导群众思考现在的好日子是谁给他们带来的,唤起大家的民族自豪感。红色影院的举办不仅是要让大家铭记历史、珍爱和平,更是要让大家以史为鉴,在习近平新时代中国特色社会主义思想的指引下,努力为实现中华民族伟大复兴添砖加瓦、贡献力量。

多措并举,提升驻村扶贫工作实效

通甸村驻村工作队人员变动较大,调动频繁,目前在岗的只有4人(有1人为易地搬迁驻点队员),对于一个人口将近4 000人的大村,同样的工作同样的时间需要完成的工程量可想而知。针对驻村扶贫具体工作,我积极思索,想出各种具体有效的措施,提升驻村扶贫工作效率。我将建档立卡户的档案资料进行统一编号,制作标准档案盒,规范档案管理。统一编号包含序号、组别、是否脱贫、脱贫年度等信息。比如一组的张三是2018年底脱贫,编号为1-2018-001(其中1代表组别,2018代表2018年脱贫,001为顺序编号),再比如三组李四还未脱贫,可编号为3-wtp-089(其中3代表组别,wtp是"未脱贫"首拼,089为顺序编号),如李四2019年脱贫,届时其编号可修改为3-2019-089。通过统一编号,可以方便档案的统一归档管理,提高查找、整理档案的效率。

我还将建档立卡户进行划片分区。实际入户走访中,我发现通甸村除了三个边三村住户相对集中,其他九个村民小组都是打散混居的,如果按照组别进行入户走访调查,会出现一直在村里绕圈走重复路的现象,工作效率极低,对工作队员的体力也是极大的损耗。通过划片分区,一定区域内的建档立卡户统一走访,不按组别走访,这样可以极大提高入户走访效率,节省队员体力。此项操作如果建立在已经对建档立卡户统一编号的基础上,可以大大减轻前、后期资料归档整理的工作量。入户调查前,我还提前做好入户调研提问提纲。实际入户过程中,为提高工作效率,工作队员及村委分成若干组同步分区域进行入户调查,提前做好入户调研提问提纲,可以最大限度统一调查内容,避免出现不同人不同问法产生不同调查结果的现象。提问提纲的内容我尽量做到详细具体,比如了解有无就业培训意愿、希望参加哪类培训、外出务工情况、小孩上学情况等。通过后续汇总,可以更有的放矢进行扶贫工作。

  工作队在入户走访过程中了解到,清水江小组退伍老兵、老共产党员雀石宝家,门前入户电线杆原来是一根木杆,雨季用电存在较大安全隐患。为解决这个问题,经过多方联系,争取到水泥电杆并更换完成。我们工作队还帮助麻栗坪小组的沙映香争取到了"黄土计划"3万元的助学金(资助6年,每年5 000元)。沙映香同学现在读初一,在她3岁时父亲因矿难去世,之后母亲改嫁远方,她和哥哥寄住在伯父家。工作队对她家一直非常关心,帮她和伯父家争取到易地搬迁进城入住的名额。我们工作队还积极给辍学生做工作,当时初三学生蜂忠亮曾因为母亲生病住院,思想压力很大,辍学在家并且整天把自己锁在屋子里。工作队看在眼里急在心上,多次到他家中做他的思想工作,看他身体虚弱,联系医生上门帮他体检并输液调理身体,同时为他家争取到民政救助,购置了一批生活物资。耐心细致的开导、真心诚意的陪伴就像一湾温泉温暖了蜂忠亮的心,蜂忠亮流着泪连声跟队员们说:"夏摸、夏摸!"(傈僳语:谢谢!)2019年6月,蜂忠亮顺利通过了初三毕业考试,工作队又帮助他报名到珠海职业技术学院学习。看着蜂忠亮能这么快从一个沉默寡言、心事重重的孩子转变为一个阳光开朗的少年,队员们都觉得自己的辛苦付出没有白费。蜂忠亮的奶奶这么跟工作队员说:"真是太感谢你们了,你们救了我孙子一命啊!"我们看到蜂忠亮的妹妹蜂忠娣疫情期间只能在家蹲在小板凳旁上课写作业,便联系到中交上海航道局的一位爱心人士捐资助学(一年3 000元),我们帮其买来桌椅并且上门安装。此外,今年村里的一户村民家中失火,住房、生产设备皆付之一炬,损失惨重,通甸村两委和驻村工作队牵头,发动全体村民捐款,共筹集善款六万余元,帮助其重建房屋,恢复生产。2020年3月,大板场组一个贫困户在春耕时不慎右腿受伤住院,村里第一时间为他申请民政救助,同时帮他在水滴筹上发起捐款,筹集善款1万余元,我与队员们商议后还额外拿出了1 500元的工作经费,帮助他渡过难关。

驻 村 感 悟

能有机会参与这场脱贫攻坚战,成为一名光荣的脱贫攻坚"战士",我感到无比自豪。驻村以来,我跟村里的百姓朝夕相处,积极参与通甸村的脱贫攻坚各项工作,亲眼见证通甸村变得越来越好,我对通甸这片土地的感情越来越深厚,发自内心地把兰坪把通甸当成我的第二故乡。在这片热土上,我真切感受到我们党我们国家为人民谋幸福的"初心"!我会时刻牢记为通甸村民谋福祉的光荣"使命",深入学习贯彻习近平总书记在2020年脱贫攻坚座谈会的重要讲话精神,按照党中央、国务院决策部署,一鼓作气、乘势而上,保持攻坚态势,善始善终、善作善成,为通甸村"脱得出、稳得住"继续贡献力量!

(2020年5月31日,为复旦大学、新疆医科大学师生讲座讲稿)

敢教日月换新天

——贾家沟村扶贫工作点滴

南光集团派驻甘肃省临夏州临夏县贾家沟村第一书记、工作队队长

邹云鹏

我是邹云鹏,2019年10月开始担任南光集团派驻甘肃省临夏州临夏县贾家沟村第一书记、工作队队长。临夏州名列"三区三州"国家级深度贫困地区,临夏县则是全国最后尚未脱贫的52个深度贫困县之一。贾家沟村位于临夏县西北部地势最高的大山沟里,最高点海拔近2 900米,干旱少雨。全村263户1 110人,2013年底,建档立卡贫困户为203户904人,贫困发生率在81.4%左右。至2020年6月,尚有28户94人未脱贫,是临夏县挂牌督战的深度贫困村。

"山大沟深"是贾家沟村的主要特点。黄土高坡沟壑纵横,山脊上的主干道(乡道)和通往12个社(自然村)及农户的土路坡度基本都大于45度,狭窄崎岖,每逢雨雪即无法通车只能步行,交通十分不便。最近的县级医疗、教育点也都在20公里开外。受地形及土质影响,村里的耕地多为梯田,分散、狭小;水土流失也比较严重,一场大雨下来、道路阻断、耕地崩坏、作物损失是常有的事;村民们以土质、砖土混合结构为主的传统房屋安全也屡受威胁。

2013年之前,山上群众生产主要以经济林果花椒种植为主,玉米、马铃薯等粮食作物种植面积很少,收入也很低,一亩玉米年收入600元左右。花椒要好一些,每亩收入2 000—4 000元,是村民主要的收入来源,当地历来有"婚娶盖房靠花椒"的说法。

每当我站在村子的山坡上,眺望着绵密蜿蜒的梯田,总是不由得心生感触,既感叹自然的力量及生存环境的恶劣,也感慨人类战天斗地、顽强生存的毅力。山上景色非常美,每年春夏之交,晴空如洗,远远地可以望见青海

甘肃交界处的雪山。山坡上牡丹、芍药和月季次第盛开,花团锦簇、姹紫嫣红,仿佛也在提醒着我们,中华民族千百年来自强不息、奋斗不止的民族精神。

2014年以来,为帮助贾家沟贫困群众彻底摆脱恶劣自然环境限制、走上脱贫致富的小康道路,在党和国家的政策扶持下,各级政府下大决心、花大力气,通过"易地扶贫搬迁"等多种方式,陆续将全村群众整体搬迁到了20公里外位于北塬平坦地区的土桥镇集中安置。新居均为多层建筑,人均面积15—20平方米左右,功能齐全、宽敞明亮。作为临夏县北塬片区的中心镇,土桥商贸繁荣、交通便利,贾家沟村贫困群众的生活条件得到了极大的改善。

"易地搬迁"读来区区四字、实际是个巨大的系统工程,需要基层干部付出很多心血和努力去推动、实施。

李家社农民江贵才,87岁,家中四世同堂,儿子夫妻、孙子夫妻以及重孙都已经搬入新居,但他和族弟江拉麻坚持留在山上,理由是年老无用、怕给家里人添麻烦。作为同样为人儿女的帮扶干部,面对这种情况,我们听在耳里、痛在心头,但是说服工作又急不得,只好多次去拜访二老,陪他们聊天唠嗑,缓解情绪。另外,我们也注意做好家中晚辈特别是两位媳妇的思想工作,让他们注意孝敬长辈、多与老人沟通,打消老人的顾虑。经过近一年的努力,江贵才现在会定期回到土桥居住,顺便解决体检等问题,江拉麻也已顺利安排到县养老院居住。

脱贫一线的工作,很多都需要发扬"绣花针"和"滚石上山"精神,循序渐进、耐心细致,不折不挠、从不放弃。只有这样,才能收到成效。

"易地搬迁",人搬下来了,生产和收入怎么办?这是个大问题。

为解决这个问题,各级政府以及中央帮扶单位等做了很大努力,陆续为搬迁群众建设了日光温室大棚、扶贫生产车间、高原夏菜基地、综合养殖基地等后续产业发展项目,积极推动群众外出务工就业、妥善安排好拆迁后原址复垦复绿、农作物种植养护等工作,多措并举,保障贫困群众搬迁后的经济收入。南光(集团)有限公司作为唯一总部位于澳门的国务院国有资产监督管理委员会下属企业,2014年以来累计投入资金约2 000万元,在临夏县建设实施种植、养殖、基础设施、就业培训、救急难及教育专项资金等项目20多个,惠及贫困农户8 000多人次。

搬迁后续产业发展方面的一个突出难点,是如何调动群众的参与积极性问题。

农户们所适应、熟悉的是山里的花椒和作物种植,面对分到手的崭新又陌生的温室大棚,他们不了解、有顾虑、不敢种。群众有顾虑,怎么办?共产党员上!2019年底,温室大棚交付使用后,我与村两委一班人多次沟通、反复商量,动员村支部发挥先锋模范、战斗堡垒作用,带动村民把大棚种植业做起来。村两委干部和我,没有一人有大棚种植经验,怎么办?唯有多学习、多交流,同时积极寻求派出单位和本地农业技术部门的支持。在今年疫情期间几个月的时间里,贾家沟村支部书记祁俊珍同志跟我的电话交流基本只有一个主题:"种啥?"

没有不经努力得来的收获,也不会有不见收获的努力。经过学习、尝试与探索,2020年上半年,贾家沟村通过村集体合作社平台承揽运营的69座大棚种植终于基本定型。我们放弃了劳动力投入大、市场售价较低的叶类菜,转为以瓜果类蔬菜和羊肚菌种植为主,并优先组织本村贫困户参与劳动。2020年5月,大棚种植的羊肚菌(干品)成功销往澳门100多公斤,收入近20万元,合作社前期投入基本收回。干部和群众们都笑逐颜开,极大鼓舞了农户参与搬迁后续产业发展的信心与决心,有力维护了基层党组织在群众中的影响力和号召力,也得到了到大棚现场视察指导的农业部各级领导的赞许与肯定。

除了经济收入,搬迁群众对城市生活的适应也是一个问题。面对陌生的城市、陌生的人群、完全不同的节奏和要求,他们需要帮助指导,更需要关心爱护。

江家社村民江荣平,母亲和他都罹患肝硬化,儿子还在上学,家中老老小小基本都靠媳妇乔玉青一人操持,条件十分困难,是政府兜底保障的二类低保未脱贫户。考虑到江荣平本人不能干重活,村里联系安排夫妻二人到制衣扶贫车间上班,并协调车间调剂了一台缝纫机放到家里,可以不出门完成一些计件的工作。慰问发放的面粉、食油,我们也帮忙搬到家里。入户走访时,我们还会带上一些保肝护肝的药物。人心都是肉长的,江荣平一家对党和国家的帮扶政策很感激,对村里的工作也很支持配合。有一次我和村干部去走访,乔玉青拿出两副鞋垫要送给我们,并对着推辞的我们说,"我只会做这个,希望你们能用上"。听来让人很受感动,又深感任重道远。一方面是淳朴村民的深情厚谊让我们感动,另一方面又深刻认识到,要提升村民生产职业技能、实现让贫困农民们彻底过上幸福安康好日子的美好愿景,还有很多需要去努力、值得去努力的地方。

到 2020 年 6 月,贾家沟全村贫困群众"两不愁三保障"问题已全面解决,人均年收入达到了 5 780 元,比 2013 年基本翻了一番,贫困群众生活发生了翻天覆地的变化,贾家沟村从此走上了全新的脱贫致富康庄大道。

置身国家脱贫攻坚的洪流之中,在深感光荣和自豪的同时,我最大的感触就是,"**一个富强的国家,是人民摆脱贫困的基础**"。

以贾家沟村为例,一个享受易地搬迁政策的四口之家入住 90 平方米的城镇新居,农户仅需负担 1 万元;1 户 1 座终生免费使用的日光温室大棚,贾家沟村分得 108 座,每座造价 17 万元;低保农户赛绒草住院治疗总费用 3 140.68 元,自付仅需 59.27 元。如此种种,可见党和国家在脱贫攻坚方面的决心之坚毅、投入之巨大!

李安安,79 岁,川子社农户。户内 5 人,本人视力一级残疾,长子病逝,次子肢体残疾、儿媳智力残疾,配偶长期患病,孙子还在上学,是贾家沟村最为困难的农户之一,也是国家兜底保障的一类低保户。在国家保障和各类帮扶政策扶持下,老人全家 2020 年人均纯收入预计可以达到 5 620 元,有充足信心顺利脱贫退出贫困户行列。老人性格达观,喜欢拉甘肃特有的四弦胡琴。在我们探访他家搬迁后的新居时,老人拉起胡琴、唱起自编的花儿,表达对国家和社会帮扶的感激。干净整洁的卧室墙上,挂着一副对联:"**为有牺牲多壮志,敢教日月换新天**。"街知巷闻、耳熟能详的话语,当下读来却令人万千感慨、豪气干云。

在我们这样一个有着十几亿人口的大国,让所有贫困人口摆脱绝对贫困,这是一个过去几千年来无法解决的难题。而今,这个宏伟目标即将在 2020 年成为现实! 这是多么强大的一个国家,又是多么光荣伟大的一个时代! 生逢如此盛世,又何愁攻无不克、战无不胜呢!

(2020 年 6 月 9 日,为复旦大学、山东大学、北京理工大学、上海交通大学、同济大学、河西学院师生讲座讲稿)

在决战决胜脱贫攻坚的
历史伟业中践行初心使命

中央党史和文献研究院派驻甘肃省镇原县
郭原乡毛庄村第一书记、工作队队长
陈郝杰

2019年9月2日,受组织委派,我到甘肃省镇原县郭原乡毛庄村担任第一书记,从中央国家机关站到脱贫攻坚第一线、从埋头公文案牍走向了田间地头。在决战决胜脱贫攻坚的关键时刻,我实现了"到西部去,到基层去,到祖国最需要的地方去"的心愿,既感自豪,又倍感压力。

在中央党史和文献研究院的大力帮扶下,在前两任驻村第一书记的扎实工作下,毛庄村村容村貌发生了巨大变化,脱贫攻坚取得决定性进展。但该村自然条件较差,地处黄土高原丘陵沟壑地带,平均海拔高度1500米,常年干旱少雨,农业基本靠天吃饭;贫困程度深,全村人口共558户2143人,2013年建档立卡贫困户297户1231人,贫困发生率达到58.8%;致贫原因复杂,有的缺技术、有的缺资金、有的缺劳动力、有的缺土地、有的因病因学因残;村情复杂,村内上访户多,历史遗留问题多。我到任后,村内仍有65户群众尚未脱贫,已脱贫群众尚未完全稳定住、巩固好,村两委班子内部有隔阂,合作社经营管理较为粗放,党支部战斗堡垒作用发挥不充分,个别党员长期不在组织、不像党员、不起作用。总之,毛庄村的脱贫攻坚战,是一块难啃的硬骨头。要想团结带领毛庄村全体干部群众打赢这场硬仗,必须要有顽强的意志、扎实的作风、正直的人品、管用的方法、切实的措施。

一、做学习践行习近平新时代中国特色社会主义思想的排头兵

伟大思想是伟大事业的先导,科学理论是成功实践的指南。习近平新时代中国特色社会主义思想是马克思主义中国化的最新成果,是一个博大精深、融会贯通的科学理论体系,是我们做好一切工作的根本指针。习近平总书记关于扶贫的重要论述,是我们做好扶贫工作的根本遵循。只有真学真懂,才能真信真用;只有先学一步,学深一点,才能带动村两委班子和全体党员加强学习。

为此,我反复阅读由中央党史和文献研究院编辑出版的《习近平扶贫论述摘编》有关重要论述242段,第一时间向村两委班子和全体党员传达学习习近平总书记在决战决胜脱贫攻坚座谈会上的讲话、在打好精准脱贫攻坚战座谈会上的讲话的最新精神。通过系统深入学习,我认识到决胜脱贫攻坚、共享全面小康的历史意义,想清楚了自己为什么来;认识到"扶贫开发,要给钱给物,更要建个好支部",搞明白了工作如何着手;认识到必须坚持精准扶贫、精准脱贫的方略和"五个一批"的措施,知道了自己开展工作的基本遵循。

在学懂弄通做实的同时,我还利用自己的专业优势,为乡、村两级党员干部讲党课。结合"不忘初心、牢记使命"主题教育,为全县210位村支书和郭原乡党员干部讲老一辈无产阶级革命家如何守初心、担使命;为毛庄村党员阐明增强"四个意识"、坚定"四个自信"、做到"两个维护"的深刻内涵和重要意义;结合学习贯彻习近平总书记2019年8月视察甘肃时的重要讲话精神,为郭原乡党员干部分享西路军的英勇故事。

二、做打造坚强战斗堡垒的带头人

抓好党建促扶贫,是贫困地区脱贫致富的重要经验。习近平总书记强调,"农村要发展,农民要致富,关键靠支部"。党支部要发挥战斗堡垒作用,关键是要有一个成熟、稳定、团结、富有战斗力的领导班子,特别是要有一个公道正派、敢抓敢管的党支部书记。因此,作为第一书记,我把日常工作中的很大一部分精力放在维护班子团结上,做村两委班子高强度超负荷运转的润滑剂、黏合剂。

2020年1月,针对毛庄村党支部三名委员长期在外、不能正常履职的实际情况,按照《中国共产党农村基层组织工作条例》中关于"村两委班子应当交叉任职"的要求,我们召开党员大会,新选举村委会副主任、村监委会主任

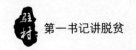

和一名自然村长担任党支部委员,全面实现交叉任职,提高了工作效率,理顺了毛庄村党支部委员会和村民委员会的关系。

在抓班子的同时,我还下大力气带队伍,加大对党员的教育培训力度。把一月召开一次党员大会、上一次党课、开展一次主题党日的要求糅合起来,把"两学一做"学习教育、"不忘初心、牢记使命"主题教育融汇其中。召开党员大会,由支部书记汇报工作并由大会讨论;上党课,主要是学习习近平总书记最新重要讲话和党中央重大决策部署;会议和党课结束后,再根据安排开展志愿服务等主题党日活动。同时,为了让党员亮明身份,接受监督,2020年4月,毛庄村党支部为全体党员户挂牌,让党员珍惜政治荣誉,尽力发挥带头作用。

三、做攻坚克难完成剩余脱贫任务的战斗员、提前谋划推进乡村振兴的先行者

选派县级以上机关、国有企事业单位干部参加驻村帮扶,是打通精准扶贫"最后一公里",解决"谁来扶"问题的重要举措。扶贫是第一书记和驻村工作队的主责主业,只要有一户群众未能脱贫,我们都不能无动于衷。

群众是脱贫的主体,精准施策才能铲除穷根。到任以后,我第一件事就是把全村65户未脱贫群众走访一遍,查看他们在"两不愁三保障"方面还有哪些困难,深刻理解了什么是贫中之贫、困中之困,并配合村两委班子有针对性采取措施,该兜底保障的兜底保障,该增强内生动力的加强扶志扶智,饮水、住房、看病存在问题的抓紧补上短板。经过努力,2019年,毛庄村脱贫58户,剩下7户中,今年已经有2户搬迁进安全住房,1户通过发展辣椒种植和在合作社务工实现增收,剩余无劳动能力的4户全部纳入兜底保障,基本完成了脱贫攻坚剩余战斗任务。

产业是富民之本。习近平总书记在决战决胜脱贫攻坚座谈会上的讲话中指出:"要加大产业扶贫力度,种养业发展有自己的规律,周期较长,要注重长期培育和支持。"到任以来,我在派出单位挂职副县长的指导和支持下,积极变革毛庄村产业发展思路,同贵州甘记辣鲜王公司对接,按照"龙头企业+合作社+农户"的模式和"利益共享、风险共担、保护价收购"的原则,大力发展朝天椒种植。2020年已种植辣椒600亩、饲草玉米350亩,正在谋划

利用我院帮扶资金90万元建设辣椒烘干车间,培育全产业链。同时,我们还利用赵全营镇的帮扶资金,在全村发展肉牛养殖业,目前已累计奖补肉牛282头,牛棚117座。通过大力发展富民产业,毛庄村群众通过流转土地、劳务增收和户内养殖,脱贫致富有了稳固、有力、长效的支撑。

习近平总书记在决战决胜脱贫攻坚座谈会上指出,"脱贫摘帽不是终点,而是新生活、新奋斗的起点",并一再强调"驻村工作队不能撤"。我理解的"不能撤",一方面是保持脱贫政策稳定,防止返贫,另一方面,就是要接续推进全面脱贫与乡村振兴有效衔接。接下来,我们将按照"产业兴旺、生态宜居、乡风文明、治理有效、生活富裕"的乡村振兴总要求,结合实际先做起来,在产业发展上多出思路,在改善人居环境上多下功夫,在移风易俗上多想办法,在乡村治理上多做探索,在实现共同富裕上多加努力。

四、收获和体会

奋斗的青春最美丽,把个人的发展融入党和国家事业的需要最幸福。通过9个多月的乡村工作,我更加深刻地体会到习近平总书记所说"青年干部了解了基层,学会了做群众工作,在实践锻炼中快速成长"的深刻含义,更加感谢组织给予的宝贵机会,更加无悔自己的挂职选择。

9个月的乡村工作让我明白,"中国共产党的领导是中国特色社会主义最本质的特征,是中国特色社会主义制度的最大优势"是具体的而不是抽象的,是实在的而不是空洞的。我所接触到的贫困群众,没有一个说共产党不好,没有一个说党的政策不好。贫困户贾万廷近80岁高龄的母亲说:"共产党比亲爹都好,亲爹从小到大没有给过我一分钱,共产党却给我发养老金。"贫困户王林香,丈夫早逝,儿子智力残疾,她在村部对我说:"共产党就是我爹,共产党就是我妈,没有共产党,我早死了。"群众用朴素、生动的语言,说明党的十八大以来,习近平总书记亲自谋划、亲自部署、亲自推动的脱贫攻坚战是何其正确、何其深得人心!

9个月的乡村工作让我明白,群众观点和群众路线是我们党的传家宝,只有坚持群众观点,走群众路线,我们的工作才能行稳致远。作为一名学习马克思主义理论专业出身的党史文献工作者,群众观点、群众路线的概念可以说烂熟于心。但在挂职之前,我同群众直接接触的机会实际很少,群众在想什么、盼什么，群众怎样才认可、信服一个干部，都不得而知。在今年种植辣椒期间，我主动到田间地头，帮群众栽苗担水，虽然干得吃力，却被群众拍摄视频传播到快手上，结果一传十、十传百，大家都在为陈书记点赞。到超市购买生活用品，售货员张口就说，陈书记挑水挑得好。那一刻，我深深地懂得，干部干部，必须先干一步。做不到先干一步，也要同群众干在一起。哪怕干一点，群众都认可。不干，半点马克思主义也没有！

9个月的乡村工作让我明白，乡村干部非常不容易。人们常说，"上面千条线，下面一根针"，但线如果来回往复，朝令夕改，打了死结，就会让针不灵。"上面千把锤，下面一根钉"，给基层紧紧螺丝帽是正确的，但如果都来敲一下，基层这颗钉子就会不堪重负。"上面千把刀，下面一颗头"，有权必有责，有责要担当，这是正确的，但如果不分青红皂白，动辄问责，会让基层干部觉得很委屈。我们身处中央和国家机关，更多的是政策制定者，必须时刻警惕形式主义、官僚主义，真正为基层减负松绑。

9个月的乡村让我明白，个人的力量是有限的，组织的力量是无穷的。作为驻村第一书记，我们是单位扶贫的桥梁和纽带，必须背靠组织、依靠组织、积极同组织对接。我所在的中央党史和文献研究院，院务会和主要负责同志高度重视中央单位定点扶贫工作，每年都亲自到定点扶贫县考察调研，出钱出人出物出主意。离开了全单位的支持，驻村第一书记就是无本之木、无源之水。同时，我所在的第二研究部，领导和同事在疫情防控、日常事务中，都十分关心、照顾千里之外的同志，免除了我们的后顾之忧。作为在外挂职的第一书记，不能像断线的风筝，要时刻牢记"军功章"的背后是谁在默默支撑。

逝者如斯夫，不舍昼夜。转眼，驻村已经近半。接下来，我将慎终如始，答好脱贫攻坚毛庄卷，探索乡村振兴毛庄路，为全面建成小康社会贡献中央党史和文献人的一份力量！

（2020年6月9日，为复旦大学、山东大学、北京理工大学、上海交通大学、同济大学、河西学院师生讲座讲稿）

"陇上孟河"驻村帮扶记

国家能源局派驻甘肃省定西市通渭县孟河村第一书记

谷双魁

我是国家能源局驻通渭县孟河村第一书记谷双魁,很高兴有机会分享我的扶贫工作经验。下面我将从通渭县的概况介绍、扶贫帮扶工作汇报和驻村帮扶感悟这三个方面介绍我的扶贫工作经历。

一、通渭县的概况介绍

大家都听过"桂林山水甲天下",而我们通渭县所在的陇中地区又被称为"苦甲天下"。通渭县是我们国家能源局定点帮扶的对象,位于甘肃省中部,自古以来就是丝绸之路的中路的必经之地,但是由于各种原因,直到2007年,通渭县才结束了没有公路的时代。2017年7月,途经通渭县的宝兰高铁建成通车,通渭县的区位优势才得以凸显。现在,从通渭到兰州乘坐高铁只要53分钟,到西安只要2小时12分钟,融入了兰州"1小时都市圈"和西宁、西安"2小时经济圈"。

通渭县主要有八大主导产业,分别是:畜草产业、新能源产业、玉米产业、马铃薯产业、中药材产业、小杂粮产业、果蔬产业、书画产业。通渭县是一个典型的农业县,这里每年的降水量大概在380毫米左右,蒸发量却高达1500毫米,可想而知通渭县干旱的严重程度。降水贫瘠的自然条件和交通信息的极度闭塞,导致了这里经济发展的相对落后。晚清政治家左宗棠担任陕甘总督时曾评价这里为"苦甲天下"。自中华人民共和国成立以来,这里一直都是扶贫的重点区域,2011年,被国家列入六盘山区集中连片特困地区,2017年,被列为国家的深度贫困县之一。

通渭县共43.89万人口,2018年GDP只有52.6亿元,人均1万元左右。大口径财政收入3.6亿元,财政支出38亿元左右。其中,农村人口的可支配年收入7 410元,只达到了全国水平的46%。2013年底,按照国家扶贫政策,通渭县建档立卡贫困村198个,贫困人口有13.95万,占总人口的31.8%。经过五年的扶贫攻坚,截至2019年底,还剩下51个贫困村、3 648户、1.52万人,贫困发生率降到了3.89%,但它依然是全国0.6%贫困发生率的6.4倍,通渭县的贫困人口和贫困发生率在甘肃省分别居第一、第二位,也是全国尚未脱贫的52个深度贫困县之一,可谓是贫中之贫、困中之困。

以上简单介绍了一下通渭县的概况,下面我谈一谈来到这里之后开展的扶贫帮扶工作,分两个方面来讲:第一个方面是国家能源局的县域帮扶工作。第一,大力协调引进各类帮扶项目和资金,2019年引进项目总投资和帮扶资金共计25.65亿元。第二,全力推进风电基地项目建设。通渭风电基地项目在通渭县境内规划装机规模120万千瓦,总投资115亿元,已经建成并网发电30万千瓦,在建20万千瓦,还有40万千瓦待建。这些投资和举措都是为了带动整个县经济的发展。第三,全力推进全国光伏扶贫试点县建设。2015年以来,国家能源局累计下达通渭县光伏扶贫项目指标16.24万千瓦,已经全部建成。每年给县财政增加1亿元收益。第四,劳务就业、教育扶贫、消费扶贫等其他方面。自2018年起,在这些方面也做了大量工作,取得了较好的效果。通过一系列举措,国家能源局县域帮扶工作为通渭县增加了一个新名片——"风光互补,清洁通渭",可见当地对国家能源局工作的认可。第二个方面是国家能源局精准扶贫孟河村。2018年7月,国家能源局派我任孟河村的驻村第一书记。孟河村位于县城以南五公里处,辖8个社、305户、1 319人。2013年有建档立卡贫困户117户544人,贫困率为41.24%。在国家能源局的大力帮扶下,2018年脱贫人口24户81人,贫苦率下降到2.65%,贫困村摘帽。

二、扶贫帮扶工作汇报

下面按时间轴回顾我驻村以来做的一些事情。

其实刚来的时候,孟河村的情况比我想象的还要差一些,村民和干部之间还有一些隔阂,对我们也有一些不信任。2018年8月,通渭连降大雨,村内一条运粮要道和配套的小型涵洞桥被冲毁。村支部书记找到我,我急忙到县里协调想办法,几天后就把机器运过来,两周之后就把路和桥修好了。

之后,村干部和村民们纷纷认为,这个谷书记应该是个能干事的人。

2018年9月初,国家能源局机关党委来村调研,问到村委会每年的开支,村里的文书回答一千多块钱,当时的情况是零家底、没有钱、全靠拨款。如何破解村集体经济发展难题,带动村民脱贫致富?我首先想到了浙江发达的村级电商。当时刚提出来的时候,大家都不支持,村里的干部和村民都很不解,都说:"通渭有三宝:'土豆、洋芋、马铃薯'。我们做电商能卖啥?卖土豆?谁稀罕?"后来,经过不断努力,我们提出了"立足孟河村,着眼通渭县"的理念,注册成立了通渭县第一家村办集体企业和"陇上孟河"品牌,将村里农户种植的土豆、小米、杂粮等作物和县里的代理加工厂衔接,经过加工包装后"上线"销往全国。

2018年9月,我们到村里2个月左右,帮村里建立了"陇上孟河"微店;2019年3月,帮孟河村注册了集体企业和"陇上孟河"商标;2019年5月,"陇上孟河"受邀参加了第三届博鳌国际美食文化论坛;2019年6月,"陇上孟河"再次受邀参加第二届中国粮食交易大会,参加专题推介会,向全国推介通渭的好食材,并与中石油、中石化等企业沟通合作意向;2019年9月,我们村里的北漂青年尹艳丽回村加入"陇上孟河"电商;2020年1月,"陇上孟河"企业申报国家贫困县重点扶贫产品目录通过国务院扶贫开发领导小组办公室审核,被纳入财政部政府采购企业名单;2020年4月,"陇上孟河"开通了抖音、快手、淘宝直播,并且与一些影视明星、奥运冠军等一起进行直播宣传。"陇上孟河"电商平台,目前销售额已经突破了230万元,为孟河村集体带来近50万元经济收益。通过农产品收购、销售、劳务等带动全村116户527人建档立卡贫困户增收,"陇上孟河"品牌效应形成,长效机制建立。电商扶贫思路给村民们带来了脱贫致富的信心,"陇上孟河"也在通渭家喻户晓,正逐步走向全国。在贫困地区发展电商的孟河模式,已被《中央和国家机关工委驻村第一书记扶贫典型案例》收录出版,并影响输出到了陕西、贵州等地,为他们提供了一条可借鉴的壮大村集体经济新路径。

2018年底,孟河村脱贫摘帽以后,为了巩固脱贫成果、衔接乡村振兴,我们对农村振兴发展规律与中央政策进行了深入调查研究。结合孟河村实际,我们提出了以"陇上孟河"为纽带,实现当地一、二、三产业融合发展的扶贫思路。2019年2月左右,村里制定了《通渭县孟河村美丽乡村建设与乡村振兴发展规划方案》。根据整体规划发展思路，孟河村引入社会资金20万元，打造300亩金银花连片种植基地和20亩紫斑牡丹园、走地鸡等项目，促进第一产业转型，引领村民思想上进行转变。同时，招商引资落户草编手工艺品、金银花深加工等。草编手工艺品"订单式"培训，已带动36名留守妇女利用闲散时间居家就业、在家赚钱，引领村民经济意识转变，推动第二产业发展。在这一过程中，引领村民思想转变虽然说起来只有一句话，但实践中需要投入很多的努力。此外，我们将拥有300余年历史并保存完整的村内"孟河龙尾堡"规划为该村第一观景平台，讲述通渭"千堡之乡"的历史文化，并积极申请国家文化遗产保护，从而引领传统手工艺、休闲养殖业等第三产业的发展，规划出了一条以"好产品＋好风景＋好文化"为特色的扶贫与发展新路径。在旅游规划的过程中我们还衔接了很多其他旅游资源，还提到了"风光互补，清洁通渭"这个名片。这些资源包括：通渭"榜罗镇会议"确定了长征落脚点，属于红色旅游资源；通渭素有"书画之乡"的美誉；当地崇尚耕地文化，重视教育，曾出过三位院士；盛产杂粮、土豆，有"土豆之乡""杂粮之乡"的美誉；根据郦道元《水经注》记载，这里有西北地区最好的温泉。

  扶贫工作"帮钱帮物，不如建个好支部"。我带领孟河村党支部不断加强基层党组织建设，2018年9月和2019年6月分别与国家能源局浙江监管办、国家能源局安全司、综合司机关党委进行党建结队共建，由此激发了孟河村干部群众消除贫困的决心和勇气。此外，为了提升孟河村党支部干部带头致富、发展产业、服务群众的能力和水平，除了30余次局里领导干部来我村调研指导，我还先后10余次带领村干部到浙江、天津、北京、重庆、新疆、海南等地交流学习，使村两委干部开阔视野，提高政策水平，学习领导艺术。同时，我带领村两委数以百次入户工作，足迹遍布孟河村的每一个角落，引导村民转变思想，增强苦干精神。2019年初，村里完成了300亩金银花种植示范基地建设，每年可以给种植户带来收益90万—150万元。除了思想扶贫，我们还积极开展了教育扶贫。2018年10月，引入上海真爱梦想公益基金会捐赠的20万元，在孟河村徐家川学校设立"梦想中心"项目，为孩子们提供由华东师范大学打造的素养教育教学体系。2018年10月，中国自动化学会发电专业委员会、国网浙江省电力有限公司电力科学研究院捐赠40万元，设立"智航"助学金和奖学金，并建立"智航科技实验室"，让学生们学习操控无人机和机器人,了解3D打印技术,熟悉农业科技。2018年10月、2018年12月、2019年7月,同济大学、浙江大学等高校师生先后来到孟河徐家川开展支教活动。2019年9月,孟河村委创设教育专项基金,与上海真爱梦想公益基金会合作募集5万余元,联系社会爱心人士一对一资助,帮助村里58名品学兼优但家境贫困的孩子们完成学业。通过这些举措,孩子们受到更好的教育,他们的未来有了更多的希望,同时也让村民和村两委的心贴得更近了。

2019年11月的孟河村亮化工程是一次开展村民自治的尝试。村集体"陇上孟河"电商出资购置灯具,我们带领社长组织社员们设计规划、绘制图纸、组织物资、投工投劳,村民们自己动手,将规划的亮化图纸变为了现实,这一过程十分有意义。2019年12月底,孟河村所有的社都安置了路灯,这些路灯不仅点亮了村民们出行的路,也点燃了村民参与村庄建设、发展村庄经济、谋划村庄发展的积极性。

如今,孟河村的黄土路"硬化"了,226座厕所"革命"了,220盏路灯"点亮"了,150千瓦捐建光伏电站为村集体经济种下了"铁杆庄稼",58名品学兼优的贫困家庭学生被资助,10名大学新生拿到了"村里送你去上学"的车票款,2名应届毕业大学生进入能源央企就业,北漂青年尹艳丽回到村里参加电商运营,老党员杨菊英等30余名在家妇女开始手工编织在家增收……在脱贫攻坚、乡村振兴的路上,我们沿着绘制的蓝图,带领村民脱贫致富奔小康。

三、驻村帮扶感悟

第一个感悟:要发挥好第一书记的作用,贫困村同样具备发展的可能。这里以"陇上孟河"电商发展为例。刚来到通渭县,这里因为长期以来受交通、环境等条件的限制,面临着贫困地区共同面临的突出问题:第一,思维比较保守,不知道卖什么,怎么发展;第二,缺乏对电商的了解,很多关于电商的问题不知道怎么去解决;第三,对电商发展带动作用认识不清。我们作为第一书记,对这几个问题的解决发挥了比较大的作用。我们通过理念的优势把村民们认为不可能的事情变成可能,包括立足本地、着眼前沿等,同时还发挥了示范的作用,当大家不知道怎么解决问题的时候,我们一步一步带着他们去做和学习。此外,还从外部引入了一些资源和援助。在整个扶贫过程中,我们发挥了统筹的优势,在做的过程中对国家政策和长远发展的方向进行了深入分析和把握。

第二个感悟:加强村两委的队伍建设和能力提升,更多要教会他们方法。授人以鱼,不如授人以渔。要避免自己大包大揽,和他们一起商量、一起解决,全流程进行指导和协调,潜移默化进行传帮带,在实践中帮助干部提高办事能力。同时,逐步培养团队意识。特别是村里重大事项决定和大型活动的举办,尽可能调动每一个人的工作积极性,逐步培养团队协作精神,树立起村干部团结干事的好形象。我们把请进来和走出去相结合,开阔眼界、启发思路、提升能力,找到了带领群众脱贫致富奔小康的方法。

第三个感悟:坐下来多与老百姓进行沟通,融洽村民与基层党组织的关系。在发展电商、发展草编、亮化工程、教育帮扶等过程中,把群众的心一点一点拢在一起,使干群关系一天一天好起来。这里举两个例子:一个是在异地搬迁旧房拆除复垦过程中,某农户一直使村两委头疼,我们面对面交流四个小时,倾听十多年旧账,讲政策,最后工作自然就做通了;另一个是一户叔侄之间有几十年的恩怨,村两委一直解决不了,我们入户沟通多次,最后也取得了较好的效果,当事人告知,原因就在于对村干部的信任。

(2020年5月31日,为复旦大学、浙江大学、浙江师范大学师生讲座讲稿)

用文化托起官庄幸福的明天

——娄烦县官庄村驻村帮扶手记

文化和旅游部派驻山西省娄烦县娄烦镇官庄村第一书记

孙占伟

消除贫困、改善民生、逐步实现共同富裕,是社会主义的本质要求,是我们党的重要使命。2015年11月,《中共中央国务院关于打赢脱贫攻坚战的决定》吹响了脱贫攻坚全民奔小康的号角。2018年10月,受文化和旅游部(原文化部)派遣,我到山西省娄烦县官庄村担任第一书记,投身这一人类历史上最为波澜壮阔的脱贫攻坚战中。2020年底,全国现有农村贫困人口将全部实现脱贫,为全面建成小康社会交上扶贫人一份庄严答卷!

下面我将从娄烦县基本情况、官庄村基本情况以及我的扶贫经历三个部分对我参与脱贫攻坚的有关情况展开介绍。

一、娄烦县基本情况

娄烦县是山西省太原市的所辖县,位于太原市西北山区,属吕梁山腹地、汾河中上游。娄烦有着悠久的古国文化,"周王绘图有楼烦国",娄烦由"楼烦"演变而来,原是一个古老民族或部落的名称,后来变为地域概念,成为历史上郡、县、乡的名称。全县总面积1 289平方公里,总人口12.6万人,农业人口9.6万人,有119个贫困村、14 067户41 962名贫困人口。

娄烦有着深厚的红色文化基因。中国共产党早期的革命活动家、山西党团组织的创建者高君宇就出生在娄烦县静游镇的一个开明绅士之家。高君宇参加过"五四"运动、北京共产主义小组、京汉铁路工人大罢工,他用29个春秋谱写了一曲灿烂的人生篇章,为中国无产阶级革命事业作出了杰出贡献。在抗日战争时期,娄烦有4千多名优秀儿女参加八路军抗日组织,占到当时全县总人口的10%,并为1万多名抗日将士提供粮食和衣物,为抗战胜利作出了突出贡献。

中华人民共和国成立后，娄烦人民识大体、顾大局，表现出强烈的爱国主义精神。1958年，娄烦人民为支援国家重点工程汾河水库的建设，奉献出5万亩良田，有22个村庄2万多人移民，迁移人数占全县总人口的五分之一。汾河水库费时两年，参加修建水库的有军人、农民、工人、大专院校及中小学师生，人数达四万八千人，当时主要以义务劳动进行，基本不计报酬。汾河水库总面积32平方公里，容量为七亿立方米，相当于十三陵水库容量的十三倍半，水库的建成保障了太原市工业用水以及400多万人的生活用水，为晋中地区10万多公顷农田灌溉提供充足水源，同时也给娄烦县增添了难得的水产资源和艳丽多娇的旅游景点。

文化和旅游部自1995年开始定点帮扶娄烦县以来，充分发挥自身部门和行业优势，从资金、项目、培训、干部等方面对娄烦县进行大力帮扶，有力地促进了娄烦县的脱贫攻坚工作。2015年起，文化和旅游部开始向娄烦县派驻驻村第一书记，定点帮扶娄烦镇官庄村。在全县人民的自觉努力和社会各界大力支持下，2019年4月18日，经山西省人民政府正式批准，娄烦县退出贫困县，摘掉戴了20多年的穷帽子。如今的娄烦，借助地理文化资源和红色文化资源，发展起"一山一水一名人"（云顶山、汾河水带、高君宇故居）的品牌工程。借助优质的自然资源，打造"中国好土豆、娄烦山药蛋"等绿色农产品品牌，在脱贫致富的路上越走越远。

二、官庄村基本情况

官庄村于1958年因汾河水库建设整村移民至现址，位于娄烦县城移民东区北侧，距县政府两公里，属县城的城中村。全村共185户485人，劳动力人口285人。全村总面积1 206亩，其中宅基地120亩，耕地423亩，退耕地265亩，四荒地398亩，人均耕地0.87亩。官庄村两委班子健全，有第一书记一名，驻村工作队员2名，党员21名，村民代表13名，常住人口860人。

官庄村在列贫困人口45户140人，2016年脱贫12户28人；2017年脱贫28户89人，当年实现全村脱贫；2018脱贫4户15人，实现贫困人口清零。2019年动态调整贫困人口整户新增1户3人（缺劳力），户内新增4人（2人退役返乡，2人新生儿落户）。2020年第一季度动态调整户内新增1人

(新生儿落户)。

官庄村人均耕地较少,村民主要收入来源为做小生意、打零工等,部分村民因缺技术、缺资金而导致经济收入较低。脱贫攻坚几年来,在扶贫政策支持和帮扶单位帮助下,贫困人口人均收入逐年增长,打下了稳定脱贫的经济基础。

目前,县城北大街贯通村东西,水泥路已经到户;村有公交站点,长途客运汽车站距村 2.5 公里;村民饮用水接通县自来水公司管网,饮用水安全入户;村里已通动力电;所有居民住房安全;宽带网络具备入户条件;村内道路安装路灯 43 盏;有标准化卫生室 1 个,配备村医 1 名;配备垃圾清运车 2 辆和保洁员 2 名,建立卫生保洁制度,村容村貌整洁卫生;义务教育阶段学生能够就近入学,无辍学。

三、我的扶贫经历

2018 年 9 月,当组织确定选派我到娄烦县官庄村担任第一书记时,我首先想到的就是要了解官庄村以及整个娄烦县有哪些特色文化,如何通过文化梳理树立当地的文化自信、增强文化在推动经济社会全面发展方面的作用,培养群众的文化自觉,让当地文化强起来。

因此,我从娄烦县政府网站上下载了公开的县志资料,熟悉当地自然地理、历史人文,重点掌握区域特色文化,让自己像当地人一样,或者比当地人更了解娄烦的文化。2019 年 11 月,我受邀在娄烦县市场监督管理局做了一场娄烦传统文化的专题讲座,现场听众纷纷表示,我讲了很多他们不了解的娄烦文化和他们没有深入思考的娄烦文化现象。

根据官庄村非物质文化遗产资源的情况,我梳理挖掘了官庄村特色文化内容。娄烦县非物质文化遗产有 12 大类 606 条,有《西游记》故事在娄烦的传说、莜面栳栳栳制作技艺、打岗、攘瘟 4 个市级"非遗"代表性项目,有剪纸制作技艺、黑陶制作技艺、古法榨油、卤水豆腐等 15 个县级"非遗"代表性项目。

(一)从"转九曲"开始树立村民的文化自信

推动文化和旅游融合发展,是以习近平同志为核心的党中央作出的重要决策。在了解当地特色文化基础上,我深入思考了如何让这些文化有力推动脱贫攻坚和乡村振兴。

贫困地区开展文化旅游工作,首先是要有文化觉醒和文化自觉。记得我刚到村里时,经常通过拉家常的方法了解村里的文化。每每问起,村民回复的都是当地话"木拉"(没有的意思)。倒不是他们在敷衍我,而是他们忽视了去发现生活中的传统文化、记忆中的文化传统。

从县志了解到官庄"非遗"项目"转九曲"后,我也多次向村民追问一些细节,了解到村民们有20多年没有"转九曲"了。当时一位30多岁的村民颇为感慨,他小时候参加过村里的"转九曲",但村里已20多年未开展这项活动,要是再不"转",估计年轻人都不知道这传统了。"转九曲"被称为"九曲黄河阵",按照传统组织方式确定"转九曲"会首后,会首组织村民用传统五色纸裱糊出人口灯,在"转九曲"当天用本村出产的山药蛋做成灯盏盏,灌上村里产的胡麻油,在九曲场转一转"一帆风顺",走一走"四季平安"。传统上,官庄村"转九曲"是和"敬神"联系在一起的,但是囿于经济条件限制,多年来只是敬神没有"转九曲"。通过对娄烦文化梳理和对村民的走访,我发现,村民们对"转九曲"的回忆中充满了自豪的情感,这是村里的文化之根。

2019年春节,在文化和旅游部非物质遗产司的支持下,官庄村恢复了"转九曲"活动。每家每户用了三四天时间,提前制作传统的人口灯,一家人团团而坐,你剪纸、我糊胶水,其乐融融。夜幕降临时分,"九曲黄河阵"摆开,500多盏油灯同时点亮,大号唢呐引路,村民们沿着"迷宫"一样的"九曲黄河阵"蜿蜒前行。那天是农历正月初十,当时气温接近零下20度,村民们在九曲场转了两个半小时还意犹未尽,满脸挂着笑容。

与此同时,2019年春节期间,官庄村还举办了"小村庄,大年俗"首届娄烦县官庄村"非遗过大年"活动,开展"非遗"讲座、产品展销、年俗传承等,营造了"人人参与文化传承、个个都是村庄代言人"的传统文化保护氛围。此次活动丰富了节日期间群众文化生活,提振了村民精气神,取得了较好的社会效果。

2020年春节期间,官庄村"非遗过大年"更是升级为娄烦县委县政府主办的"2020年娄烦县乡村文化旅游节(官庄站)暨娄烦县官庄村'非遗过大年,文化进万家'"活动。考虑到官庄村区位条件优越、木版年画传统氛围浓厚,举行文化活动辐射面大、带动性强,在2020年的活动中,官庄村便联合娄烦县内各景区、县餐饮协会,以传统木版年画为纲,展示了娄烦的节俗文化、饮食文化和发展成就等。遗憾的是,受"新冠"肺炎疫情影响,2020年娄烦县乡村文化旅游节(官庄站)未能全部如期举行。但是,娄烦官庄的木版画在春节前张贴到了娄烦的饭店、五保户和官庄村的农户家,娄烦人看到"官庄"两个字,又想起了2019年春节正月初十晚上浑厚悠扬的大号及千姿百态特色浓郁的传统人口灯。待疫情过后,官庄"转九曲"一定会回来,带领大家"走一走四季平安,转一转一帆风顺"。

(二)"非遗"+旅游,官庄村立志成为娄烦文化展示基地

随着"小村庄,大年俗"首届娄烦县官庄村"非遗过大年"活动的落幕,考虑到娄烦县清明节期间有泼火、荡玉千、掏甜甘草、捏寒燕燕、戴寒拍拍的习俗,我在想,能不能将娄烦县的特色民俗活动展示出来,让当地的老百姓和远方的朋友都来体验这浓浓的传统。

在与山西省非物质遗产保护中心、东方国旅等单位沟通后,三方"一拍即合"。经过前期调研,结合官庄村民俗风情、特色饮食、传统体育,共同开始推进文旅融合工作,确定在2019年清明节后举办山西省"非遗+旅游"研学班活动。

在文旅融合、全域旅游和传承发展中华优秀传统文化的背景之下,能够"见人见物见生活"的"非遗+旅游"迎来了难得的发展机遇。比之传统的展览,"非遗"与旅游的良性互动为"非遗"的展示传播带来多层面的有益作用。"非遗"旅游展示可以让游客走进"非遗"的生态环境中,体验"非遗"实物背后的制作技艺和文化内涵,更能领会"非遗"项目的独特性和地域性。与此同时,研学旅行是近年来我国许多地区推进中小学生素质教育的一个重要内容,是对年轻一代遗产保护意识的培养,也是"非遗"保护工作的一个重要抓手。官庄村的"非遗+旅游"就以此为切入口。

2019年4月21日,一辆挂着"娄烦民俗亲子研学首发团"标牌的旅游大巴驶入娄烦县官庄村。几位举着"凤仙家""赵秀才家"等标牌的村民,一下就吸引了刚下车的31位太原游客。"非遗里的春天——娄烦民俗亲子研学首发团"的参与者由15个家庭共31人组成,其中有16名孩子。黄儿、烧馍馍、圪搓搓、磨擦擦、莜面鱼鱼等充满当地特色的农家菜在村民家品尝后,村民又给大家分发了软软的面团和各色布条,带领孩子们体验捏寒燕燕、做寒

拍拍等民俗。通过这些民风民俗,孩子们感受到了娄烦人民对大自然的热爱,对美好生活的向往。除此,"娄烦民俗亲子研学首发团"的孩子们还体验了传统体育项目——打岗,这是官庄村开展乡村旅游的一大特色。打岗就是打石头,是太原市级非物质文化遗产,是当地百姓因陋就简发明的一种全身锻炼的体育活动,有益身心,古朴有趣,也是促进群体团结的集体游戏。但是,打岗一度在村里消失。详细了解了打岗项目的具体内容后,我觉得这个项目很有价值,要想办法把它发掘出来,并力争让其延续下去。我还记得五十来岁的村支书念着顺口溜为来村旅游孩子示范的那一幕。"一头打二掩眼三顶头四奴肚五圪擦六踢跳七切草八卖蘑菇九炮油十打你个玉石毛猴猴",随着顺口溜,孩子们也饶有兴致地练了起来,对这种技艺有了深深的印象。

与此同时,在"非遗+扶贫"的探索路上,我还积极推动官庄村剪纸、版画培训和文创产品开发项目。木版年画是我国历史悠久的汉族传统文化表现形式,在全国各地广为流传,仅国家级非物质遗产代表性项目中就有13省的19种木版年画。2019年起,官庄村在传统剪纸基础上,开展了剪纸+木版画非物质遗产传承发展培训项目,举办版画雕刻、修版、印刷培训班4期,累计培训60人次。官庄木版画是将娄烦剪纸的代表图案,以雕刻的形式,固定在画版上,通过油印成为一张张具有地方特色的工艺品。很快,官庄木版画走进了潍坊2020年画传承发展大会、成都国际非物质遗产博览会、山西省文化产业博览交易会等活动现场。村民也陆续收到版画雕刻的劳动收入,雕刻技术最好的村民月收入能达3 000多元。

经过一年半的探索和实践后,村民们对传统文化有了更好的认识,对于"非遗+扶贫""非遗+旅游"有了更多的接受度和参与力。除了创新实践模式、广泛搭建平台外,还要让传统手艺与村民生活紧密联系起来,让传统文化真正"活"起来,其中青少年对非物质遗产的传承必不可少。

2020年4月,为应对疫情影响,我们开展了官庄村村史梳理挖掘和村情教育,官庄村展开了"书写佳话轶事良俗,传承官庄文明乡风"青少年征文活动。此次活动鼓励官庄村在校青少年根据主题查阅相关资料或采访家长及本村村民等方式,围绕官庄村民间习俗、名人轶事、传统歌谣、脱贫攻坚等内容撰写文章。此次征文活动既对官庄村青少年进行了爱国爱家教育,又能让更多的青少年了解本村"非遗"、爱上"非遗",真正成为"非遗"传承的重要力量。

青少年是"非遗"传承的未来,官庄村的未来也在这诸多探索中日渐清晰。由文化和旅游部支持建设的官庄村文化中心将于今年建成;官庄村将落实旅游开发带全局的导向,以"剪纸+版画+旅游"将吃农家饭、体验特色民俗、购买版画文创产品融为一体。同时,挖掘"古国文化、红色文化、西游文化"等人文资源优势,与兄弟村庄联动开展特色版画雕刻,形成地方特色版画产品线。未来,官庄村将成为娄烦文化展示基地、旅游导引地。

(2020年5月26日,为复旦大学、山西大学师生讲座讲稿)

我就是来干活的　又不是来享受的

五矿集团派驻贵州省铜仁市沿河土家族
自治县长依村第一书记

杨　聪

我是中国五矿集团派驻到贵州省铜仁市沿河县新景镇长依村的第一书记杨聪，很荣幸受邀参加复旦大学"驻村第一书记讲脱贫"活动，也很高兴有这个机会与在座的师生朋友们分享自己在脱贫攻坚一线的经历和感受。"我就是来干活的，又不是来享受的"，这是村民们心疼我为村子劳累付出时我常挂在嘴边的一句话。

2017年7月，我所在单位接到公司总部中国五矿集团的通知，要求推荐一名优秀青年员工前往中国五矿集团定点扶贫县——贵州省铜仁市沿河土家族自治县（国家级深度贫困县）下辖的思渠镇渡江村开展挂职锻炼和定点扶贫工作。经层层推荐、选拔、考核，年仅24岁工作刚满2年的我被委以重任，成为驻村第一书记。我由此成为第二批中央和国家机关选派到贵州省最年轻的第一书记。

付出真心、真意，脚踏实地为村民服务

年轻并不意味着轻浮，作为外来的挂职驻村干部，我凭着对党的事业的忠诚，不辞辛劳、满腔热情地为群众办了一件又一件好事、实事，用真心实意换来了村民们对自己的信任与支持。我走遍全村每家每户，了解村民需求，听取群众心声，力所能及地为村民解决实际困难，把党中央和各级党委政府的扶贫政策宣传到每位农户，重点关注照顾贫困户，特别关心关爱孤寡老人和留守儿童。只要在村里提起杨书记，渡江村和长依村的村民们总有说不完道不尽的话，因为他们每个人都打心底里记得我对他们的好。

忽略亲情、友情，工作占据了我的全部

自担任第一书记以来，我始终把驻村帮扶工作放在首位，老百姓的事更胜过自己的事。为了利用春节返乡之机了解外出务工村民在外发展的情况，听取在外能人和知名人士对本村发展的建议，同时组织筹划村中多年来未举办过的春节拔河比赛、篮球赛等文体活动，我连续三年春节都留在了村子里，与村民一起过年。驻村三年仅回过一次家，而这唯一的一次还是因为最疼爱我的奶奶过世了，我赶回去奔丧，没能在最后时刻守在奶奶身边为奶奶送终也因此成了我终生的遗憾。由于很少回家，我平常一般通过微信或电话与家人联系。家人很关心和疼爱我，但更支持和理解我，同时为我所从事的扶贫工作和肩负的光荣使命感到骄傲与自豪。家里的事情很多都瞒着我，基本上都不让我分担，以免使我分心或加重心理负担。甚至有一次，我母亲生了场大病，伴随着有生命危险，但母亲还一再叮嘱千万不要告诉我，生怕我知道后要赶回来，耽误了工作。因为长期驻村，我与昔日的朋友们日东月西，只能偶尔通过电话或微信联系。扶贫工作几乎占据了我的全部。由于工作表现突出，本人荣获贵州省2018年"全省脱贫攻坚优秀村第一书记"称号，其所在的帮扶团队获得贵州省2019年"全省脱贫攻坚先进集体"称号。

留下汗水、泪水，村子因我一天天变好

根据组织的安排，2019年3月，我调任另一个贫困村——新景镇长依村担任第一书记。无论在渡江村还是长依村，哪里有困难，哪里就能看到我的身影；哪里有问题，哪里就能听到我的声音。不管是有什么脏活、重活、累活，我总是第一个冲在最前面，任劳任怨。村民们常常心疼我，让我停下来休息，但我往往是婉言拒绝了。我常对村民们说："我就是来干活的，又不是来享受的。"开垦土坡修路，上山寻找水源，爬电杆修路灯，打扫改造破旧的公厕，各种项目的申报实施，各类活动的组织策划，我都是身体力行。独自一人身处异地，我牺牲了很多，也承受了很多，我默默地挥洒着汗水，所任职

的村子却一天天变得好起来。

通水。渡江村就在乌江边,但由于历史原因,此前修建的引水设备及设施已闲置多年,几近报废。为了解决困扰村民多年的吃水用水难题,我带着村干部到山上找水源,尽管山路崎岖,到处荆棘密布,每天走山路走到脚磨起水泡,也常被荆棘划伤,浑身汗流如注,可我没有退缩,在大山里找寻了两个多月。好不容易在邻近的几个村找到水源,但由于各种原因最终没能达成共享水源的预期。眼看春节将至,村里外出打工的村民要返乡过年,用水量将激增,我看在眼里急在心头,为了解决这个问题,我立即向镇里、县里反映、协调,最终由县水务局批准立项,在山顶建造直径9米、深3米,容积为150立方米的蓄水池。同时,我自己带头疏通和修复原取水泵站及管道,终于在春节前完成全部施工,有效保障了全村群众的用水需求。

通电。多年来,渡江村道路照明系统始终未能正常投入使用,太阳落山后,村里黑黢黢的,夜晚走在路上必须用手电筒。村庄一片沉寂不说,老人和小孩在夜间行走最让我放心不下。我多次向镇里反映协调、寻求支持,最终不仅顺利解决了电费来源问题,同时发挥自己在企业学到的电器操作知识,自己爬上电线杆,挨个检查、修复路灯。灯亮了,不仅亮了路,更亮了村民们的心。

通路。渡江村属于库区整体移民搬迁村,搬迁后的居住地与原来耕地之间的道路因种种历史遗留问题10多年来一直未硬化,我了解情况后,积极向县里相关部门申报,同时耐心做村民的思想工作,该路最终立项实施。道路全长4.3公里,宽度5.5米,建成后连通渡江村村民居住地和耕地,为村民的安全出行和耕作生产提供了极大便利。

为解决渡江村村民业余文化生活贫乏现状,我多次向沿河县文广局申请体育器材及设施,最终获得批复,一批崭新的篮球架、乒乓球桌及健身器材落户渡江村。器材到村里后,我又紧锣密鼓地进行场地规划、地面平整、器材安置,修缮篮球场、羽毛球场……渡江村,从此多了几分孩童们的欢声笑语和不少老年人舒展腰腿的身影。

为进一步加快渡江村绿化步伐,提升乡村生态环境质量,有效改善全村环境综合治理工作,不断改善村容村貌,全力推进美丽乡村建设,提升农村人居环境质量,我积极向所在单位中冶集团申报并获批立项实施渡江村村容村貌及环境整治工程,渡江村已变得更加美丽。

爱上农民、农村,贫困村是我第二个家

从最开始的质疑和不看好,到逐步信任和支持,再到最后的爱戴和赞扬,村民们渐渐接受、认可了我这位年轻的杨书记,并把我当成村里不可或缺的一分子。而我也早与贫困村结下了不解之缘,把贫困村当作自己第二个家,把村民们当作自己的家人。

细心的我初到村里走访了位于渡江村的小学后,了解到学校的课桌椅破旧不堪,学生上课、放书包极不方便,立即向单位打报告申请,最终获批为学校购置一批崭新的课桌椅,覆盖全校学生。当了解到学校因师资匮乏未能正常开设英语课,过了大学英语六级的我主动向学校校长提出每周抽时间为学生们上英语课。同时,我还开设晚自习,每天晚上,村里的学生们都抢着跑进用会议室改成的学习室,聚精会神地读书、写作业、听课。我还向所在单位申请为村中小学的每位学生发放精美实用的"爱心包裹"。

为了让村民们的生活更加丰富多彩,我组织举办了渡江村第一届"手拉手、心连心"拔河比赛和毛渡片区第一届"振兴杯"篮球比赛;开展"五一"劳动模范表彰;举办渡江村2018年庆祝"六一"儿童节暨夏季运动会;为村民参加"思渠镇端午龙舟文化节"提供支持和保障,并带领本村龙舟队夺得冠军,等等。通过这些活动的开展,极大地丰富了村民们的文娱生活,同时增进了村民之间的沟通和情谊,加强了本村与周边各村的交流和互动。

在渡江村,村中除去外出打工的青壮年,剩下部分妇女在村里无稳定的增收途径,我积极与县妇联协商,为妇女们组织刺绣培训,手艺学成后有对口公司将绣出的成品按件计价回收,妇女们足不出户,既能在家照顾老小,还可获得增收。同时,在了解到村中的柚子出现滞销的情况后,我积极与单位联系,单位按不低于市场价全部订购,解决了村中柚子的销路问题。

在长依村,我同样重视乡村教育,为村里学校购置打印机、办公桌、文件柜等办公设施,给学生购买书包、文具等学习用品,为学生们组织举办"六一"儿童节活动,暑假期间为学生们联系了华东地区支教团队开展爱心支教;我注重产业发展,着力加强原有花椒产业的管护,并借助单位消费扶贫

解决了黑豆、油菜籽、羊肚菌等农特产品的滞销难题,向所在单位申请并获批发展香瓜产业、实施精品梨基地建设项目;我关心群众生活,认真了解村情民意,为村民排忧解难,同时,为了改善村民们的生活条件,向所在单位申请并获批实施人居环境提升工程。

任职期间,我先后为渡江村和长依村这两个贫困村向中国五矿集团争取到扶贫资金 674.08 万元,用于村里的基础设施建设、教育事业和产业发展,惠及贫困户 145 户 550 人。同时,我主动与所在单位对接开展消费扶贫,累计帮助购买农特产品 21.14 万元。此外,我还积极奔走相关单位和部门,为所在村争取到了一大批资金和项目,帮助两个贫困村最终顺利脱贫。

在驻村工作中,我最大的感受就是只要是用心帮群众办事,群众是看得见的,也会从心里感受得到,因为"群众的眼睛是雪亮的"。一代青年有一代青年的使命,我将继续用自己的真心实意、真帮实干在脱贫攻坚的战场上迸发青春活力、诠释责任担当,也希望在座的各位优秀学子们树立远大的理想抱负,毕业后投身基层,为建设美丽乡村贡献自己的力量!

(2020 年 6 月 9 日,为复旦大学、山东大学、北京理工大学、上海交通大学、同济大学、河西学院讲课讲稿)

从"心"出发 践行担当

人民日报社派驻河南省虞城县稍岗镇韦店集村第一书记
时圣宇

一、青年发展、家国使命

"真正的青年人,应该敢于去做一些薪火相传、勇闯洼地、点燃自己、照亮他人的事。"在2020年6月13日"脱贫攻坚,青年有为"讲座中,这句话是我的开场白,也是我选择了扶贫工作整整五年无怨无悔的初心。我本科毕业于武汉大学历史学院世界历史专业,硕士研究生就读于清华大学公共管理学院公共管理专业。这样的专业背景,使我认识到,放眼历史长河,每一个个体都十分渺小。短暂的一生,在上下五千年的历史上,也不过是沧海一粟。在青年阶段,应该去闯一闯、看一看,做一些对国家、民族、个人价值都有意义的事情。哪怕在方寸之间,用自己的努力,做出一些实事,也是青年人生价值的重要体现。

2015年8月,我主动报名到河南省虞城县贫困村当驻村第一书记。我先是在韦店集村开展工作,韦店集村全村共有2 660人,耕地2 975亩,贫困户163户595人,贫困体量较大。在我的带领下,两年后,韦店集村人均收入提高到4 850元,贫困发生率降至2%以下,是全县脱贫的排头兵。

带领韦店集村脱贫后,我又前往柴王村。柴王村党组织常年无法正常开展工作。该村有5个自然村,8个村民小组,全村1 776人,耕地2 365亩,贫困户120户240人。经过我的努力,柴王村实现了"四通五达标""两不愁三保障",已脱贫114户221人,贫困发生率降至1.07%,终于在2019年实现了验收脱贫摘帽。

二、沉下心、靠实干

2015年夏天,26岁的我怀着激动的心情来到了韦店集村,准备撸起袖子大干一场。然而迎接我的现实,比我想象的更加残酷。村里的小学破败不堪,没有电、没有灯、没有风扇,窗户甚至还是用塑料布、化肥袋挡风。我想起童年时,自己就读的小学也是这样的景况,只是没有想到,20多年过去,竟还有这样破旧的校舍。这让我感到无比心酸,也坚定了我奋力摘掉韦店集村贫困帽子的决心。我到任时,本该是收获季节,村里360多亩的麦田却因为高、低压线打火而被大火烧毁。苦心经营了七八个月的粮食毁于一旦,愤怒的村民们围住了我这个刚来的第一书记讨说法。"你不是从北京来的吗?听说你还是个记者,你得给俺反映反映。""你要能把俺们的赔偿要过来,俺们就认你这个第一书记!"70多户家庭40多万赔偿款,迎面而来的挑战,让我刚刚到任就难以成眠。

在村民们眼里,这个"盼星星盼月亮,从中央机关盼来的扶贫干部",不过是一个大学刚毕业的"毛头小子"。面对群众、甚至村干部的质疑,我没有忘记,自己到贫困村来,是要化民之贫、解民之困,践行初心和使命。现实的穷、现实的难,以及群众的质疑,都成为我融入村子的"拦路虎"。我深知,不干出个样子,就得不到群众的认可,更会辜负组织的信任。因此,从那时起,我就暗下决心,一定要拿出真本事,践行真功夫,用工作、靠实干来打开局面。

三、心换心、解民忧

"只要思想不滑坡,办法总比困难多。"东奔西跑,四处化缘,我终于筹集到11万元资金,为小学通了电、安了灯、修整了教室、重拉了院墙……还学生们一个宽敞明亮的学习环境。这是我到韦店集村干成的头一件事。

韦店集村有一座危桥,是村民们重要的出行通道。这座桥没有栏杆,下面的桥板已然断裂,这样的状况已有八年之久。修桥,是全村群众的共同心愿,这关系到村民们的通行方便与人身安全。我想了许多办法,省里、市里、县里跑了个遍,终于解决了修桥的大事。村民们心头八年的大石落了地,我也因此赢得了群众的认可。

如果说这事办得还算顺利的话,那么,为群众维权才是真正的考验。对于小麦火灾,经过一周的摸排调查和多方咨询,最后我和村班子商定用法律手段维权,上法院起诉电业局。但一召开群众大会,没想到大家并不买账:

"民告官能告赢吗?""新来的第一书记啊,还是太嫩了!"主意好出事难办,小麦火灾事故的认定远比我想象的复杂。我先到公安机关锁定火灾证据,请电力专业人员佐证线路漏洞,再到统计局核定当年亩产量,又去粮食局确认小麦收购价格,还聘请了专业律师。经历多次艰苦谈判,最终在2015年国庆节前,韦店集村拿到了第一笔赔偿款。发钱时不少村民紧紧拉着我的手,高兴地说不出话来。那一刻,百种滋味涌上心头。我觉得,就是受再多累、吃再多苦,也值了。

2016年春节刚过,韦店集村对穿村而过的河道进行改造。施工队正在挖河,一个村民急匆匆跑来找我。原来,村民说施工队没把河底淤泥清干净,双方正为此推搡争吵。正在吃饭的我,撂下碗就往现场跑。面对村民们的质问,施工队扬言:"谁不服谁自己跳下去检查!"瞬间,现场一片寂静。我没有犹豫,一个侧身就跳到了河里。冬天冰冷的河水里,我坚持把挖过的100多米河道全部趟了一遍。当我上岸时,腿和脚已近失去知觉,群众纷纷为我鼓起了掌。从那以后,施工队再也没敢偷奸耍滑。

我认为,在农村工作,很多时候没有那么多大道理可讲,在群众眼里,就看你是真干还是假干,是真用心还是假用心。只有以心换心,才能赢得信任。

四、聚人心、战贫困

一个村之所以贫困,很多时候都是人心涣散、精气神不强所致。扶贫先扶志,如何凝聚人心、共战贫困,是第一书记的重要课题。

2015年冬天,河南迎来一场十年不遇的大雪,一天下来,雪已没过膝盖。我正在郑州汇报工作,突然接到一个紧急电话,村民李东亚的鸭棚被大雪压塌了。电话那头,传来了哭泣声。我放下电话就要走,省里的同志担心我的安全,可我知道,鸭棚是老李家的命根子,鸭棚塌了,他们家也快垮了。作为第一书记,我必须第一时间赶到现场。天气恶劣,路况极差,事故频发。220公里的路程,我开了6个多小时。当我走到一个高架桥时,前面一辆大货车因为打滑爬不上坡,随时可能会溜车,后面还有一辆大货车正向上爬,我就夹在中间。"如果不是运气好,第一书记就变成'第一馅饼'了。"我经常笑谈。

到村以后,我直奔现场,参与到救灾当中。其他养殖户帮忙转移鸭子,村干部布置新的养殖大棚,老党员安慰李东亚。经过一天一夜的紧急救助,幸存的鸭子得以平稳转移,也保住了东山再起的希望。风波平息后,有人愿意出钱,有人愿意出力,在大伙的帮助下,李东亚不仅成为村里的养殖大户,而且韦店集村的肉蛋鸭养殖也从1家发展到13家,从3 000只发展到5万只。

任何灾难在众志成城面前都已黯然失色,齐心协力定能渡过难关。我带领全村上下共同努力,逐步探索形成了普惠式扶贫、重点带动式扶贫和创建核心品牌精准扶贫思路。大田蔬菜等基础产业着力解决脱贫问题;乡村旅游、五金加工带动就业,从脱贫到致富;利用扶贫资金,打造韦店集村自己的农业品牌,实现了集体经济从无到有的转变……

五、心相印、总关情

基层扶贫扶的是产业、聚的是人心。当干部把群众每一件小事都当成大事放在心上,群众就会把干部放在心上。

2016年冬天的一个晚上,村头的李大娘夹着个毛巾包裹到村室来找我。打开一看,包裹里是一双布鞋。她说:"咱农村没啥能拿得出手的,就这布鞋穿着养脚。"我双手接过这双布鞋,泪湿双眼,深深地给大娘鞠了一躬。就在那一刻,我深深体会到什么才是共产党人的真正幸福。直到现在,我都把这双布鞋摆在书柜里最显眼的地方,提醒自己,干部对群众只有全心全意,才能心心相印。

在韦店集村有一位有着57年党龄的老党员,他叫张桂玉,2017年去世了。生前,张大爷老两口一直住在危房里。我和村干部多次到他家做工作,希望进行危房改造,但每一次都被他拒绝:"时书记,这房子已经够我养老送终的了,把危房改造的机会留给其他更需要的人吧!"后来,张大爷病重,他紧紧地拉着我的手说:"我当了一辈子村干部,也没能带领大家走上致富路,我老了,不中用了,未来就靠你们了。"斯人已逝,回想当时的场景,我能够体会到,那是老党员对新党员的一份托付、一份期待,更是一种传承。

奋斗在脱贫攻坚战第一线的我,回顾这五年的工作经历,有苦有累,有哭有笑,但从来没有过后悔。我感恩新时代,给了我回到农村接受锻炼和教育的机会,这是我人生中一笔永远宝贵的精神财富。前浪与后浪的前赴后继,造就了奔流到海不复回的大江大河。自然规律如此,社会规律同样。重任,已然来到了新时代青年的肩上。要扛得住,更要扛得好。

我常常想起习近平总书记对于青年的谆谆教诲:"人的一生只有一次青春。现在青春是用来奋斗的;将来,青春是用来回忆的……青年时代,选择了吃苦也就选择了收获,选择了奉献也就选择了高尚。"

(2020年6月13日,为复旦大学师生讲座讲稿)

不负青春韶华　决胜脱贫攻坚

国家卫生健康委员会派驻山西省永和县坡头乡索驼村第一书记

徐　宏

今年的新冠疫情防控工作是一场人民战争总体战和阻击战,又正值脱贫攻坚的收官之年,防控疫情和经济社会发展两手都要抓,因此脱贫攻坚同样是我们的主战场之一。今天我将以"不负青春韶华,决战脱贫攻坚"为主题进行分享和交流。

首先介绍一下我驻村扶贫的地方。我所在的索驼村在山西省,是山西和陕西交界的地方。索驼村所在的县叫永和县,从贫困角度来说,它是山西十大深度贫困县,是国家级的扶贫开发重点县,也是我们国家卫生健康委的定点扶贫县。山西这里有两条巨大的山脉,西边是吕梁山脉,东边是太行山脉,我所在的永和县就在吕梁山脉的南端,这种连片的山脉地形也是导致贫困的部分原因。

我在2014年就到过永和县,2019年,又来到永和县坡头乡索驼村担任驻村第一书记。经过这一年的驻村扶贫,我越来越感觉到我们永和县是一片神奇的土地。首先,它的地理位置是在吕梁山脉的南端,也在黄河的中游,晋陕大峡谷东岸,因为沿着黄河,所以黄河文化特别鲜明。其次,永和县的空气好,被称为"山西的西藏",每年空气质量好的天数都是在全市排第一,红枣种植的历史和规模都非常有名。永和县历史悠久,流传了很多关于伏羲和女娲的故事,是炎黄发源的地区。同时它又是革命老区,红色基因、红色文化深深扎根在人民的心中。能在这样一个神奇的地方任职,我觉得是非常值得的。

黄河大合唱中的"风在吼,马在叫,黄河在咆哮",描写的是黄河在壶口形成瀑布的壮观景象,但是等黄河到了永和境内,拐过一个360度的大弯之后,突然变得安静祥和,体现出母亲河慈祥的一面。黄河经过永和形成了7

个优美的S形大弯,被统称乾坤湾,我看过很多纪录片介绍到山西的时候,都会用乾坤湾的照片来代表山西。乾坤湾是山西一个很典型的特征,也是我们中华民族母亲河的一个象征。另外,这个地方有点像阴阳八卦图,传说阴阳八卦就是当年伏羲经过此地,看到黄河奇观创造出来的。所以这片土地非常神奇。

永和县还保存了最为完整的北方梯田农耕文化,和南方水梯田不同,我们这里是旱梯田,也非常壮美。因为这几年退耕还林、造林绿化,我们的森林覆盖已经达到非常高的比例,所以黄土高原已经不再是大家传统印象中的满眼黄色,而已经是越来越多的绿色。

我驻村的地方叫作索驼村,经过调研并和当地村干部、村民进行讨论后,我们确立了一个定位——"千年古村,魅力驿站,黄河药谷"。我们打造了一个全村地标性的建筑,叫作索驼村党建文化广场,也是现在老百姓特别喜欢的一个地方。习近平总书记说,现在要让农村留得住乡愁。乡愁是什么?其实就是这些老物件老建筑,还有一些故事传说,要让乡愁一代代传下去。

来驻村这一年,我真切体会到七个字,就是"事不经过不知难"。索驼村的自然条件、工作基础、人为因素、资金资源等方面都很"难"。永和县作为国家级贫困县,是贫中之贫、困中之困、难中之难,贫困发生率高,贫困程度深,攻坚难度大,脱贫成本高,是最难啃的硬骨头之一。而且,永和县在黄土高原上,自然条件比较恶劣,梯田沟壑纵横,土地支离破碎,导致农业耕种的自然条件很差,生态脆弱,水土流失严重。永和县还是个非常缺水的地方,挨着黄河却没水吃,作为农业大县,长期只能靠天吃饭;其交通偏远,没有通火车,产业基础薄弱。除了现代工业水平低以外,永和县群众没有市场意识、资金技术短缺也是大难题。

这么难怎么办?我想说一句话,就是"少不勤苦,老必艰辛"。我们现在正是干事创业的时候,青春就是用来奋斗的。面对这些难处,我们要想尽一切办法去解决去克服,真正认识农村、融入农村,通过实践去改变农村。其实很多高校的同学是在农村长大的,但是也很难说能真正认识农村,认识我们的国情、民情、村情。怎么去融入当地的百姓,融入当地的村干部队伍,最后用你自己的办法一点一点去改变农村的面貌,这是每个想要出力的青年人面对的课题。我的想法就是"不卖惨、不畏难、不等待"。如果说脱贫攻坚是轻轻松松、敲锣打鼓就能够实现的话，国家为什么还要花这么大的力气，把我们从国家机关、企事业单位、高校下沉下去帮忙呢？所以不用把"苦"挂在嘴边，做到"不卖惨"。"不畏难"就是说"难"就摆在那里，但是我们不能怕它，如果我们不碰它、不碰硬，那么它永远是阻碍老百姓脱贫致富的一块巨大的石头。"不等待"就是说没有人去帮你，你反而要去主动引领和改变别人，"不卖惨、不畏难、不等待"这九个字是我一开始就坚定的信念。

认识农村、融入农村、改变农村

2019年4月，我积极响应卫健委党组的号召，主动报名参与驻村扶贫。说实话，刚开始意识到自己身上这样一个光荣的使命之时，我的内心有些忐忑。因为作为一个农村经历的"小白"，我长期在城市长大，工作以后也是在事业单位和机关，对"三农"政策、脱贫攻坚、农村情况等都不太熟悉，对我来说这是全新的课程，我要在极短的时间内适应岗位、角色、工作的变化。国家机关是政策制定的"最初一公里"，农村是政策执行的"最后一公里"，从"最初一公里"一竿子扎到了"最后一公里"，就是从"庙堂之高"到"江湖之远"的转变。

在日常的生活中，我要过语言关、饮食关、生活关。其实到现在，老百姓说方言，如果说得快了我还是听得一知半解，不过相比刚来时连"永和普通话"都听得费劲的我，已经有了很大的进步。这些习惯的变化，需要我去适应、去融入、去学习。现在，我甚至已经能够给外地来的朋友当翻译。饮食方面，我和当地习惯存在"米面之争"的小矛盾。生活方面，农村生活条件确实比较艰苦。一线的一切跟满怀热情报名时的想象完全不一样，所以在工作上必须要认清理想和现实的差距，主动融入，尽快行动。

驻村第一件事就是要摸清情况，给自己"充电"。到了农村之后，你不做调查研究，就是两眼一抹黑。有句话叫"新官上任三把火"，为什么是"三把火"？因为一开始大家很热情，急切地想干出一点成绩来。但是，如果没有抓手，也没有前人的经验可以借鉴，这火很容易就灭了。

为了保证工作的持续进行，这个时候必须要通过学习来武装自己的头脑。其中最重要的就是学习习近平总书记扶贫工作的重要思想，特别是他视察山西之时的三篇重要讲话，这是做好驻村扶贫工作最根本的指针。

此外，还要走村入户。通过走村入户了解这个村缺什么、村里的老百姓在想什么。索驼村有三个自然村，总人口不到七百人，应该说规模不大。在很多人口密集的地方，万人以上的村都比较常见，我们就是一个不到700人的小村，村里有贫困户52户共116人。2017年，索驼村就已经整村退出了贫困村序列，但是到2019年初的时候，贫困发生率仍然达1.74%，刚刚符合"2%以下"的退出指标，因此贫困发生率相对来说还是比较高的。

在听取老百姓民情民意的过程中，我对驻村帮扶的认识更深入了。驻村帮扶，必须要实事求是。索驼村祖祖辈辈穷过来，已经到了要改变的时候了，我们就着手分析索驼村的优势和劣势。

优势是什么？索驼村的历史非常悠久，所以我们提出来"千年古村"这个发展定位。索驼村的名字是怎么来的呢？索驼村以前是一个古驿站，往来的旅客商客，在经过永和的时候，都要到索驼驿站来歇一歇脚，来更换驼具。黄土高原那个时候的交通工具多为骆驼，"索驼"就是寻找骆驼、索取骆驼的意思，这就是"索驼村"这个名字的由来。这样一个历史悠久的古村，历史上能人辈出。我经常跟我们村里人说，我们要有一种荣誉感，全县第一台铁牛拖拉机就来自我们索驼村，其他的历史第一也有不少，我们要把优良传统发扬传承下去。

此外，索驼村在自然环境方面也有一些优势，如生态环境优美、交通条件相对便利。索驼村距离县城十几公里，距离高速口只有8公里，相对来说交通条件较好。村里基础设施也比较健全，水电路网都比较完善。索驼村民风淳朴，索驼人热情好客等，这些都是我们未来发展的优势。

优势之外，也有劣势。索驼村常住人口现在只有100多人，相较于将近700人的户籍人口，是典型的"空心化"农村。老、弱、病、残留在村里，年轻人都出去打工了，经济基础稍微好一点的村民都搬出去了，靠这100多人怎么发展？还有人才的问题、资金的问题、技术的问题、市场意识的问题、内生动力的问题，这些共性的问题在我们索驼村都不同程度存在。

在分析完优势和劣势之后，就要实事求是地去做出一些改变。工作怎么干？我们提出了三个抓手：党建、产业、民生——"强组织、新产业、惠民

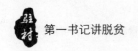

生"。我们认为,这三个方面是我们当前脱贫攻坚乃至未来乡村振兴最重要的抓手。

有章有法、循序渐进、因地制宜

通过驻村工作,我自己的体会可以总结为三个词:有章有法、循序渐进、因地制宜。首先是有章有法。我们干工作一定要有章法,先想好怎么干,然后再去干,我们开始的调研也是依照这个思路来的。其次是循序渐进。"一口吃不了胖子",虽然一开始积极性很高,热情很高,但是也要讲究方式方法,逐步地推进工作。最后是因地制宜。实际上好的经验做法全国各地都有,很多优秀的第一书记干得都非常好,但是这一些经验能不能用在索驼村身上,必须要结合当地的情况特点,也要结合我们村民的接受度,这就是因地制宜。

下面具体给大家讲一讲,我们是怎么围绕这三个方面来开展扶贫工作的。

我们最先抓的就是党建。大家都知道党建是引领,基层党组织要发挥战斗堡垒作用。抓基层打基础,就是第一书记最重要的职责。第一书记是党支部第一书记,首要的就是要把党建抓起来,打造一个强大的"火车头"。

俗话说"农村富不富,关键在支部"。习近平总书记也说"帮钱帮物不如帮建一个好支部"。所以我们花了很多的精力,努力把我们的基层党组织给夯实。坚持大家的事大家商量着办,难干的事党员带头干,把大家的精气神拧成一股绳。强党建强基层,第一要严规矩。我们建立健全各项规章制度,每个月开展主题党日活动,严格要求党员唱国歌、交党费,激发他们的党员意识。在去年"不忘初心、牢记使命"的主题教育当中,我们用各种方法把主题教育的成果进一步夯实。我们考虑到农民白天有很繁重的工作任务,所以举办党员夜校,利用晚上的时间召集党员学习。以前教育都是村干部一个人在台上讲,或者念报纸或者念书,党员学习的积极性、主动性不强,我们现在每期设置一个学习主题,让党员自己讲,讲完之后每个人都要发言,通过这样的形式来增强党员的"四个意识""四个自信"。我们进一步夯实了"三会一课"、村务"四议两公开"制度,让老百姓自己说事、议事、主事。

第二要找差距——这也是去年"不忘初心、牢记使命"主题教育的一个重要环节。这里,国家卫健委的党建扶贫机制发挥了重要作用。索驼村对接的帮扶单位是由国家卫健委的监督局、监督中心和中华预防医学会所组成的党建扶贫帮扶团队。实际上,这种制度的带动和引领能力是很强的。我们把村里的两委主干带到北京,向我们的党建扶贫团队上门取经,同时参观"伟大历程,辉煌成就"大型成就展。不少村干部都反映这是第一次到北京、第一次出差,这种触动、震撼是无法比拟的,有效提升了村党支部的组织力。

另外,还要对标跟进。2019年,我们来到革命圣地西柏坡。西柏坡有一个村叫梁家沟村,这个村也是整村搬迁,从水库边搬到了西柏坡旁。他们大力发展民俗旅游,很多经验非常值得我们借鉴。我们拜访时得到了他们非常热情的接待。我们两个村结成了党建共建结对帮扶村,由梁家沟村来帮我们,这也是对标先进,真的是收获非常多。我们还到全国文明村镇——山西大宁县的倒角村等先进模范村去参观,寻找差距,学习人家的经验来弥补自己的不足。所以我计划,争取在两年内,让我们村两委主干和骨干党员村民,都有机会出去考察学习,出去走一走、看一看。

第三要"亮身份"。基层党组织要发挥战斗堡垒作用,农村党员也要发挥先锋模范作用。我们全村共有33名党员,我给他们做了一个照片墙,把每个党员的姓名、照片和一句承诺为民服务的口号,全部放上去,这既是公示,也是监督。在这一次抗击疫情的工作中,我们村的党员都接受了锤炼,经受了考验。在抗击疫情中新成立了"党员先锋服务队",专门购置了便民服务车为群众服务。在"急难险重"的岗位和任务中,党员都冲锋在前,加班加点,充分发挥了带头作用。我们全村的党员还主动挂牌,把"共产党员户"挂在自己家门口。我们成立的"党员学雷锋服务队",凡是村里有什么集体劳动或者便民服务,他们都带头参加。通过"亮身份",党员意识进一步凸显出来。老百姓也看到了党员到底做得好不好,党员是不是能带头,这样一来大家心中就都有了数。

强党建还要强党建的阵地。我们在村委会前面的空地建了一个非常漂亮的党建文化广场,专门邀请了中国建筑设计研究院来规划设计,而国家卫健委中国人口福利基金会的健康暖心基金则为我们提供了资金上的支持。

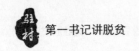

在全村的努力下,2019年国庆前夕,我们在广场上举行了启用仪式,升国旗、奏国歌,同时举办了一个快闪活动,村民们组成了一个"70"的字样,是向祖国母亲生日的献礼。广场现在是全村的地标性建筑,广场上有国旗、党徽花圃、"为人民服务"雕像石座,还有LED大屏幕、休闲长廊以及健身器材。这样一来,村民的教育、娱乐、休闲、健身就有了场所。

除了实体的阵地以外,我们还打造了线上的阵地。2019年"七一"的时候,我们开通了全县第一个村级新媒体公众号——新时代新索驼。实话说,农村来做一个微信公众号其实挺难的。内容从哪来?哪些人会看?虽然当时我们比较犹豫,但是最终我们还是觉得需要有这样一个平台。经过一年的努力,现在公众号的月浏览量能够能达到1万以上,我们村也得到了临汾市网信办的表扬。另外,我们还建设了一个更为正式的党支部党建信息平台,用来向上级汇报情况,到2020年5月为止已经出到了第60期。我们面向社会征集索驼村的VI系统文创设计方案,也得到了积极的响应,最后收到了80多个应征作品,我们邀请了专家、网友进行投票评比。这件事也是通过我们的微信公众号来完成的,这是我们村打造的一个全过程、整体的宣传矩阵。

正是因为我们着力打造坚强的基层组织,2019年,一个一个的"硬骨头"都被我们"啃"下来了,包括国考"摘帽"的验收、第三方评估、国务院扶贫办脱贫攻坚的调研督导、省委巡视、县委巡查……这些重大任务都在党支部的坚强领导下顺利完成。

2020年2月27号,山西省人民政府印发通知,正式宣布永和县退出贫困县的序列,摘了戴了几十年的贫困县的帽子,索驼村可以说也作出了自己应有的贡献,完成了组织上给我们的任务。

如果说党建是引领,那么产业就是动力。老百姓跟不跟你走,关键看兜里有没有粮。俗话说得好,"手里没有一把米,叫鸡都不灵"。所以我们必须要办产业、增收入,要壮大集体经济,增添发展动力。

致富路、品牌路,路路奔小康

习近平总书记说,"产业扶贫是稳定脱贫的根本之策"。产业是根本,我们坚持输血和造血并重,坚持以新产业带就业为主要方式,强村富民,让老百姓家里有粮,心里不慌。

引致富路必须坚持规划先行。所以在2019年全村大讨论的基础上,我们专门邀请了中国地质大学的老师和同学们来到村里,给我们编制了索驼村村庄规划,这个村庄规划是未来15年的一个中长期发展规划。一个村去做一个中长期发展规划,这在全县乃至全市还是没有过的,不过我们认为这是必要且重要的。我之前讲到工作要有章有法,这个章和法不在于说埋头做了多少事情,如果没有目标和规划,很容易变成只会瞎打转的没头苍蝇,只有绘就蓝图以后,一件事情接着一件干,才能把蓝图变为现实。

现在我们索驼村的村庄规划就是一份蓝图,我们所有的工作都是围绕这份蓝图去落实,这份蓝图把我们索驼村定位为生态民俗旅游接待村。我们在此基础上明确了"党建立村、健康强村、文化新村、产业富村"的发展思路,这是凝聚着全村人的智慧、凝结着我们村两委班子汗水的规划,是我们一切工作的指南。

在村庄规划的基础之上,我们梳理了现有产业的发展状况,进一步优化产业格局。索驼村现有的产业主要是光伏发电,光伏发电也是我们国家光伏扶贫的一个重要内容。光伏分为集体光伏和个户光伏。我们的集体光伏通过发电并网,每年能够给村集体带来约15万元的收入,我们将其中80%用于贫困户的带动工作,通过设立一些公益性的岗位,如保洁员、护路员、光伏管理员等,配合救助奖补等政策,带动全村的贫困户每年增收1 500—3 000元。个户光伏则是由用户自己清洁管理,每年也能为18户贫困户每户增收4 500元。由此可见,光伏发电给村集体带来的收益是很可观的。

2020年3月,我们召开了全村第一次产业发展大会,系统梳理了当前产业发展的现状、困难和不足,明确了下一步发展的目标。下一步,我们的重点是打造民俗旅游业。因此,我们成立了山西索驼民俗旅游专业合作社,合作社下面设立五个中心,重点发展文旅商贸、休闲观光、有机旱作、中药材种植等产业。合作社采取股份制的经营管理方式,当时在召开股东设立大会的时候,有27户村民现场按手印入股,成为第一批村民股东。现在国家主张"三变",什么叫"三变"?就是资源变资产,资金变股金,农民变股东。这在历史上是新鲜事物,不少老百姓也会有犹豫,村民们如此积极入股我们也始料未及,但这正是村民在脱贫路上思想逐渐开放的真实体现。

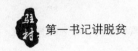

我们这么做的目的是要发展现代农业,通过农旅融合、以旅促融,真正把产业格局进行调整和优化。我们认为,农业是农民、农村安身立命之本,最终的目的还是要促进农业的发展,而我们的抓手就是民俗旅游。

民俗旅游怎么做起来?这需要充分挖掘全村的现有条件,利用后期的配套设施建设,来打造民俗旅游的线路。我们建设的"索驼驿站"是将来要打造的核心景点,现在正在加紧修缮和加固,配上周边的索驼广场、索驼舞台、索驼农场、索驼鱼塘、索驼瓜园等,一个个点就连成了旅游线路。我们也要建设一些配套设施,比如停车场、民宿、餐饮、厕所等,要保证游客到索驼村真正有的看、有的玩,能够留得下、吃得好。我们已经注册了"索驼驿站""黄河索驼药谷"两个商标,正在抓紧开发一些农特产品和衍生的创意产品,力争在未来把驿站打造成一个田园综合体。

引导村民致富还要不断去提升他们的职业技能。2019年,我们实施了村民职业技能的提升项目,这些技能主要是山西民间的民俗工艺,比如剪纸、木雕、泥塑。只要有一张照片,不管是单人的、多人的还是全家福,都能很快地通过电脑制版,然后由人工一刀一刀地刻出来,成为一幅非常好的雕刻作品。此外,我们计划开发一系列小骆驼的泥塑产品,因为骆驼是索驼村的吉祥物。这些都是能带动老百姓在家就业的产品,做出来的成品经过县里职教中心包装以后,就成了很好的旅游纪念品,老百姓也能实现增收。2019年,全县首个邮政储蓄银行的信用示范点也落户索驼,为老百姓提供金融服务,包括授信、小额贷款等能够促进发展的服务。

除了引致富路以外,我们还大力开拓品牌路,力争要把"索驼"打造成一个品牌。我们第一个做法就是打造一个实践基地,2019年,在团中央等部门的支持下,我们吸引了很多高校学生到索驼村来开展社会实践活动。仅2019年夏天,就有8所大中专院校的100多名师生来开展"三下乡"志愿服务等暑期实践。学生与老百姓同吃同住同劳动。住在窑洞里,吃着农家饭,对学生来说,这是一种很好的教育,也是一种很好的体验。

(2020年5月26日,为复旦大学、华中科技大学、南京医科大学、北京协和医学院、贵州医科大学师生讲座讲稿)

扑下身、沉下心、扎下根

共青团中央派驻山西省灵丘县边台村第一书记

张维熙

我是山西省灵丘县边台村第一书记张维熙,在这里给大家分享一下我的驻村扶贫经历。灵丘县地处山西省东北部,大同市东南角,距北京直线距离198公里,到雄安新区直线距离160公里。全县总面积2 732平方公里,辖12个乡镇、249个行政村,总人口25万。灵丘历史悠久,因战国时期推行胡服骑射的赵武灵王葬于此而得名,距今已有2 300多年的历史。灵丘地势险要,古有"燕云扼要"之称,为历代兵家必争之地,闻名中外的"平型关大捷"就发生在这里,聂荣臻、王震、杨成武等著名将帅和国际共产主义战士白求恩曾长期在这里战斗和生活。

自1998年国务院决定由团中央定点帮扶灵丘县以来,团中央连续选派出了十七批扶贫工作队,先后从机关和直属单位选派了80余名年轻干部,接力驻县开展扶贫工作。截至2020年,工作队在灵丘安排项目资金达2 287.06万元,通过消费扶贫直接购买贫困地区农副产品85.86万元,帮助销售农副产品604万元,培训基层干部和专业技术人员1 599名。团中央直属机关共有19批次100余人到灵丘开展调研和帮扶,通过深挖"红色、绿色、古色"产业资源,推进青年创业扶贫、实施教育扶贫、基层党建、团建提升工程、助力灵丘发展公益服务平台建设,用不同方式助推灵丘脱贫攻坚工作。

我所在的边台村全村户籍人口有94户共219人,常住人口有90人,其中党员有15人,五保户有9户9人,低保户有22户24人。贫困发生率由原来的将近50%至2020年已降低为0,实现全部脱贫,全村村民的居住环境、取暖方式、生活环境得到了极大的改善。以小见大、纵观全国,千百年来困扰中华民族的绝对贫困问题即将历史性地画上句号,全面小康社会即将建成,我们创造了人类减贫史的奇迹,贡献了减贫脱贫的中国智慧。

我的驻村工作开始于"克服"。首先是饮食关,在这里无酒不成席,我要适应当地的饮食习惯。其次是最困难的语言关,我要做到流畅地与村民沟通交流。在具体的工作方面,我要克服的是信任关,做到立能、立威、立信、立德。同时还有人际关,要处理好与团中央、扶贫队、县、乡、村、驻村工作队等关系。

我总结了驻村帮扶以来的一些工作经验供大家参考。

一、切实夯实党建,注重抓好团建

作为驻村第一书记,驻村工作的一项重要任务就是切实抓好党建。习近平总书记强调,"抓好党建促脱贫攻坚,是贫困地区脱贫致富的重要经验"。党建扶贫实际上就是将党建与扶贫、党的政治优势与发展优势有机结合起来。身为驻村第一书记,夯实党建责无旁贷。同时,自己作为团中央派出的驻村第一书记,作为团干部抓好团建也是自己的本职工作。

一是探索党支部结对帮扶方式,加大资源整合力度。建立起边台村党支部与团中央统战部党支部的结对帮扶关系,开展党日活动,慰问贫困群众,另外,积极对接爱心企业,探索党组织结对帮扶形式。通过与机关、社会企业党支部结对,进一步整合外部资源,加大对村党支部的支持力度。

二是完善制度建设,规范党支部组织生活。以前,村党支部在组织生活、档案记录、制度规定等方面均存在着不够规范的问题,就此,我针对村里党建工作存在的问题,多次与村两委商议,提出修改完善的建议,努力转变村两委的思想观念,让他们真正树立起抓好党建的意识,完善现有党支部制度规定。

三是摸清青年底数,探索加强农村团建。边台村面临着大多数农村都存在的问题,就是村里青年绝大多数都外出打工,留在村里的都是老人、小孩。但是,农村青年少,不代表没有团的工作。驻村工作以来,通过不断走访,我摸清了青年底数、学生底数和外出务工底数,不断思考在青年不在村里生活工作的情况下,如何加强日常联系,做好思想引导。

在实际工作中,我深切体会到,突出党建领导具有重要作用。从理想信念角度看,党组织在村里有了足够的权威和号召力。此次疫情号召党员捐款,一个贫困户捐了1 000元,比有些党员捐的都多。其实村民的感情很质朴,就觉得国家有难,党号召捐款,那我就捐款。从资源动员、整合角度看,党组织在争取、整合资源上具有无可替代的地位。加强党组织建设,对上可以争取政策资源,对下可以凝聚群众。从决策机制角度看,一方面,党组织在村级事务决策体制中有绝对的领导地位,这是集体决策制度决定的。我们坚持"四议两公开"工作法,也就是对村级重大事务实行党支部提议、两委会商议、党员大会审议、村民大会或村民代表会议决议,决议内容和实施结果公开,这种工作法把党的领导与村民自治、党内基层民主与农民主人翁地位融为一体,实际效果非常好。另一方面,充分发挥党组织负责人在领导村级事务中的重要作用,严格按照中组部的要求,全面推行村党支部书记通过法定程序担任村委会主任和村级集体经济组织、合作经济组织负责人。

二、做好产品营销,稳固产业发展

产业扶贫是脱贫攻坚的重中之重,是实现脱贫的根本之策。在团中央和县扶贫部门的支持下,边台村发展了玉木耳和雪莲藕产业。我初到边台村工作之时,恰逢玉木耳收获的季节,但玉木耳的销售却存在着一定问题。针对存在的问题,我在做好产品营销、稳固产业发展方面下了一些功夫。

一是多路出击,力促销售。针对没有销售渠道的问题,一方面力促消费扶贫,依托团中央统战部,积极发动全国青联委员,通过爱心企业家消费扶贫购买玉木耳;另一方面积极参加各类展销,我分别奔赴青岛、太原、北京等地,参加展销会、项目对接会,积极推广玉木耳,不断扩大宣传,并与有意向的深加工企业对接。2020年初,前一年的玉木耳已全部售出,并优先支付了参与劳动的村民工资,向全村贫困户分配一定销售收益。

二是谋划新的产业扶贫项目。我认真调研边台村产业发展条件,进而提出符合当地实际情况的发展产业原则。一要产品标准化,农产品的生产、经营、销售等方面都要严格把控标准。二要注重销售问题,生产建设之前先签订销售协议,确保销路畅通。三要适度控制规模,村里体量小,不能一味上大项目,要因地制宜,适时适度推开。四要突出特色,现在各贫困县贫困村都是搞各种种植养殖,难免会出现大量项目重复的现象,所以要注重差异化经营,发展一些特色种植养殖。基于以上的思考,我与山东济宁的蝎子养殖项目进行了多次对接,探索在边台村推进蝎子养殖,目前,该项目正处于洽谈阶段。

通过驻村工作,我观察到了农民对土地的重视程度在下降,土地收入占农民总体收入的比例在急剧下降。中国农业在悄然变化,以往这种变化更多是在东部,山西作为中部省份,现在这种变化也在发生。真正深入农村、身处其中才能深刻感知。其他变化还有很多,如经营主体在变化,由农民个人到现代农业经营者,即所谓的新农民、新农人;经营方式在变化,由分散到集中,土地大量流转,例如我们村的土地已经全部流转;经营理念在变化,由精耕细作转为信息化、产业化经营,分工在加剧。这些变化对农业改革带来的影响,还需要时间来观察。

三、突出志智双扶,贴近群众所需

2019年10月,团中央第一书记贺军科在灵丘调研的时候指出,要高质量打赢脱贫攻坚战,争取经济成果、社会成果、政治成果全面提升,引导人民群众更加拥护党、拥护中国特色社会主义制度。扶贫要高度关注扶志扶智,不仅要提升群众的生活水平,致富增收,更要扶到群众的心坎上,要提升群众对扶贫工作的满意度,增强群众的获得感,扶出群众的精气神。当然每个部委、大学肯定都要根据自身特点和资源优势来开展有自己特色的扶贫项目。共青团中央永远要高举政治引领的旗帜,所以,我们的扶贫项目要充分发挥我们的自身优势,通过扶贫来带动扶智、扶志。

一是开展宝贝出村活动。2019年10月,我们组织边台村26名孩子赴北京参观游学,参观天安门广场、国家博物馆、"鸟巢""水立方"等,帮助孩子们开阔视野、增长见识。参观游学鼓励孩子们更加努力学习,通过自身的勤奋刻苦走出山村,通过教育切断贫困的代际传递。

二是开展医疗义诊活动。2019年9月,山西省青年联合会组织山西省人民医院的医生赴边台村义诊,共为40余名村民检查身体。山西省大同市青年企业家协会还捐赠了药品给村卫生室,为村民日常用药提供了便利。

三是建好"童心港湾"。2019年10月,按照团中央统一部署和县团委的安排,边台村被选为"童心港湾"项目的建设点。我高度重视"童心港湾"项目建设,会同乡领导和乡镇团委书记共同确定了项目场地,精挑细选了同伴妈妈,争取扶贫队和光华科技基金会资源,配置玩具教具、文体器材等,将

"童心港湾"打造成留守儿童看护、学习、成长的园地。

2020年初,一场"新冠"肺炎疫情突袭全国。非常时期,我按照工作部署坚守工作岗位,为边台村争取医用口罩2 000个,第一时间发放村民,稳定村民情绪;申请医用测温仪,加强村庄进出管理,做好疫情防控;积极协调对接,力促疫情后的生产恢复,切实巩固好脱贫成果,避免因疫情返贫。

脱贫攻坚的一线战场,是增长见识、了解国情的大课堂,是磨砺才干、积累经验的练兵场,是锤炼意志、砥砺作风的磨刀石。身为驻村干部,就要拒绝"镀金",扑下身、沉下心、扎下根,向实践学习,拜群众为师。正如习近平总书记在2020新年贺词中所指出,历史长河奔腾不息,有风平浪静,也有波涛汹涌。让我们只争朝夕,不负韶华。

(2020年6月16日,为复旦大学师生讲座讲稿)

二入景东行　一生滇西情
——我眼中景东的那些"变化"

浙江大学派驻云南省普洱市景东彝族自治县新民村第一书记

陶　甄

我是浙江大学派驻云南省普洱市景东彝族自治县新民村第一书记陶甄。浙江大学是教育部直属的44所承担定点扶贫任务的高校之一，自2012年11月成为景东县的扶贫单位。我与景东结缘很早，在本科毕业后参加了团中央"西部计划"的研究生支教团项目，来到景东参加了一年工作。硕士研究生毕业留校后，又作为浙江大学派出人员参加脱贫攻坚工作。

习近平总书记在十九大报告中提出，2020年要实现全面建成小康社会。也就是说，2020年，我们要完全消除绝对贫困。云南省是扶贫工作的重要省份，我所在的景东彝族自治县位于普洱市北部，属于滇西边境的山区，拥有无量山和哀牢山两个国家级自然保护区，被称为"中国生态氧吧"。尽管生态环境较好，但山区发展相对落后。景东县地处偏远，民族杂居，山多田少，对外交通长期依靠盘山公路，没有机场与铁路，2019年才开通唯一的高速公路。

景东县贫困人口数量比较多，在云南省属于贫困情况比较严重的县。2018年底，景东县共有贫困村77个，建档立卡贫困户3 180户10 235人，2019年末，我们实现了全部贫困村约8 500人脱贫，贫困发生率由3.45%降至1.37%。2020年5月，经过国家第三方专项评估检查，云南省人民政府正式批准景东县退出贫困县序列。

首先，我主要想谈的是两个字——"改变"。

第一是我个人身份的改变。2013年7月，本科毕业后我怀着想去看看的心态，加入了研究生支教团来到景东，在景东县开展了为期一年的支教。当时，我从来没有想过会有这么艰苦的地区，感触特别深。由于交通闭塞，当地的群众都很难有机会走到外面。我们支教期间开展了一些工作,比如通过"引进来、走出去"的方式,把当地的一些骨干一线教师送去浙江培训;在日常教学外,我们还开展了公益助学活动,捐助贫困家庭的孩子。让我感到骄傲的是,我们当年教的学生有两位在2016年考上了浙江大学。

2019年7月,学校领导就是否愿意赴景东参与扶贫攻坚征求我的意见,尽管当时我对脱贫攻坚是一知半解,但还是抱着初心选择参加,此时距我来景东支教已经过去了六年。第二次来到景东,我明显感受到,自2013年开展扶贫相关工作以来,景东整体的发展已经有明显的提升,比如基础设施建设的完善等,群众生活水平显著提高。

我来到景东县新民村担任第一书记,主要工作是在乡镇党委领导下,团结村两委、村干部开展农村工作、帮助贫困户脱贫。新民村距离县城13公里,属于山区贫困村,辖区较广,常住人口共有580户2327人。在开展脱贫工作中我们还有很多力量,除村两委干部、驻村队员外,每一户建档立卡贫困户都有公职人员结对帮扶,主要工作是"出主意、想办法",帮助解决老百姓的一些实际问题,他们都是我们的工作伙伴。

第二是工作方式的转变。2013年,习近平总书记提出要精准扶贫,2015年,他在中央扶贫开发工作会议上发表重要讲话,进一步指出要解决好"谁来扶""扶持谁""怎么扶"和"如何退"的问题。"谁来扶",由我们驻村队员和村干部一起来参与帮扶,"扶持谁",扶的是建档立卡贫困户。"怎么扶",建档立卡贫困户可以享受相关政策,努力实现不愁吃不愁穿,在住房安全、义务教育、基本医疗和饮水安全四方面有保障。当村民被列为贫困户后,我们会采取相应措施,尊重他们意愿,在产业、教育、医疗等方面进行脱贫扶持,并根据不同贫困户有针对性地采取措施。比如缺资金,我们实施小额信贷,免费使用产业启动资金,进行商业扶持;比如困难救助,大病救助与残疾人救助两项补贴是国家非常好的政策;比如农村危房改造,我们还会采取一定的搬迁措施。我们会分门别类地列出每家每户享受的相关政策、相关帮扶支出细化,形成具体实施方案,做到资金使用精准有据。"如何退",看贫困户能否稳定达到"两不愁三保障"标准。

2019年10月,我刚到新民村没多久就对全村收入情况进行了非常详细的排摸,这关系到脱贫帮扶效果,是精准退出的主要依据。村民收入情况涉及面较广，比如种植养殖收入与财产性收入，但财产性收入在农村家庭比较少，绝大一部分属于全年转移性收入，即国家政策补贴、养老保险与医保收入。我们入户排查基本情况后，进行了资料整合与录入，只有数据清晰才能实现精准帮扶。目前，全村 144 户贫困户已经脱贫 133 户，贫困发生率降至 1.37%，剩下的 11 户贫困户我们有信心能够在今年帮助其解决贫困问题。

发展生产是解决贫困最关键、最长久、最根本的途径。我们的产业主要有生猪养殖和核桃种植，我们会对养殖户、种植户进行技术指导，并帮助进行产品销售。例如，农户所养的猪卖给合作社，再通过合作社对接的企业进行加工，最后将猪肉送到浙江大学，使其成为师生们餐桌上的网红美食。在这个过程中，合作社每收一头猪就给农户一定的分红，去年标准是每公斤五毛钱，通过这种方式村民实实在在增加了收入。另一种解决贫困方式是易地搬迁脱贫，主要将地质灾害、山体滑坡较多、居住条件比较恶劣地区的贫困户统一在县政府的帮助下安排到城乡进行集中居住。此外还有生态补偿工作以及公益性保障收入，如村民可以担任森林管护员获取一定的津贴。同时，发展教育是一个重要脱贫方式。新民完小现有学生 103 人，在多年帮扶过程中，通过学校基础设施建设、教师培训等一系列工作实现教育发展。

我开展扶贫工作过程中的一些感受可以分为显而易见与潜移默化两方面。自 2020 年 1 月"新冠"肺炎疫情发生以来，我们的经济遭受了巨大损失，我们在应对疫情的同时也做了大量相关工作。例如，有村民因疫情无法外出打工，没有了主要收入来源。我们首先是入户排查，然后积极帮忙对接。比如，我们通过一系列努力把村民介绍到浙江省海康威视工作，关于面试、标准符合、交通工具等问题，我们最终都一一解决。我心中满是喜悦，这只是一个缩影。在今后，我们也将更加努力，可以将更多的劳动人口转移出去，变被动为机遇，这就是我所说的显而易见。我刚到景东时调研了一些不错的产品，在此过程中发现景东县茶产业做得很好。我们就想通过一些方式把更多茶叶卖出去，让大家的钱袋子鼓起来。我们主要依托一些平台，比如教育部特殊帮助政策与部分电商平台。自 2018 年以来，我们还开展了 299 户农村危房改造，开展修建厕所、改善厨房等人居环境提升项目，老百姓的生活环境得到了很大改善，这都是显而易见的。

关于修路问题，村里主干道道路崎岖，一到雨天路滑难行，对生产、生活都产生了非常大的影响,因此我们想办法把老百姓统筹起来一起修路。我们最初与村民商议时提出水泥由政府提供,沙子由各家各户自行解决,在修路过程中也要农户参与,但大家很犹豫,不愿意参与。2019年12月,我们又召开了一次群众座谈会,告诉大家我们争取了三万多块钱的项目资金用于购买沙子,在此基础上每户出1 000元。这一次,村民同意了,大家齐心协力终于把事情做好,这就是潜移默化的改变。在此过程中,我感受到基层工作的不易。我们必须要通过潜移默化、循循善诱的方式,动员老百姓一起来为自己的美好生活努力。

最后以三句话总结我的分享。第一句话是"志合者,不以山海为远"。无论参加支教还是参与扶贫工作,都少不了工作伙伴,无论是像我这样来担任第一书记的"外来"同志,还是当地的基层干部,我们都希望尽量能够为当地的发展多做一些实事,摆正心态,志向合一。第二句话是"随风潜入夜,润物细无声"。做基层工作,我觉得最重要的是通过潜移默化的方式,通过看得见的、摸得着的变化,再到潜移默化的变化。通过一次次的走访入户,团结统一村民思想,鼓励村民为自己的美好未来而努力奋斗。最后一句话是"筚路蓝缕启山林,栉风沐雨砥砺行"。习近平总书记在决战决胜脱贫攻坚座谈会的讲话中提到,脱贫摘帽不是终点,而是新生活、新奋斗的起点。今后要推动乡村振兴,推动贫困山区的发展,还有非常长的路要走,也少不了一代又一代的扶贫干部与老百姓们的共同努力。

(2020年5月31日,为复旦大学、浙江大学、浙江师范大学师生讲座讲稿)

"用情、用心、用力"谱写精准扶贫新篇章

中国农业银行派驻重庆市秀山县洪安镇平马居委会第一书记
彭胜鑫

为贯彻中央《打赢脱贫攻坚战三年行动的指导意见》,2018年5月,我积极响应国家脱贫攻坚号召,按照中国农业银行总行统一部署,来到重庆市秀山县洪安镇平马居委会担任驻村第一书记。驻村以来,我把自己真正当作一名"村里人",扑下身子、心系群众、激情干事,结合平马居委会实际情况,依靠"合作社+农户"的发展模式,为平马居委会精准扶贫、精准脱贫探索出了一条新路子。

一、响应国家号召,心系家乡扶贫——居委会的"陌生人"

重庆—北京—重庆,我的人生轨迹在2018年转了一个弯。重庆,作为魔幻的网红都市,与库区、山区的反差极大,这让重庆经济发展背上了沉重的包袱。我虽从小就在重庆主城长大,从未亲身体验过真实的农村,但我知道,重庆的山区还有一些地方没有摆脱贫困,我默默告诉自己:"如果重庆人都不支持和支援家乡建设,谁还能爱我们这片土地?"于是在2018年4月,当农业银行总行党委按照中央组织部聚焦脱贫攻坚要求,发出选派一批干部赴贫困地区挂职锻炼的号召时,我第一时间向总行党委报了名,作为农业银行总行4名驻村第一书记中一名奔赴西南。我选择扶贫的地方正是家乡重庆。

二、强化组织建设,党建带动扶贫——居委会的"牵头人"

"农村要发展、农民要致富、关键靠支部"。作为第一书记,党建工作的牵头人,我认为,农村党建工作搞得好不好是检验脱贫攻坚工作的试金石,而干好农村党建工作没有捷径,要努力发挥党员先锋模范作用,杜绝"务

虚",必须"务实",关键在于"肯干、肯想",要领在于"稳扎、稳打"。我努力提升党组织建设水平,针对平马居委会党员平均年龄60岁的情况,积极发展年轻有为、有志向的青年党员。2018—2019年,新发展党员和入党积极分子各1名。我健全了村两委班子成员"二个一"制度(即每周一次民主生活会、每月一次党日集中学习),还定期开展"学习十九大精神""三会一课"等主题党日活动,鼓励居委会有条件的党员下载"学习强国APP",使广大党员能够及时了解党的方针政策,接受党的教育。

在此基础上,我还推动中国农业银行总行公司业务部第二党支部与平马居委会党支部开展结对共建党建活动,通过实地调研、座谈会研讨等方式,共同为平马居委会找出路、谋发展。同时,我与村两委一起开展形式多样的党日活动,组织居委会党支部部分老党员赴秀山县城,参观秀山县物流园区和工业园区,增强其荣誉感和使命感。上述活动的开展,充分调动了广大党员干部的积极性,提高了村两委班子的决策能力、执行能力和带领群众发展经济的能力,进一步推动了"以党建促工作、以党建助扶贫、以党建树民心"的扶贫攻坚工作顺利开展。

三、细化方案措施,实现精准扶贫——居委会的"践行人"

在精准扶贫方面,我积极贯彻落实"底数清、政策明、措施准、帮扶到"的工作思路,定期上门对85户建档贫困户进行遍访,深入了解贫困户生产、生活情况,确保扶贫政策执行不遗漏、不偏离、不打折。同时,为了将扶贫政策精准用于贫困户,我对居委会未脱贫户5户29人制定了"一对一"的脱贫措施和方案,并按照秀山县2019年扶贫攻坚动态管理的要求,积极完成平马居委会2019年扶贫对象动态管理,将3户20人未脱贫户调整为已脱贫户,目前,全居委会仅有贫困户2户未脱贫。

建档贫困户王国辉家就是个典型的例子。王国辉今年33岁,父亲王安勤患有尿毒症,每月透析就要花3 000元左右,家里还有2岁的女儿和1岁的儿子需要照顾,家里的开支几乎全靠王国辉维修摩托来支撑,生活很窘迫。我根据王国辉家的实际情况,鼓励他开办养鱼场。但开养鱼场、买鱼苗都需要资金支持,我利用自己对农业银行产品的了解,帮他申请办理了农业银行精准脱贫致富贷5万元,用来购买鱼苗、建设鱼塘。在我和村委会支持下，2018年下半年，他的三个鱼塘一共产出了8 000多斤鱼，鱼的品种也由原来淡水经济鱼向观赏鱼发展。他卖出了一部分观赏鱼赚到了第一笔钱，实现了家庭盈利。王国辉跟我交流时表示，等条件成熟了他还想扩大鱼塘规模，增加鱼苗的种类，并把"渔家乐"发展为集钓鱼、亲子游、餐饮等一条龙的产业模式。

四、创新发展机制，实现产业扶贫——居委会的"领路人"

在走访85户贫困户过程中，我深刻认识到，贫困村脱贫关键是要培育适合当地的主导产业，解决内生动力。我结合村情提出了"建产业、强组织、亮新村"的工作思路，并依靠"合作社+农户"的发展模式，切实推进产业发展。一是通过以老带新方式发展茶叶基地500亩。我将中国农业银行2018年度和2019年度项目帮扶资金合计200万元全部用于发展茶叶产业上，带动建档贫困户50户98人实现了增收，户均年增收2 000元。茶叶产业的发展，也为平马居委会探索出了一条特色农业发展道路。二是利用自然优势发展银杏产业，积极争取项目资源，发展银杏基地约182亩39万株，并与一家中药材公司初步达成了保底收购协议，带动贫困户10户40人，形成了产销一体化的银杏产业模式。

建档贫困户王安洪就是产业发展的受益者。王安洪45岁，在福建泉州晋江搬运建材，2018年初因工地意外砸伤小腿，其住院费及治疗费已花去绝大部分家庭储蓄。妻子邓兰珍43岁，在家务农，农闲时只能在本地打短工。家中还有89岁的母亲以及在校读书的三个小孩，家庭负担很重。我了解情况后，主动与王安洪沟通，支持王安洪康复后安心在福建继续务工，还与其协商将田地流转给居委会合作社，每年流转费用500元，同时，居委会聘请其妻子邓兰珍作为茶叶基地管护员，在茶叶基地从事种植、管护、施肥等工作，每月固定工资1 500元，闲暇安排邓兰珍到银杏基地进行翻土、栽植等工作，劳务收入约为500元。同时，我积极与农业银行重庆分行联系，与王安洪签订生猪养殖帮扶协议，收购王安洪家2头生猪，收购价不低于6 000元，2020年，王安洪通过生猪养殖销售收入1万元。通过以上帮扶措施，王安洪一家摆脱了贫困的烦恼，日子过得越来越好。

五、创建扶贫车间,激发脱贫动力——居委会的"开拓人"

"授人以鱼不如授人以渔"。在落实就业扶贫方面,我依托自身业务优势,挖掘农业银行客户资源,与耳机代工厂重庆夏朗科技有限公司合作启动扶贫车间项目。2019年8月,扶贫车间顺利挂牌成立,车间每层面积约为500平方米,用工范围辐射平马居委会、溜沙村、猛董村和新田沟村,共有村民75人报名(其中建档贫困户10人),截至2020年6月,第一批务工村民有28人,其中建档贫困户6人,薪酬平均水平为2500元/月。

建档贫困户王三妹就是扶贫车间务工者。王三妹40岁,其丈夫因矿场事故去世,家里有患脑梗塞半瘫痪的母亲,还有两个正在读书的小孩。为了给老人治病,家里用光了东拼西凑的几万块钱,王三妹只能去福建打工,家庭也因病和因学致贫。我在走访过程中了解到情况后,与村两委一起,联系洪安镇政府,为其落实医疗、民政、教育等相应保障措施,还安排王三妹去扶贫车间务工,极大缓解了王三妹一家的生活压力,一家人的生活有了很大改善。王三妹跟我沟通时说,虽然政府帮助她们很多,但她自己更要有脱贫致富的决心。扶贫车间的成立,为很多像王三妹一样的贫困户提供了就业岗位,吸引众多贫困姐妹成为产业工人,增加了她们的家庭收入,也调动了贫困群众主动脱贫的积极性和内生动力,助力她们脱贫致富,促进了平马居委会脱贫攻坚工作深入开展。

六、创新金融产品,提振脱贫信心——居委会的"牵线人"

驻村期间,我与农业银行秀山支行紧密合作,设计打造具有金融扶贫特色的产品"茶叶贷",以解决致富带头人融资难的问题。在此基础上,积极支持贫困户进行产业发展。截至2020年3月,居委会已有43户建档贫困户办理了"精准脱贫致富贷",贷款金额184万元,有力助推了贫困户产业发展的信心和决心。

七、落实教育保障,提升教学硬件——居委会的"推动人"

"扶贫先扶智,治贫先治愚"。在教育保障方面,我积极落实"两不愁三保障"的相关政策,争取中国农业银行定点帮扶资金60万元,帮扶平马小学教学环境进行升级改造,提升平马片区的教学硬件,保障平马片区学龄儿童的教学质量,打通扶贫扶志的"最后一公里",使平马小学成为乡村教育保障体系建设的"桥头堡"。在此基础上,我还积极与农业银行秀山支行接洽,共同开设"农行支教学堂",旨在落实教育扶贫,切断贫困代际传递,促进平马片区学生尤其是贫困学生的德、智、体、美、劳全面发展,帮助学生树立正确的人生观、价值观和世界观,进一步提升平马教学质量。

八、加强技能培训,助推农业发展——居委会的"培训人"

2018年,我与农业技能培训学校合作,对村民、致富带头人、贫困户开展每次为期7天总计共五期的劳动技能培训,培训人数123人402人次(其中贫困户15人68人次)。2019年,我与秀山县团委合作,邀请农业技能老师对平马居委会村民尤其是贫困户进行农业技能培训,培训人数70人(其中贫困户14人)。培训不仅得到村民广泛响应,掀起了发展产业促脱贫的热情,还得到了县、镇政府的高度认可。

作为中国农业银行总行一名员工,为响应党中央和习近平总书记的号召,我放弃了在北京优越的物质生活,投入脱贫攻坚战斗中。我以高度的事业心、责任感和使命感在平马居委会开展脱贫攻坚工作,通过自身的努力赢得了乡亲们的认可,成为一名地地道道的"村里人",真正与平马居委会融为一体,为我所热爱的土地脱贫攻坚默默贡献着自己的一份光和热,践行了一名共产党员的庄严承诺,为农业银行发展、为地方经济建设、为贫困农民脱贫做到竭尽全力、鞠躬尽瘁。在我的带领下,农业银行的定点扶贫工作取得了显著成效,平马居委会扶贫工作也实现了从"输血型"向"造血型"的转变。平马居委会党总支不仅在2018年7月被洪安镇党委评为"先进基层党组织",还被秀山县评为"秀山脱贫攻坚2018年度先进集体"。我的工作表现也得到县镇村各级领导干部和当地党员群众的高度评价,不仅荣获中国农业银行2020年度"金融服务脱贫攻坚先进个人"称号,还被秀山县委县政府表彰为"2019年度脱贫攻坚先进个人",《中国组织人事报》新闻网、华龙网、《城乡金融报》、秀山电视台等众多媒体先后报道了我的事迹。

(2020年8月13日,为复旦大学、华东理工大学、重庆大学师生讲座讲稿)

扶贫路上与祖国和人民同频共振

中国医药集团派驻吉林省靖宇县靖宇镇靖安村第一书记
刘世伟

我是中国医药集团有限公司(以下简称国药集团)派驻到吉林省靖宇县靖宇镇靖安村的第一书记刘世伟。在这里我想借我们董事长勉励年轻党员的一句话来开始我关于脱贫攻坚的分享,"在与祖国和人民同频共振的洪流中,我们将不忘初心,牢记使命,奋勇前进,矢志不渝!"书写历史的人凤毛麟角,被历史车轮裹挟着涌入时代的大河中是大多数,在这大多数中,很有幸参与扶贫工作,能与祖国、人民和时代同频共振,我感到很光荣。党的初心和使命是为中国人民谋幸福、为中华民族谋复兴,对于第一书记来讲,初心就是为村民谋幸福,为村子谋发展。奋勇前进,矢志不渝,对于第一书记而言,开弓没有回头箭,只有奋勇前进,所以才显出矢志不渝。

在我讲扶贫工作之前,请允许我介绍一下国药集团和靖宇县。国药集团是由国务院国有资产监督管理委员会直接管理的唯一一家以医药健康产业为主业的中央医药企业,是国家创新型企业,是中央医药储备单位,是中国和亚洲综合实力和规模领先的综合性生命健康产业集团,拥有集科技研发、工业制造、物流分销、零售连锁、医疗健康、工程技术、专业会展、国际经营、金融投资等于一体的大健康全产业链,旗下有1 500余家子公司,15万员工。2019年,国药集团营业收入近5 000亿元,位列世界500强企业榜单第169位,在世界500强医药企业榜单中位列前5位。此次抗击疫情中,国药集团率先成功研制出新型冠状病毒核酸分子检测试剂盒,率先研究提出"用新冠肺炎康复者的血浆治疗危重病人"治疗方案并实施应用,多路径展开灭活疫苗、基因重组疫苗、特异性免疫球蛋白、人源化单抗和马抗血清等研发,取得阶段性成果。目前,国药集团中国生物研发的全球首个新冠灭活疫苗处在全球领先地位,根据Ⅰ/Ⅱ期临床研究数据,疫苗接种后安全、有效,接种疫苗组受试者均产生高滴度抗体,中和抗体阳转率达100%。

靖宇县是东北民主抗日联军总司令、民族英雄杨靖宇殉难的地方,为纪念杨靖宇将军命名为靖宇县。靖宇县是吉林省白山市下辖县,位于长白山脚下,松花江上游,享有世界三大水源地之一和世界矿泉城的美誉,蓝天白云黑土,风景优美,当地洗澡都用矿泉水。靖宇县是国药集团定点帮扶的国家贫困县之一,其脱贫攻坚工作走在吉林省的前列。2020年4月,靖宇县通过第三方评估,退出贫困县序列。

靖安村位于靖宇县城东北部,距镇政府3公里,总面积为5.8平方公里,下辖4个村民小组,共有村民501户990人。村"三委"成员8人,后备干部5人,党员21名。村现有在册耕地2064亩,林地2440亩。村辖区内特色产业主要以种植业、养殖业、中药材初加工为主。

我是2019年5月到的吉林省靖宇县靖安村,是国药集团派到靖安村的第三任第一书记。国药集团从2015年就开始派驻第一书记,第一任第一书记是于晖,当时靖安村不只是贫困村,还是党组织涣散村,本村没有自己的村书记,村书记由外村的书记兼任,面临的困难可想而知。通过改选,于晖为靖安村选出了自己的有担当、能干事的村书记,健全了两委班子,完善了基层党组织,协调国药集团捐建了水泥路和路灯,打开了局面。第二任第一书记是张磊,2017年4月到的靖安村,他任职期间成立合作社,由国药集团捐赠一套中药饮片生产线,村集体以其作为实物资产入股当地一家民营企业,每年保底5万元分红给村里,使全体贫困户受益,2018年,整村退出贫困村序列,为产业发展埋下了种子。前任书记们的工作一方面为我打下了基础,另一方面也给了我很大压力。我该如何开展工作,突破口在哪儿,可提高的地方在哪儿,我的心里留下了巨大的问号。

我到靖安村的时候,靖安村已经摘掉贫困村的帽子,但还有3户7人未脱贫。习近平总书记指出,抓好党建促脱贫攻坚,是贫困地区脱贫致富的重要经验。"帮钱帮物不如建个好支部",要把夯实农村基层党组织同脱贫攻坚有机结合起来。要把发展壮大村级集体经济作为基层党组织一项重大又紧迫的任务来抓,着力破解村级集体经济发展难题,增强基层党组织凝聚力,提高村级组织服务群众能力。中组部对第一书记提出的主要职责是建强基层组织、推动精准扶贫、为民办事服务、提升治理水平。中央对基层的把握很精准,指导意见也是一针见血。

围绕这些指示精神开展工作,我认为有以下几个方面值得注意。

第一,坚持实事求是。通过四个月的入户走访和劳作,我和村民打成了一片,基本把村情和百姓诉求以及矛盾点摸清楚了,这是基础。第二,坚持问题导向。靖安村的主要问题有:村集体收入结构单一,主要靠收租;两委班子协作能力不足,忙的忙,闲的闲;党组织老龄化严重,凝聚力和执行力欠佳;合作社市场化程度不足,企业与合作社关联度不高。第三,坚持结果导向。我给靖安村发展设定的目标是:实现全面脱贫,一个都不能落;产业兴旺、生态宜居、乡风文明、治理有效、生活富裕;深化"造血式"扶贫,走出一条具有自己产业链的扶贫路,留下一支带不走的工作队,使全村百姓都受益。第四,处理好公平与公正的关系。要实现从大水漫灌向精准滴灌的转化,做好从脱贫攻坚向乡村振兴的转变,统筹好贫困户和一般农户的协调发展。

2020年是脱贫攻坚之年,是啃"硬骨头"、决战决胜之年,因此,抓党建尤为重要。要以"抓党建促扶贫"为思路,以抓两委班子建设为强党建的牛鼻子,以党课和组织生活会为抓手。两委班子就和班级里的班委一样,是一个组织的执行层。我在靖安村采取了以下重要举措:

1. 将致富能手和党员进行双向培养,把党员培养成致富能手,把致富能手发展成党员,逐步建立党员带动和示范模式,每月至少开展一次主题党日活动,以党员入户宣传、帮扶、指导等多种形式促进贫困户稳定脱贫。

2. 在去王平堂书记负责的龙泉村考察学习后,制定本村党建工作台账和扶贫工作台账,明确职责范围。

3. 引入企业管理模式,每月制定个人工作计划及替岗清单,分别由本人签字确认,从而解决因某人有事不在岗导致工作停滞的问题,并增强大家的责任心。两委成员每周在微信工作群(涉密除外)汇报本周工作,村两委每周一开例会,回顾上周工作及问题并安排本周工作。

通过抓党建促脱贫,村子逐步有了变化。2019年底脱贫2户4人,还剩1户3人待脱贫,2019年较2018年贫困户人均增收18.5%。2020年4月,靖安村顺利通过国家第三方评估验收。

靖安村位于县城东北方,是个城郊村,有两河一山。2019年9月,靖安村提出发挥青山(柞树岭)绿水(八宝栏河和青龙河)优势,打造自己品牌,并树立核心理念——原生态最健康。同时，靖安村重新办理合作社营业执照，申请经营资质，实现独立运营，申请注册商标"知靖"，商标证书目前已下发。

资质和品牌都有了，这个时候面对的就是产品问题了。靖安村当地盛产蒲公英，所以蒲公英茶很普遍，价格也很低，但是很难打开市场。作为国药集团派出的扶贫干部，我有先天的优势，在我来靖安村的时候，国药集团分管扶贫的负责人就曾提出过蒲公英是凉性的，蒲公英茶不易长喝，因为会伤脾胃，他建议用中医理论开发复合茶，在保留蒲公英清热解毒作用的前提下，去除其凉性。因此，在国药集团的支持下，经过对照研究，我们开发了靖安村的"拳头产品"——蒲苣茶。该茶不仅保留了蒲公英清热解毒的作用，而且去除了凉性，增加了清肝、祛湿、补虚的作用。中药讲究"道地性"，蒲苣茶的四种原料，其中两种原料来自我们村民的无公害种植，另外两种也是选自道地产区的原料。同时，蒲苣茶小茶包的材质也是精心挑选的，遇水冲泡后几乎变为透明，能让消费者清晰看到里面的材料。因此，这款全国首创的以长白山道地药材为主的复合型茶饮，一经上市就受到消费者的一致好评，在白山地区逐渐有了名气。

2019年11月，中组部在杭州举办了一次培训。经过培训并结合浙江农村发展的先进经验，我更坚定了扶贫产业链的探索这一条道路。产业扶贫重在产业链发展是否稳固，因此，可持续扶贫靠产业，产业扶贫靠产业链。我也坚定了"党支部＋企业＋村集体（合作社）＋村民（包括全体贫困户）"的扶贫产业链带动模式。"知靖"品牌食品生产非常严格，生产原料全是原生态，无农药化肥，生产车间符合药品生产标准，产业链从种源基地到标准化种植示范区再到具有GMP资质的洁净车间，全过程可追溯，这种标准和全生产环节可追溯就算是与一线品牌竞争也毫不逊色。在国药集团及包村单位等各方力量的支持下，合作社产品实现从零到有，形成了两个系列共九个产品的生产线，一个系列是以非转基因玉米、大米、木耳等为主的生活必需品，另一系列是养生茶饮等茶叶产品。品牌2020年上半年营收是2019年全年的4.5倍，客户也开始呈多元化发展趋势，有些代理商主动上门寻求合作，其中也不乏抖音和快手的网络主播前来带货。

以上是靖安村产品线，是靖安村产业的硬输出，另外我们还建设了靖安村抗联文化实践基地，这是一种软输出。实践基地打造了一体化标准化种植示范区,将村里地少的缺点转化为优点,开展绿色蔬菜、草莓等采摘项目,整个基地可容纳百余人劳作、拓展、就餐、上课,游客可以参观抗联地下斗争史及东北窑洞,体验抗联生活,比如自己推磨、摊煎饼、用土灶等。

靖安村产业发展软硬两条线齐头并进,这里面离不开各级领导的支持。国资委领导到村勉励一线扶贫人员,要求坚决打赢脱贫攻坚战,使一线扶贫人员在最后攻坚环节士气大增。集团党委高度重视扶贫工作,自上而下全力协助扶贫工作,从谋划产业到打造产品再到支持推介、免费参展全国药交会、国资委电商平台等,给予多方位的支持。每年集团领导都会到靖宇县督导扶贫工作,不定期安排国药系企业对扶贫技术人员进行培训,保障产业顺利推进,每年全国药交会的扶贫展区均由国药集团出资设计搭建,并安排在最核心醒目的区域,主要领导带队到展区询问展出效果并解决实际困难。

下面和大家分享一下我对靖安村发展的愿景。

第一,党建工作要进入深水区,除提高凝聚力和执行力外,逐步解决支部老龄化问题,逐步恢复活力。

第二,进一步稳固产业链,力争标准化种植示范基地实现5G智能化,成为技术和品种率先试点实践基地,成为农业项目的孵化器。"知靖"品牌产品从种源、种植到加工实现生产环节产业链全覆盖、可追溯,在国药集团支持下,产品质量和竞争力不亚于一线品牌产品。抗联文化实践基地应充分发挥区位优势,作为杨靖宇将军纪念馆的一个红色补充,发挥"螺丝钉"作用,弥补纪念馆只能参观不能体验的实际情况。靖安村软硬两条线齐头并进,互为补充,成为靖安村理念走出去的核心阵地。一系列措施不仅使贫困户受益更让全村受益,起到区域引领作用。

第三,在人居环境及乡风文明方面,实现户户通光缆,户户通硬化路,完成栅栏和排水设施建设,完成村辖区绿化美化。村容村貌、人居环境和整体生活水平再上新台阶,让"知靖"不仅是经济符号更成为我们的精神符号。

第四,靖安村实现全面脱贫。以"党支部+企业+村集体(合作社)+村民(包括全体贫困户)"扶贫产业链为模式,以品牌建设为支点,以消费扶贫为契机,以靖安村的青山绿水为依托,使更多的村民自愿链上产业,逐步实现全村富裕,精神风貌逐步改善,实现最终增收和可持续发展,真正留下一支带不走的工作队和扶贫产业。

在我看来,靖安村能够持续发展,逐步走出一条属于自己的扶贫路有三个方面的重要基础。扶贫工作是一套组合拳,需要党中央高瞻远瞩作出重大部署以及各级扶贫力量的高效协作。第一,国药集团党委高度重视,精准选派干部,精准帮扶,整个集团自上而下积极推动扶贫工作,上下协作,全力配合,使"造血式"扶贫成为可能。第二,地方政府大力支持,包村单位县农业银行大力扶持,镇各站所出人出力,永吉县挂职干部多方协调和指导。第三,基层党组织团结奋进,执行坚实有力。

接下来谈谈扶贫工作对我个人的影响。我们村有个贫困户,2014年出车祸造成重度瘫痪,当时医生说可能终身瘫痪,但他和家人都没有放弃,通过家人给他按摩,上半身逐步有了知觉能活动了,然后他就自己每天坚持锻炼。我印象最深的是,国药集团给他捐了台辅助恢复的设备,他每天就和长在上面一样不愿下来,得经常提醒他劳逸结合,别锻炼过了。现在他的下半身也慢慢有了知觉,我们欣慰的同时也被他的精神所感动。什么叫坚强不屈,这就叫坚强不屈!从他的身上我学到了,不畏难,敢付出,曙光就在你的坚持中。我们村还有个贫困户,老人84岁了,在床上瘫了七八年了,两个儿子为了照顾这个老父亲,谁也没有成家,一个儿子在外面打工挣钱供全家生活,一个儿子在家里全天24小时守在身边照顾,两个儿子每半年互换角色一次。就这样轮流把这个老父亲照顾得很好。像这种重度全瘫,别说是在贫困户家庭,就算是在条件好的家庭也未必能撑过5年。通过这件事,我开始审视自己,更加关注自己的父母,时常给家里打个电话,和他们聊聊天,现在倒是我爸妈不适应了。初心和使命让我受益,踏踏实实为百姓做事,百姓会记住你,"金杯银杯不如百姓口碑",我在靖安村的工作离不开老乡的皆口相传,离不开老乡的支持和认可。

在扶贫路上,有两段话让我受益良多。一段是铁人王进喜说的"讲进步不要忘了党,讲本领不要忘了群众,讲成绩不要忘了大多数,讲缺点不要忘了自己,讲现在不能割断历史"。还有一段是中组部对第一书记的工作建议:既要埋头干事,又要抬头看路;既要帮扶群众,又要依靠群众;既要着眼当前,又要有利长远;既要自身清白,又要群众明白;既要不怕吃苦,又要肯于吃亏;既要敢于斗争,也要善于斗争。这两段话是我在扶贫工作中打开局面、化解矛盾、团结所有力量的金钥匙。

最后,希望我们的青年人都能去祖国最需要的地方发挥优势,锤炼自身。青年人是初升的太阳,既要勇敢尝试、勇敢试错、勇敢突破,也要耐得住寂寞,丰满自身,与这个大时代共同成长。

(2020年6月13日,为复旦大学师生讲座讲稿)

切实际　求实效　做好扶贫工作

国家自然科学基金委员会派驻内蒙古自治区奈曼旗大沁他拉镇
哈沙图村第一书记、工作队队长

杨　亮

按照中央组织部及国家自然科学基金委员会党组的部署安排，我于2019年12月来到内蒙古自治区奈曼旗哈沙图村担任驻村第一书记兼工作队队长。驻村工作期间，我紧紧围绕"第一书记"的职责定位和中央及内蒙古自治区各级政府关于脱贫攻坚工作的各项要求，坚持工作在村、吃住在村，在哈沙图村两委的大力支持下，结合当地实际认真开展了各项工作。现将驻村以来的工作和大家分享。

一、调研走访，摸清家底

上任伊始，我立刻走访调查，从掌握村情民情入手，通过调研走访、开会座谈、谈心谈话、查阅资料等方式尽快掌握村情及贫困户情况，基本对全村的村情民意、班子情况、矛盾纠纷、产业项目发展情况有了较全面的了解，做到底数清晰、心中有数。

哈沙图村位于大沁他拉镇政府所在地东郊10公里处，辖北哈、西哈、东哈3个自然村。村总土地面积2.8万亩，其中耕地面积5 624亩、林地面积6 076亩、草地面积14 385亩、其他土地面积1 982亩。现有户籍人口410户1 305人，60岁以上无劳动能力196人，60岁以下有劳动能力724人；享受农村低保待遇的共47户81人、五保户6户6人、残疾人16人、大重病5人。村两委成员7人，党员36人，村民代表12人。2014年，哈沙图村被列为"三到村三到户"，2018年，脱离贫困村序列。建档立卡贫困户63户198人，截至2019年底全部正常脱贫。哈沙图村主导产业主要是特色种植业和养殖业，牛存栏600头，羊存栏1 600只，年人均纯收入达9 560元。该村被评为2018年度全市"产业兴旺"红旗村、2019年度全市"脱贫致富"红旗村。

二、参加培训，掌握本领

2019年12月21—25日，中央和国家机关等单位选派第一书记示范培训班在杭州举行。作为一名新上任的第一书记兼脱贫攻坚驻村工作队队长，我满怀感激与渴盼的心情，参加了这次培训。此次培训内容丰富，既有宏观政策讲解，又有微观案例实践，涉及党的十九届四中全会精神、习近平总书记扶贫工作重要论述、中央脱贫攻坚政策、加强贫困地区农村基层组织建设、发展壮大村集体经济、革命传统和党性教育等方面内容。

三、积极协调，争取支持

一是积极协调深圳信立泰药业股份有限公司，为大沁他拉镇贫困群众捐赠价值30万元的降脂降压类药品，有力支持了全镇医疗卫生事业。二是协调北京对外经贸控股集团有限公司及社会爱心人士，为哈沙图村贫困户捐赠棉衣40余件、单衣100余件。三是向派出单位国家自然科学基金委员会争取党建经费10万元，用于加强哈沙图村党建工作。

四、春节慰问，温暖人心

岁寒时节见真情，寒冬慰问暖人心。为了帮助大沁他拉镇哈沙图村贫困家庭及保洁员过上一个温暖、祥和的新春佳节，2020年1月13日前后，我率驻村工作队成员及村两委班子成员开展了2020年春节慰问工作。慰问组一行冒着严寒走村入户，对结对帮扶贫困户逐个走访慰问，将油、大米、过冬棉衣等慰问品及慰问金一一送到贫困户及村保洁员手中，提前向他们送上了新年的祝福和问候。慰问组每到一户困难群众家，都详细了解群众生活当中的困难及节日物品准备情况，在送上新春祝福的同时，鼓励他们树立战胜困难的信心，争取早日脱贫致富。

五、集体欢庆，共度大年

在国家自然科学基金委和奈曼旗委政府、大沁他拉镇党委政府的大力支持下,哈沙图村成功举办了2020年村民集体过大年活动。村民们欢聚一堂,节目表演丰富多彩,共迎新春。活动以学习习近平总书记新年贺词和"决胜脱贫在今朝"讲话开始,以集体合唱《我和我的祖国》收尾。活动还表彰了道德模范、产业致富带头人、优秀共产党员、脱贫之星、幸福家庭等先进,号召大家向榜样学习,共奔富裕路。"集体过大年"活动洋溢着热烈、温馨、欢快的气氛,展现了新时代新农村积极向上的精神面貌,促进了村干部与村民之间的交流,使大家更加坚信我们伟大的中国共产党、我们伟大的祖国会越来越好,更加坚定"记党恩、听党话、跟党走"的信念,更加坚信只要自强而不息、自立而不馁,摒弃"等靠要"的思想,就一定能靠自己的双手创造美好的生活、改变自己的命运!

六、主动作为,抗击疫情

"新冠"肺炎疫情发生以来,受离京政策影响及奈曼旗疫情防控指挥部关于旗外挂职干部暂不返岗的统一要求,我负责通过微信、电话等远程通信方式参与哈沙图村疫情防控工作。

在了解到哈沙图村防疫物资严重缺乏的情况后,我多方筹措、克服困难,竭力联系购买防护物资的渠道,自费购置了1 100个医用一次性口罩寄到村里,帮助哈沙图村解了燃眉之急。同时,受奈曼旗政府委托,积极协助旗内各政府单位采购各类防疫物资,其中口罩4万余个,防护服50余套,额温枪15个,在防疫形势最严峻、防疫物资最紧缺的时刻,为奈曼旗防疫工作提供了强有力的支持。

根据内蒙古自治区人民政府有关要求,2020年3月30日,奈曼旗高三及初三学生开学复课,其他学生视疫情防控情况渐次错时开学复课,但是疫情尚未解除,学校人员密集,仍存在较大安全隐患。为切实保障哈沙图村学生安全,我召集驻村工作队及村两委开会研究,为全村学生购买口罩2 000个,用于学生上学使用,后续视疫情控制情况再决定是否追加。

疫情期间,哈沙图村驻村工作队及村两委直面疫情,严密组织,加强政策要求和科学知识的宣传引导,组织动员村民积极参与群防群控,筑牢哈沙图村基层疫情防控的铜墙铁壁。

七、实用培训，破解难题

为提高哈沙图村农民农业技术水平，改变传统病虫害防控方式，我积极协调内蒙古民族大学副校长修长柏带队的专家教授团队专程到奈曼旗哈沙图村开办新型职业农牧民培训班，就蔬菜病虫害防治和增产增效等知识进行了详细讲解，实地到蔬菜大棚手把手教农民如何辨别各期线虫病状态、如何提升蔬菜品质，真正让农民学到技术，用到实处。培训班还到固日班花苏木，围绕农牧民专业合作社经营体系制度建设服务以及畜牧场疾病预防等农民关心的问题进行详细讲解，得到了当地老百姓的热切欢迎。

八、健康扶贫，暖心义诊

奈曼旗当地群众饮食有着"多油重盐"的习惯，大多上岁数的群众患有心脑血管疾病。在了解到这一情况后。我积极协调内蒙古民族大学蒙西医结合心血管疾病研究所5位专家走进哈沙图村开展义诊及送药下乡活动，共接受群众咨询200多人次、心脏彩超诊疗42人、心电图诊疗80人、血压监测106人，发放价值3000多元的药品，切实为当地百姓解决实际困难。

九、为村平台，方便群众

我们与腾讯公司积极沟通，申请免费创立哈沙图村"为村平台"，围绕"党务、村务、商务、服务、事务"五大功能版块，为党员干部服务村民群众提供多种沟通方式。

（2020年6月28日，为复旦大学师生讲座讲稿）

巩固脱贫攻坚成果
压茬推进乡村振兴

国家发展和改革委员会派驻河北省灵寿县马家庄村第一书记
郑慧涛

一、马家庄村的基本情况

对于马家庄村的基本情况,可以用"0123"4个数字做一个简要总结。其中,"0"是指贫困户全部脱贫摘帽,我们村在2015年建档立卡贫困户有100多户,贫困发生率43.6%,2017年回头看的时候,降到了16户45人,2019年10月,马家庄村完成了最后两户的脱贫任务,全部脱贫摘帽。我们测算了一下,2019年底,马家庄村所有曾经建档立卡的贫困户人均年收入达到了7 471元,比2018年增加了1 581元,在收入上远远高于国家的贫困线,其他方面比如"两不愁三保障"也全部达到了基本要求。"1"是指"一村一品",2017年,农业部授予马家庄村"一村一品"示范村镇称号。马家庄村主要种植的是葡萄,品种以摩尔多瓦为主,还有夏黑等其他品种。村里现在的种植面积有四五百亩,村民主要是流转土地去种植葡萄。数字"2"是指种植和养殖协同发展。马家庄村的种植和养殖我概括为两句话,种植这块是"葡萄西瓜食用菌,脱贫致富有信心",养殖这块是"奶牛肉猪土鸡蛋,打赢脱贫攻坚战"。马家庄村的种植很有特色,葡萄是摩尔多瓦葡萄,西瓜则是薄皮的小西瓜,食用菌是秀珍菇。当然,我们现在又发展起来了小番茄种植。最后一个数字是"3",是指一二三产业融合发展。我们有"一村一品"的称号,所以就围绕着葡萄去做文章,把小葡萄做成大文章。怎么做呢?第一产业是种葡萄,第二产业是酿葡萄酒就是葡萄深加工,还有是做橡木酒桶,第三产业搞旅游、采摘和观光。

二、具体工作汇报

驻村两年来,我所开展的一些工作具体可以分为8个方面,分别是基层党建、产业发展、基础设施、创新帮扶方式、扶志扶智、疫情防控、精神慰藉和消费扶贫。

一是突出党建引领,凝聚队伍筑堡垒。目前农村普遍存在的一个问题是村两委班子不团结,个别人员工作能力相对较差,因此,我的驻村工作便是从整治班子软弱涣散开始的。首先,为了把班子建设得更坚强更团结,我们制定完善各项规章制度。我们规定每周二召开村两委例会,把村干部叫到一起,研究村里的工作,分析一些问题,谋划后续的发展。定期召开例会培养了大家开会讨论、集体决策的习惯,避免因为沟通问题所造成的班子不团结。其次,亮明党员身份,强化党员管理。村里老党员居多,还有一部分流动党员,如何发挥党员的作用,是我们一直在思考的问题。为充分发挥党员的先锋模范作用,我们给村里的党员全部配发了党徽,做出党员户的标识,贴在党员家门口,让大家知道谁是党员,无形中让群众去监督党员,也提醒党员时刻牢记党员的职责,在各种场合起到带头的作用。再次,开展结对共建,提升党建水平。我们村和很多单位、高校都展开了结对共建。比如我们和国家"发改委"的两个司局及一个事业单位结成了共建关系。另外,我们现在也和清华大学、人民大学等高校建立了互动,正在商谈实践基地和乡村扶贫工作站的落地问题。最后,健全组织生活,统一思想认识。我个人认为,在农村开展工作尤其是带领村干部去做一些事情,最重要的是和他们融为一体。怎么融为一体呢?就是每天在一起共同商量事、共同干事、共同出谋划策。比如我们组织了国旗下的演讲,虽然是一个形式,但是会有很积极的实质作用。让每个人讲三分钟,讲对村子里一些事情的看法,讲对村子发展的想法,讲对一些问题的思考,村干部获得了锻炼和表达的机会,能为村里面的事情真正用心去思考。

二是发展特色种植,壮大产业谋振兴。种植这一块,第一是延伸产业链,把小葡萄做成大文章,一二三产业融合,种葡萄、酿红酒、做酒桶,开展旅游采摘和观光体验。如此一来,产业链上的产业与贫困户及周边农户结合的点就多了,比如创造更多就业岗位、吸纳更多的人就业、促进贫困户尤其是建档立卡贫困户增收。第二是提升价值链,把薄皮西瓜卖出高价格。以我们村一个返乡创业青年为例,他从河南引进改良的西瓜品种,我们把西瓜推销到了北京,卖10块钱一斤,还是供不应求。第三是打通供应链,把秀珍菇送上北京人的餐桌。村里现在有70个左右的生菌大棚，每年产量大概一百万斤，但在之前并没有一个稳定的大型销售渠道。我们帮着对接北京新发地批发市场，后来，村里大部分秀珍菇都送到了北京的新发地市场。这样，无论是供应链的稳定性还是价格，都有了进一步的提高。

三是提升基础设施，改善民生福祉。主要是修路、种树，还有改厕和通上天然气。公路方面，我们申请了县里的扶贫资金，再加上县里自己的资金，修了一条路。我们村里以前出村难，还需要借道别村，而且路也特别窄，两辆汽车并行都困难。申请的资金到位后，我们把村子最南边的一条断头路给打通，将出村的路接到了省道上，解决了出行不易的问题。为整治村容村貌，提升村容村貌的质量，我们的主要工作是围绕绿化和美化来开展的。我们把村里的街道进行统一规划，整治清理房前屋后的垃圾，该绿化的绿化，在墙体上绘制一些公益宣传内容，比如敬老爱幼等正能量的标语。改厕的话，村里面大部分农户以前用的是旱厕，卫生质量不高，严重影响了群众的健康，所以按照国家的统一部署，我们做了改厕的具体安排。村里面2014年改过一次厕，在此基础上，我们又做了摸底、统计和调查，然后把急需改的尤其是贫困户的全部改了一遍，把旱厕改成水型厕所，避免了病菌的传播。后续我们还要继续推进改厕，以前已经改过的现在质量不高或者是有已经破损的，今年已经上报，会做进一步改造和提升。至于通天然气，更是重中之重。村里以前以烧煤为主，我们争取到了县里的支持，把马家庄村也列入了天然气的覆盖范围。目前工程正在施工，大概到2020年八九月份就能通上天然气。这样，既保护了环境而且费用也不高，同时也更为安全，避免了因烧煤所导致的一氧化碳中毒问题。

四是创新帮扶方式，激发动力促增收。具体来讲，其一是建立公益劳动基金，解决分红养懒汉的问题。以前我们村里面光伏发电的分红，每一户贫困户一年可以分2 200块钱，这样就存在一定的养懒汉的隐患。对此，我们做出了一些调整，把每一户要分的2 200块钱提取30%，即共拿出1万块钱作为公益劳动基金，面向村里的建档立卡贫困户，发动他们参与扫地、擦窗户等简单劳动，到年底按照每个人出工的多少去分配公益劳动基金的钱。其二是探索以工代赈新模式。近期，我们申请了国家"发改委"的以工代赈单位试点，通过以工代赈项目，让当地老百姓参与劳动。每个项目有固定的业务要求,至少15％以上的资金用来给当地贫困户作劳务费。这些以工代赈项目更多的是让当地的老百姓参与,通过他们自己的劳动去挣工资或者劳务费,以增加收入。同时,在工程建成之后,我们也将设立管护或养护的公益岗。这样,施工期间有大量的群众参与到劳动中,施工完成之后即建成之后,照样还有一部分公益岗能够为他们提供稳定的工作,便于后期巩固脱贫攻坚成果。其三是开展村内结对帮扶。我们与村里的部分产业带头人进行座谈,比如葡萄种植、食用菌种植、酒桶加工等这些产业的带头人,我们一一跟他们谈,号召他们吸纳本村的群众就业,尤其是建档立卡贫困户。这样,以本村的产业发展带动本村的建档立卡贫困户实现就业和增收。就工资发放方面,我们也进行了商讨,比如种植业平时除草一天工资是60—80元,贫困户的工作效率相对较低,一天可以给40—50元,最低不能低于30元,且随着贫困户工作熟练程度提高,应该将其工资逐步恢复到与其他熟练工的工资水平一致。如此一来,既能让贫困户干活挣工资,也能培养他一定的技能,为以后的持续稳定脱贫打下基础。其四是壮大集体经济。马家庄村以前一直没有集体收入,后来在上级的支持下,我们首先建设了一个村级冷库,把冷库租出去,每年能够收租金11万元。我们建了村里的光伏发电,预计一年能有7万—8万元的收入。此外,我们还投资了100万元去建设实用型大棚,等建成出租后,也能每年获得数万元的收入。我们还清理了村集体经济的合同,把村集体以前被个人占用的资产收回来,或者出租,或者村集体自用。集体收入有了一定基础,很多事情、很多项目都可以顺利推进,可以主动去做一些公益性的、基础性的工作。

五是加强扶志扶智,转变思想拔穷根。第一个是加强外部引智。清华大学准备在全国建立30个乡村振兴工作站,我们经过沟通,现在已经达成了初步的合作意向,在灵寿县建一个乡村振兴工作站,每年寒暑假清华大学都会派人过来进行实践。有了固定的场所,高校师生可以更深地参与灵寿县的发展。除了清华大学乡村振兴工作站,我们也在对接中国人民大学、武汉大学等高校,希望他们把大学生社会实践基地放在我们这里,后面还要继续跟进。第二个是提升乡村教育。马家庄村有一个小学,目前有107个学生,9个老师。学校基础设施还比较完善,面临的最大问题是老师缺少外出培训提升的机会,学生跟外界的互动比较少。我们现在也在积极想办法,希望能为老师争取到培训进修的名额,提升教学的水平或方法,也希望能多创造机会,让学生能多跟外边的学生交流,与同龄人去互动。第三个是培育新型职业农民。主要是以产业带头人为主,比如推荐销售渠道,推荐他到外面去学习培训,让他逐步把产业做大。第四个是开展实用技能培训。围绕居民实实在在能用上、能启动的一些技能,结合实际去提升他们的劳动技能,让他在村里就业。

六是疫情防控。今年疫情比较突然,我在大年初七回到村里后,就开始和村干部一块去组织疫情防控的工作。我们组建党员突击队,分工负责村口的测温登记、消毒宣传、入户排查,各司其职去做好疫情防控工作。同时面对防疫物资比较紧张的问题,我们积极帮助村里购买防疫物资。在做好防疫工作基础上推动有序的复工复产。为了尽量避免外村人员流动,我们跟村里产业带头人商量先用本村人员,既解决了疫情期间人员流动的问题,也能把村里闲余的劳动力都利用起来去参加村里的产业劳动。

七是关注生活的细微。首先是注重精神关怀。扶贫工作除了物质帮扶,精神关怀也很重要。村里有一个老党员,现在90多岁了,家里有张老照片,是当年的全家福,是黑白的,破损也比较严重。我走访时看到就记下来了,后来帮她把照片修复好,并做成了彩色的。老人由衷地高兴和感激。其次是解决困难。用实实在在的行动去解决村民的困难,村民才会信任你。修路、美化村庄环境、给所有贫困户送取暖的炭炉等,都是在切实解决群众的生活困难。最后是开展活动聚人心。现在农村里面年轻人比较少,村里比较冷清,没有什么人气,所以我们积极鼓励村里的大妈大姐去组建广场舞队,每天晚上跳广场舞,广场上人气就慢慢聚起来。2019年过年前,我们组织了写春联送祝福、照全家福的活动。我们邀请书画协会的一些书法家到村里给大家写春联,并免费给每户照全家福。活动开展之后非常有过年的气氛,大家能更好地交流互动,人心逐渐就聚集起来了。村里人心聚到一块,村子的发展才能前途无量。

八是开展消费扶贫。主要有三种类型,第一是直接购买。我把特色小西瓜、甜瓜运到北京,由我们派出单位采购、发动职工订购。第二是协调批量采购,这主要是针对一些企业的后勤、机关的食堂。第三是利用线上平台,比如直播带货。

以上讲的八个方面的工作,可能比较琐碎,但都是一件件实实在在的事情。

三、个人体会感悟

第三部分我想跟大家分享一下个人体会和感悟。第一是实实在在地认识到农村工作的复杂性和党建工作的重要性。其实很多村子之所以发展出现问题,一个很重要的原因是班子不团结。解决问题的方法首先就要抓党建,把村干部抓好,把党员发动起来,把积极分子动员起来。这样才能做到大家劲往一处使,心往一处想,才能把工作做好。

第二是深刻认识到经济帮助很重要,但是精神关怀更重要。帮助贫困户也好,帮助村里的一些人也好,物质方面是很重要,但是更重要的是把工作做到他们心坎里,让村民们能从内心真正去接受你认可你。把物质和精神结合起来,才能够达到最好的帮扶效果。

第三个体会是不能把驻村当作贡献,而要把村庄当作课堂。到村子后我真正感觉到,所有工作都不能浮在表面,要深入一线,俯下身子,向农民学习,从基层取经。只有这样,才能不辱使命,锻炼自己,成就自己,提升自我。

(2020 年 6 月 2 日,为复旦大学、河北大学师生讲座讲稿)

五年扶贫路　一份红手印

湖南省湘乡市委派驻湘乡市中沙镇和谐村第一书记
赵建成

湘乡，古称龙城，位于湖南省中部，是湘潭市下辖的县级市，历史悠久，文化灿烂。特别是晚清以来，更是人文荟萃，英才辈出。湘军统帅曾国藩，"飞将军"刘锦棠，辛亥革命先驱龚铁铮，红军杰出将领黄公略，开国大将谭政与陈赓，无产阶级革命家、我党我军杰出的政治工作者李卓然，中将丁秋生，国际诗人萧三，著名儿童文学家张天翼，爱国将领宋希濂，一代报人成舍我，"中国佛教最杰出高僧"虚云法师等都诞生在湘乡。中华人民共和国成立后，又走出了贺国强、成思危等党和国家高级领导干部。

湘乡与韶山毗邻，湘乡市区到毛泽东故居——韶山冲仅20分钟车程，湘乡与毛主席也有很深的渊源。毛主席的外婆家在湘乡，1910年，他走出韶山的第一站，便是来到湘乡东山高等学堂上学，离家时他还写了一首诗——《七绝·改诗赠父亲》："孩儿立志出乡关，学不成名誓不还。埋骨何须桑梓地，人生无处不青山。"参加学堂的入学考试时，他写了那首脍炙人口的《咏蛙》："独坐池塘如虎踞，绿荫树下养精神。春来我不先开口，哪个虫儿敢作声。"

俗语说，吃得苦、霸得蛮、耐得烦，就是说我们湘乡人敢吃苦、能吃苦，敢闯、敢拼不怕麻烦，这是湘乡人身上鲜明的"标签"。湘乡又是典型的江南鱼米之乡，粮食生产连续五年位列全国先进县；湘乡交通发达，湘黔铁路、洛湛铁路、上瑞高速公路、沪昆高速公路、长韶娄高速公路等四通八达。那么问题来了，这么好的地方，老百姓又勤劳肯干，怎么会穷呢？

实际上，湘乡的建档立卡贫困户，要么是没有劳动能力的老弱群体，要么是因病因残致贫的人家，都属于贫中之贫、困中之困，都是要啃的"硬骨头"。我驻村的湘乡市中沙镇和谐村，84户建档立卡贫困户大多情况如此。

和谐村由原紫峰、虎山及道冲三村合并而成,与双峰井字镇接壤,为湘乡市27个省定贫困村之一。全村1 080户,总人口3 900人,村域面积约11平方公里,辖24个村民小组,共有党员89人,建档立卡贫困户84户264人。湘乡市对和谐村脱贫攻坚工作高度重视,市委书记彭瑞林同志亲自联系。所以,自2015年我驻村担任第一书记以来,一边肩负着贫困户的希望,一边肩负着领导的嘱托,一步一个脚印,穷尽所能带领贫困户与贫穷作斗争。天道酬勤,有赖于贫困户的汗水和努力,终于打赢这场战争。

一、产业扶贫

习近平总书记在宁夏考察时明确指出:"发展产业是实现脱贫的根本之策。要因地制宜,把培育产业作为推动脱贫攻坚的根本出路。"总书记的讲话高屋建瓴,也为产业扶贫指明了方向。至于这项工作具体如何落实,我们在实际工作中有了几点认识。

首先,要选准产业。和谐村周围的山丘上长满了楠竹,楠竹又是加工竹器的好原料。湖南有不少工艺伞的加工企业,产品出口到世界各地。用楠竹加工伞骨,有很好的市场前景。所以,培育这个产业符合和谐村实情。

其次,要选准带头人。带头人要认同党的精准扶贫政策,要有市场意识和乡土情怀,有激情有热情更要有博爱之心。我通过反复走访、了解和交心,最终选定了谢纪平。这个身材不高的男人是和谐村当地人,曾经到广东佛山打工,摸爬滚打多年后年收入达到了30万元。有了一定积蓄后,他回到家乡办了一家烤烟加工厂,想带领乡亲们致富。不料没有摸准市场行情,结果赔了个精光。他在老父亲的坟头大哭一场后,又筹集了一些资金,办了荆峰莉竹木加工有限公司,加工筷子和竹席。

这样的人正是我要找的,有过挫折,也积累了经验,更重要的是,他有一颗回报乡亲的心。他很聪明,跟我到外地参观了几趟后,就动手设计了伞骨加工半自动机器。之后,我们建立了"支部(村委)+公司+贫困户"的"零风险"产业扶贫模式,具体来说,就是村委会利用产业扶贫资金为贫困户提供机器,荆峰莉竹木加工有限公司为贫困户免费提供原材料,贫困户在家中加工后由公司回收。这种模式促进了产业的合作化、分工化和规模化,让贫困户真正嵌入产业发展中,成为更大的受益者。

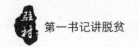

对贫困户来说,这相当于"饭来张口、衣来伸手"的好事,但刚开始的时候,贫困户并不买账,参与的只有 5 户。其中缘由涉及扶贫工作的核心,也就是扶贫先扶志、扶贫先治愚的问题。贫困户大多自尊心比较强,一来怕别人瞧不起,二来内心渴望过上富裕的生活,但又摆脱不了"过一天算一天"的心态,内心其实是很矛盾的。所以,做贫困户思想工作要把握好度,说多了适得其反;说少了,在他们内心激不起波澜。

最后,扶贫先扶志,带头一起干。伞骨产业启动时,我已在和谐村干了 3 年,我东奔西跑筹集了 500 多万元,在村里修路、修渠、建村部、安装路灯;还开展了 30 多场助学活动,筹集 40 多万元解除了 48 名贫困学子的后顾之忧;还通过易地扶贫搬迁和危房改造,让所有危房户的住房有了保障;我每周都要走访一遍贫困户,到哪一家都是这句话,"有什么困难尽管说,我会尽全力帮忙解决"。总之一句话,我和贫困户都成了无话不说的朋友,其中有一些不是亲人胜似亲人。但就是对我这个朋友、亲人介绍的伞骨加工的好事,"不感冒"的人还有很多。有的说"眼睛不好干不了",有的说"加工电费开支大",还有的认为"赚不了多少钱",总之借口五花八门,有些说法让人啼笑皆非。

对此,我们只有少说多干,带着他们一起干,让他们逐步体验劳动和收获的快乐,再慢慢树立自力更生靠双手打造幸福生活的信心。为了改变贫困户的抵触情绪,我每天早上从荆峰莉竹木加工有限公司领取原材料,用人力车拉着逐户去送,之后选择一户示范给他们看,边干活边聊,话就能聊到心里去。说通一家就再选择一家,过了半个月,就有 10 多户自愿加入了。

这项工作有了起色后,我又组织召开了产业扶贫座谈会,让已经加入的贫困户现身说法,去打动观望者。为了再次激发贫困户的热情,和谐村两委决定,从产业扶贫资金中拿出一笔资金奖励贫困户,加工一捆伞骨除了公司支付的 5 毛钱工钱外,村上还奖励 1 毛钱。慢慢地,加入的人一天比一天多,他们的生活也一天比一天好过。

66 岁的邹金鹤是建档立卡贫困户。遭遇几次变故后,家里只剩她和正在读高中的孙女相依为命,窘迫的生活曾让她一度陷入绝望,每天都是唉声叹气,一副愁肠满肚的样子。从事伞骨加工后,她每天清晨到公司领回伞骨半成品,在家里加工后送回去结算,月底再到村上领补贴,最多时一天能赚

100多元,最少也有五六十元。现在的她逢人就笑,话也多了。她跟我说,只要坐在嗡嗡响的机器面前,心里就亮堂很多。

63岁的贫困户黄运阳家,情况更为窘迫。丈夫是个无一技之长的老实农民,大儿子患有先天性小儿麻痹症,成天离不开人,小儿子正在求学。我驻村时,一家人住在漏风漏雨的土坯房里,有种"凄凄惨惨戚戚"的感觉。我先通过教育扶贫解决了其小儿子的高中学费,再找爱心企业赞助,生活费也有了着落。之后,又通过危房改造,在她们旧居的旁边盖了新房。产业扶贫启动后,黄运阳在家里一边加工伞骨一边照顾大儿子,丈夫在苗木花卉基地找了份零工。湘乡市委书记彭瑞林同志还多次到她家慰问走访,一面加油鼓劲,一面解决了不少实际困难,他们家的日子一年一变样。2016年,小儿子如愿考上了大学;2017年,一家人住进了新房子;2018年,摘掉了贫困户"帽子"。"党的扶贫政策这么好,还有各级领导无微不至帮助我们,我们更要勤快做事!"黄运阳说。

这样的例子还有很多很多。目前,全村已有62户贫困户从事伞骨加工,截至2020年6月,已累计赚取工资和奖励近200万元。荆峰莉竹木加工有限公司也从小作坊变成了现代化生产车间,成为湘乡市示范"扶贫车间",被评为湖南省"一户一产业工人"培养工程优秀项目、2020年湖南省第一批示范就业扶贫车间。企业得到发展、贫困户得实惠,农村60多岁的老年人在家里赚钱,在和谐村不算新鲜事。更为重要的是,他们切身感受到了劳动最光荣、劳动最崇高、劳动最伟大和劳动最美丽,也明白了"幸福是奋斗出来的"这个朴素的道理。

二、扶贫故事

和谐村84户建档立卡贫困户,脱贫前,家家有本难念的经,在脱贫路上,户户都有说不完的故事。这些故事中,有各级领导的关怀,有爱心人士的关心,也有他们自己不懈奋斗的汗水,当然也有村干部和我们驻村帮扶干部的努力。

故事一:上户记

驻村第一书记既要管产业扶贫这样的大事,也要管吃喝拉撒的小事,总之,涉及贫困户吃穿住行和柴米油盐的所有事,无论大小,只要贫困户有需

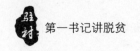

求、有想法,都要管。

贫困户左国谷,1995年农历正月二十八,到镇上邮政所办事时,在路上捡了一个名叫伍宾华的无家可归的有智力障碍的女人,两人在一起过起了日子。由于伍宾华不知道自己的出生年月、出生地以及来历等信息,所以一直没能办理落户手续。没有户口,就无法享受医疗、养老保险等各项村民基本保障,生活的重担全部落在老左身上。

2019年12月11日,和谐村向湘乡市残疾人联合会申请,请医生上门为村里9名残疾人进行残疾鉴定并办理残疾证。办理好残疾证后,每位残疾人每个月能领到140元补助。一两百元的补助对于一个贫困家庭来说,能解决很多问题。此外,还涉及医疗保险和养老保险。但伍宾华没户口,没法办理。我下定决心要帮左国谷办好这件难事。

我开车带着左国谷和伍宾华到中沙镇派出所,做笔录,证明收养关系,并为伍宾华做了血液信息采集,录入全国失踪人员库。之后,由于左国谷要忙着种田和照顾伍宾华,办理上户的烦琐手续都是我代办的。联系报社登寻亲启事,到公安局人口大队办理相关手续,前前后后忙了半年时间,直到2020年5月18日,伍宾华终于顺利上了户。相关的费用,要么被相关单位减免,要么是由我垫付。

故事二:红手印

通过一件件小事,我和贫困户以及当地的村民建立了深厚的感情,正如前面所讲,和大家成了亲戚、亲人。但我家里也有困难,大女儿正在上学,小儿子刚刚学会走路。和谐村距离湘乡城区约60公里,刚开始时,我要么骑摩托车要么坐公交车,一周在村上住5天,只有周末才能陪家人。2017年底,驻村任期满后,我有意回到单位湘乡市统计局。但让我没想到的是,听说我即将调走,村民们自发写了一份请愿书交到湘乡市委组织部,恳请组织把我留在村里再干三年,落款是16个名字和16个红手印。

看到这份请愿书时,我差点掉了眼泪。何德何能,受得起父老乡亲的这份恩遇。我决定留下来,再干三年。后来,湘乡市花鼓戏剧团以这件事为素材,创作了名为《红手印》的舞台剧。有一次我在台下观看,虽然演员们并没有夸张,但我还是觉得脸上发烧,总觉得为贫困户和乡亲们做的事太少了。

2020年春节,贫困户和村民们又写了一份感谢信,有100个人签字并摁上了红手印,他们把这份感谢信当作新年礼物送给了我。我非常感动,这是我今生收到的礼物中最珍贵的一件,我要把它作为传家宝,传给我的子女。从两份摁有红手印的信可以看出,老百姓真是太淳朴太善良了,他们最懂得知恩图报。我们也经常看到有人说,脱贫工作很难做,和贫困户很难打交道,我的体会是,都不难,难就难在有没有把事办在他们的心坎上,难就难在有没有把话说到心里去。

所以,为这样的群众做事,流再多的汗、跑再多的腿、费再多的心思,都是值得的。坦白说,驻村工作很辛苦,照顾不了家人不说,几乎没有正常的作息时间,有时从早上起床一直要忙到深夜,有时半夜被人从床上叫起又要忙到天亮。驻村工作虽然有许多言语无法描述的心酸和苦楚,但更多的是满满的成就感和无数温馨的感动画面。

故事三:车与信

2018年4月26日,一个再平常不过的日子,对于我来说却是惊心动魄。这天上午,我组织开展主题党日活动,吃完中餐后没顾上休息,就和支部书记一起到贫困户黄小军家落实危房改造的事情。刚从黄小军家出来又碰上了另一个贫困户,向他了解近况并做了一番思想工作后,再驱车赶往市扶贫办报送资料。由于连日起早贪黑地工作,过度疲劳,注意力难以集中,汽车在通过一个岔路口时发生了意外,突然右倾直接从近3米高的坡上翻了下去,一路翻滚倒在了水渠边。那一瞬间,可以说死亡离我很近!万幸最终人没事,意识还清楚,我从车上找到手机,打开车窗爬出来,走到公路上联系了村支部书记。

那天晚上下起小雨,我回想驻村几年来的经历,感慨万千。父母年事已高,小儿子还不到一岁,可谓上有老,下有小,还有和谐村的老百姓。万一要是有个闪失,又该如何是好?后来和村民谈及此事,我说:"害怕但不后悔,只要人还在,其他都不是问题。我们党员干部不带头的话,还有谁愿意向前冲锋呢?"

"如果没有党和国家的精准扶贫,我们不会在那个小乡村遇见您,不会得到您的帮助,不会让我们的生活有如此大的改变。所以在此,我要感谢党和国家把您送到了我们身边,同时我也要说声谢谢您!这份感谢和感恩是对叔叔、也是对所有帮助过我们一家的好心人最基本的回应。"这是村上一名贫困大学生写给我的信。人生一世,能读到这样书信,夫复何求呢?

三、个人感受

5年扶贫路是我今生最宝贵的经历。这5年时间,让我更深刻地体会到中国共产党的伟大,体会到国家精准扶贫政策的伟大。有幸在一线参与脱贫攻坚这项伟大事业,让我受益匪浅,我的人生观、价值观、世界观也因为这5年,发生了彻底的改变。"只有把自己的理想和精力融入国家和民族的事业中,才能最终成就一番事业。"这是我这5年里最深的感悟。

正如湘乡市委书记彭瑞林同志所言,扶贫工作是一件良心工程,在这件事上耍小聪明、敷衍塞责就是丧失了做人的良心。对于共产党员而言,不能全心全意尽其所能做好这项工作,就是忘了初心、丧了良心。但要做好这项工作,需要做好三件事。

第一,带着真情帮扶贫困对象。我和贫困户说的最多的一句话是:"我有多大能力,就会帮你们多大的忙。"左天爱是和谐村的一名建档立卡贫困户,全家四口人,他本人患库欣综合征及继发性高血压,一级残疾,妻子外出多年杳无音讯,女儿读高中,儿子读初中,成绩都非常优秀。为了让他的孩子们能顺利完成学业,我为他们争取了助学款每年一万元以上。为了让他们一家能住上新房,除了争取指标,我还发动爱心人士捐资捐物3万余元。为了他们家能有稳定的收入,2019年我联系万里行集团有限公司送去了500只爱心鸡苗,多方联系饲养食材,帮助他们家销售活鸡200多只,增加收入2万多元。以前的左天爱总是愁眉苦脸,现在的他信心满满、干劲十足。

第二,带着感情用心服务村民。驻村第一书记在脱贫攻坚的第一线,直面的是村里的所有人。要把倾听民意、体察民情作为驻村工作的切入点,既要身住更要心住。要及时准确了解群众所思、所盼、所忧、所急,把群众工作做实、做深、做细、做透。办法总比困难多,只要用心用情,就总有办法解决好难题,就能得到村民的理解和支持。

第三,带着热情推动乡村基础设施建设。生产、生活条件的好坏直接关系到群众的切身利益。道路通畅不通畅、饮水安全不安全、出行方便不方便、水利便捷不便捷等,都是群众最关心的问题,任何一项没有改善,都不会得到村民给予的好评。近几年来,和谐村的村容村貌有了很大改变。2017

年,我们拉通了联村公路,村民称为"连心路"。村里安装了一批路灯,解决了村民晚间出行难问题。环境好了,乡村美了,广大村民也充分享受到了脱贫攻坚带来的成果。

此外,第一书记的形象事关派出单位的形象、事关党的形象。工作上高标准,生活上低要求,不搞特殊化,是第一书记的基本处事原则。总的来说,就是要认真学习习近平总书记扶贫开发战略思想,尤其是他在决战决胜脱贫攻坚座谈会上的讲话精神,提高政治站位,做到入脑入心。落实到决战决胜的具体行动上,要有"四心",即有公心、有爱心、有诚心、有耐心。

第一,有公心。严守廉政纪律是不能触碰的红线,管住自己的手和嘴,不义之财莫取,非分之想莫生,真正做到一身正气,自觉维护党员干部的良好形象,带动村组干部转观念、重履职、改作风、提效能,多为村民办实事、解难事、做好事,解决一批群众最关心、最直接、最现实的突出问题。工作中有了矛盾和问题,要敢于动真碰硬,迎难而上,做到公正、公道、公平,一把尺子,一个标准。

第二,有爱心。精准扶贫不仅仅是政治任务,更是积善积德之举。党员干部要带着以人民为中心的情怀去干事,怀有爱民之心,想群众之所想,解群众之所难。

第三,有诚心。怀有真诚之心,真正接地气,把群众当亲人、当朋友,以诚相待,他们才会支持你、拥护你。要从心理上认同和融入群众,当一个善于倾听的人,把自己当作本村一员,和群众多拉拉家常,多交流。

第四,有耐心。要有忍耐之心,群众的思想文化素质参差不齐,在做工作过程中,要耐心讲政策、讲道理,要动之以情、晓之以理,不能简单粗暴。要有针对性地加强对有关扶贫政策的再学习,特别要加大对非贫困户的宣传讲解,多跟非贫困户谈谈心,消除非贫困户对国家政策的误解。

值得欣慰的是,驻村5年来,和谐村的各项工作犹如芝麻开花节节高,不仅贫困户都如期脱贫,其他各项工作也都取得了显著成效。2018年,和谐村党组织荣获湘潭市首批"五星党组织"称号,并在湘乡市村级民众满意度调查中位列第一名;和谐村还被评为2018年、2019年湘乡市社会治安综合治理先进村、2019年度湘乡市农村人居环境整治先进村。2019年,我本人也获得湖南省"最美扶贫人物"的荣誉称号。

这些成绩的取得，得益于党和国家的好政策、得益于各级领导的关心、得益于后盾单位的支持、得益于村支两委的实干、得益于全体村民的理解和配合，更得益于所有贫困户的苦干。

最后，以我在扶贫工作中所感悟到的一句话作结：生命是一种回声，你把善良给了别人，终会从别人那里收获善意。

（2020年6月27日，为复旦大学师生讲座讲稿）

用奋斗与担当打通脱贫攻坚最后一公里

清华大学派驻云南省大理白族自治州南涧县西山村第一书记

沈正波

一、南涧县和西山村基本情况

南涧彝族自治县,位于云南省大理白族自治州最南端,无量山下、澜沧江畔。南涧县是国家扶贫开发重点县、云南省88个贫困县和61个滇西边境山区少数民族集中连片特困地区县之一。全县面积1738.82平方公里,山区面积占99.3%,辖8个乡镇、81个村(社区),总人口22.77万人。2019年4月30日,云南省委省政府发布公告宣布南涧县脱贫摘帽。

西山村是南涧县68个贫困村之一,于2018年底脱贫出列。西山村全村面积23.81平方公里,下辖20个村组,共有911户3288人。自开展脱贫攻坚工作以来,西山村围绕"两不愁三保障",对标对表,扎实开展了贫困对象动态管理、农村危房改造、基础设施建设、产业扶贫、健康扶贫、教育扶贫、金融扶贫等相关工作。目前西山村在册的建档立卡贫困户120户472人已全部脱贫。

二、脱贫攻坚给西山村带来的变化

2017年,我初到西山时,西山村山区村组的道路还是泥土路,路面坑坑洼洼,遇到下雨天,道路泥泞,遇到大风天,尘土飞扬,出行很不方便。还有一部分群众的住房安全还存在一些问题,很多村组开群众会没有固定场所,需要到处打游击。不管是群众个人还是村集体经济收入都比较单一,不管是村委会还是驻村扶贫工作队遇到考核还会紧张担心……

然而这一切都在悄悄发生着变化。2018年底,一条崭新的硬化水泥路将山区村组与国道连为一体,到20个村组的道路硬化实现全覆盖,这样不管是雨天还是晴天,群众都可以干干净净出行。通过实施危房改造、棚户区改造、住房质量提升等政策,现在群众全部住上了安全可靠的住房,同时厨房、厕所、庭院也同步得到了提升。目前,西山村已经建有7个活动场所,实现人口200人以上或党员10人以上村组的全覆盖,不管是党支部"三会一课"还是村民小组群众议事都有了固定场所,群众在农忙之余还可以进行各种休闲娱乐活动。为了改善群众的医疗条件,1座崭新的标准化村级卫生室拔地而起。西山村水果、农家乐等特色产业不断发展,村民和村集体经济不断壮大。西山村的大米、核桃、冬桃、葡萄等销往全国各地。2019年2月初,在云南省第三方考核评估过程中,西山村做到了零漏评、零错退,退出质量得到高度肯定。

现在的西山村,村村道路硬化、家家住房保障、人人自信从容,村子一天一个样,群众满满的幸福感。西山村的变化还有很多,这些变化都是实实在在的脱贫攻坚举措带来的。

三、西山村脱贫攻坚特色工作

(一)党建扶贫双推进

强化基层党建是打赢脱贫攻坚战的关键。在脱贫攻坚中,西山村坚持党建引领,努力做到强理念、树意识、建阵地、筑堡垒、活思路、勇实践。

强理念、树意识。要求每个支部就是一个阵地,每名党员就是一面旗帜,逐渐树立"小康不小康,关键看老乡;老乡富不富,关键在支部;支部强不强,全靠车头带"的工作理念。党建工作必须抓小抓细,具体工作中,我们坚持从小事抓起、从日常抓起。比如,抓"开会"。在基层,会议存在召开不准时、主题不明确、程序不规范等问题。针对这些问题,我们开村两委会,规范大家如何确定会议主题、如何讨论发言、如何记录等;开组织生活会,规范会议流程、做好会前准备,引导大家充分认识批评和自我批评的意义等。2019年的组织生活会,不管是党总支还是各个支部,会议开得井然有序而且干货满满,大家不仅主动剖析问题,还一起谋划思路,甚至还能说出"没有认真的批评就没有真正的团结"这样富有哲理的话。2019年,西山村组织"纪念中国共产党成立98周年"活动,无论是会务组织、会议内容还是会议细节,都得到了大家的认可。会议结束后大家还自发地在微信群和朋友圈为活动点赞留言,从而实现了从不会开、会难开到会开会还能开好会的转变。

建阵地,筑堡垒。一是建强思想阵地。开办"西山讲堂",开展"四育四强"系列讲座,即党员教育强党性、业务教育强能力、感恩教育强基础、励志教育强未来,平均每月1次。二是发挥示范引领。对基础条件比较好的二支部、五支部先行先试,重点打造示范引领其他支部。同时挖掘先进个人,大尖山党员张智,在住房改造过程中,积极宣讲政策开展群众工作,他说,"拆了旧房换新房,党的恩情忘不了"。为了带动群众发展产业,母子垦刘家社党员刘介春率先带头试种冬桃,打消了群众顾虑,现在刘家社的冬桃产业已初具规模,在他的牵头下成立了专业合作社带领大家一起致富。

活思路,勇实践。一是活化党建载体,用群众喜闻乐见的方式开展思想教育。在西山村委会关键路段布置党建文化的墙体彩绘,潜移默化地强化教育效果。编写脱贫攻坚政策打油诗、村规民约三字经等,让党的政策更加便于老百姓理解,田间地头成为我们最好的工作场所。二是积极探索"党建+"模式。我们立足第二党支部区位、文化优势,将南涧跳菜、餐饮、旅游和基层党建相结合,走出了"党支部+民族文化+产业扶贫"的路子,带动群众脱贫致富。党总支立足西山水果优势,走出了"党支部+龙头企业+合作社"模式,带动村集体经济发展。三是积极探索企业结对共建,我们协调清华控股公司党委与西山村党总支签约结对,重点从基础设施建设、村集体经济发展、干部培养、基础教育等方面支持西山村全面发展,2018年帮扶资金投入21.4万元。

西山村的党建工作得到了各级领导的高度肯定,2017年和2018年,西山村党总支连续两年被考核为优秀。

(二)"智志双扶"谋未来

习近平总书记强调,扶贫先扶志,扶贫必扶智。尤其脱贫攻坚到了决胜阶段,如何激发群众的内生动力显得尤为重要。西山村在"智志双扶"工作中进行了一系列探索尝试。

协调各方资源,筑牢扶智基础。我们以西山小学为工作抓手,协调各方资源参与西山教育帮扶。一方面,争取资源项目支持西山小学硬件建设,改善办学条件。2017年来,共争取爱心人士和企事业单位为西山小学爱心捐款45.98万元,募集图书900余册、电脑79台,以及智能书法台、音响设备、学习生活用品、体育器材、校园字画等物资;协调爱心企业捐赠口腔护理套装,建立了草珊瑚口腔健康护理流动站,定期开展专题讲座和口腔检查;协调资金改建了西山小学运动场,建成了兼具人工草皮足球场、塑胶跑道、悬浮地板篮球场于一体的现代化运动场。另一方面,加强学校软件建设,提升办学质量。与西山小学一起制定了"西山学子成长计划",帮助策划"开学第一课""六一晚会""歌咏比赛"等活动,联系清华附小与西山小学建立交流关系,联系清澜山学校、西南联大研究院附属学校赴西山小学开展研学支教,聘请社会爱心人士担任西山小学"校外辅导员"等。为鼓励学子自强上进,联系社会爱心人士,设立"西山明钦奖学金"和"进德修业奖学金"。

走出去引进来,强化扶志成效。南涧交通相对闭塞,思想观念相对保守,对外面的世界了解更是不多,对未来缺乏规划和目标。让西山学子走出大山看看外面的世界,成为我到西山后给自己定的一个小目标。2018年5月,我们发起了第一届"放飞梦想,逐梦前行——西山学子北京行"活动。在社会爱心人士和一些企事业单位的大力支持下,西山小学的15名同学和2名教师,第一次走出大山来到北京。他们走进清华大学、清华附中、清华附小进行体验学习,来到国家博物馆、天安门广场陶冶爱国情操,走进故宫、"鸟巢""水立方"感受首都魅力,走进自然博物馆、中国科学技术馆探索新知。这次的北京行产生了很大的化学反应。回到西山,学生们把自己的收获和体会分享给同学,在学校掀起了"我和未来有个约定"系列活动的热潮;回到家里,他们把自己的幸福与感动讲述给父母,既激发了父母奋进又密切了家庭与村委会的关系,实现了"小手牵大手"。2019年5月,第二届"放飞梦想,逐梦前行——西山学子北京行"如期而至,又有15名西山学子和2名教师走出大山来到北京。如今,这30名同学已经成为西山小学的学习标兵,起到了很好的以点带面的效果。我相信,随着时间的流逝,这颗梦想的种子将会在西山学子心中发芽,直至长成参天大树。

为了培养基层"领头雁"人才,开拓西山村组干部工作视野,提升西山村致富带头人带富能力,在清华控股公司党委支持下,2019年5月,西山村组干部、致富带头人代表走进北京延庆区、门头沟区和怀柔区的5个乡镇行政村进行实地学习,重点学习基层党的建设、班子团队建设、村集体经济发展、村容村貌规划、农民专业合作社运营、脱贫攻坚和乡村振兴等方面的成功经验。实地调研学习不仅让村组干部和致富带头人找到了差距、学习了经验、掌握了方法,还鼓舞了斗志、燃起了希望。

在带领西山学子、西山村组干部走出去的同时,我们也积极将资源引入南涧。"相约南涧,启航未来——南涧成长体验营"在西山村举行,来自北京、昆明的家庭来到南涧,与西山学子一起交流。6组家庭与西山6个建档立卡家庭结对,从生活、学习等方面开展结对帮扶。

(三)产业扶持促发展

产业兴旺既是实现群众可持续增收的有效途径,也是乡村振兴的根本要求。我们立足西山自身优势,不断总结完善,逐步形成了"一体两翼"产业布局。在巩固传统烤烟种植,生猪、肉牛养殖业的同时,大力发展文旅产业和水果产业。我们利用城郊村组的交通、文化优势,在城郊村组发展各具特色的农家乐、旅游等。结合西山村立体气候特征,发展立体特色水果。在城郊的平坝区发展葡萄、小枣种植,开展网上种田和游园采摘,在山区村组发展香橼,在高海拔村组发展冬桃和红雪梨。其中被称吃出"爱情味道"的葡萄品种阳光玫瑰自2019年夏天上市以来,就得到了消费者的高度认可,西山村也成了当地有名的"水果村"。目前西山村的葡萄、冬桃、雪梨等水果已远销全国各地。

壮大村集体经济是凝聚党心民心、巩固执政基础的重要保障,经过这轮脱贫攻坚,西山探索出了"一股一转一社"的村集体经济发展模式。通过股份收益、土地流转、成立合作社等举措推动了村集体经济向多元化发展,增强了村集体经济"造血"功能,也破解了村集体经济空壳难题,2018年,村集体经济收益翻一番。学习强国、《云南日报》、云南网等媒体和平台纷纷对西山村集体经济发展模式进行报道。

同时,我们还积极扶持种植养殖大户、致富带头人成立专业合作社,并与建档立卡户建立利益联结机制,带动了群众脱贫致富。目前已成立专业合作社4个,起到了很好地辐射带动作用。

西山村的工作只是南涧县脱贫攻坚的小缩影,西山村的变化也只是全国所有贫困村变化的冰山一角。党的十八以来,以习近平总书记为核心的党中央,把脱贫攻坚工作纳入"五位一体"总体布局和"四个全面"战略布局,把贫困人口脱贫作为全面建成小康社会的底线任务和标志性指标,在全国范围全面打响脱贫攻坚战。经过7年多的不懈努力,脱贫攻坚取得了决定性成就。全国贫困人口从2012年底的9899万人减到2019年底的551万人,贫困发生率由10.2%降至0.6%,连续7年每年减贫1000万人以上。全国贫困村也从12.87万个减少到2707个,贫困县从832个减少到52个,2020年将实现全部脱贫,区域性整体贫困基本得到解决。

脱贫攻坚让贫困群众"两不愁"质量水平明显提升,"三保障"突出问题总体解决,贫困地区基本生产生活条件明显改善、经济社会发展明显加快、贫困治理能力明显提升,脱贫成效也得到了国际社会的普遍认可。脱贫攻坚力度之大、规模之广、影响之深,前所未有。

四、脱贫攻坚为什么会取得如此巨大成就

这些成就的取得,首先得益于我们坚持党对脱贫攻坚的全面领导。习近平总书记始终把脱贫攻坚摆在治国理政的重要位置,亲自研究、亲自部署、亲自督战。围绕脱贫攻坚,习近平总书记作出了一系列新决策、新部署,提出了一系列新思想、新观点,成为新时代打赢脱贫攻坚战的根本遵循和行动指南。

习近平总书记说:"坚持党的领导,发挥社会主义制度可以集中力量办大事的优势,这是我们的最大政治优势。"我国的国家制度和国家治理体系有利于坚持全国一盘棋,调动各方面积极性,优化资源配置,集中力量干好扶贫这件大事。比如整合资金,为了打赢脱贫攻坚战,中央财政支持力度不断加强,不断加大财政专项扶贫资金的投入,2015—2019年,中央财政补助地方资金规模达到4304.75亿元,连续4年保持每年200亿元增量。2016—2018年,全国832个县实际整合资金规模超过9000亿元。正是基于这样大量资金的支持投入,贫困地区基本生产生活条件明显改善。再比如整合资源,广泛动员全社会力量参与脱贫攻坚,不断完善大扶贫格局。为了打好脱贫攻坚战,国家不断深化东西部扶贫协作和中央单位定点扶贫。以云南省大理州永平县与复旦大学定点帮扶关系为例,8年来,复旦大学立足永平需求和复旦优势,在教育扶贫、健康帮扶、产业帮扶、决策咨询、干部培训、消费扶贫等方面全力支持永平,帮扶工作取得了显著成效。同样基于定点扶贫,清华大学亦与南涧县结下了不解之缘。

脱贫攻坚之所以能取得这么大成就，其次是因为我们始终坚持以人民为中心的发展思想，始终牢记为中国人民谋幸福、为中华民族谋复兴的初心和使命。在脱贫攻坚一线，我从基层党员们扎实的工作、务实的作风中看到了基层共产党人守初心、担使命的生动体现。

在推进农村危房改造工作过程中，为了能帮助群众节省支出，具有建筑工作经验的西山村党总支书记赵维标同志便亲自帮助农户设计房屋结构、亲自下地画线，他还跑遍了当地大大小小的建材厂，摸清了市面上的建材价格，凭着自己之前的工作经验，在工时费、建材费上争取到了更优惠的价格。他是一个闲不住的人，最爱做的事情就是下村入户，不管多累，他每次下村回来，都会把下村遇到的问题记录下来，20个村组911户3288人的情况在他心里一清二楚。

西山村党总支副书记李剑芬，在村委会已经工作10年多了，虽然是位女同志，但干起活来一点也不逊于男同志。有一次建档立卡贫困户郑丕玉要到县城办理证件业务，由于郑丕玉腿脚不方便，李剑芬便用摩托车带着他去办理业务，办完之后又把他送回家里，来回要四十多公里。李剑芬是个热心肠的人，群众到村委会办理业务，不管她手头多忙，不管事情多小，哪怕是复印身份证，她也总是不厌其烦、悉心帮助。西山村民都说她是西山的"老黄牛"。

西山村村委会大学生村干部袁晶晶是一位"90后"年轻妈妈。2018年正值南涧县冲刺脱贫的关键时期，加班加点是常有的事，当时她的孩子刚出生不到一岁，情况特殊不能住在村里，只能来回跑，有天晚上我们加班到11点多了，袁晶晶的丈夫给她打电话说孩子好像生病了一直哭闹，我们就劝她赶紧回家看看，没想到她骑着摩托回到家里把孩子哄睡后又连夜赶回了村里。

他们只是基层干部的小缩影。基层的工作并不会一帆风顺，遇到群众不理解、不支持是常有的事，有时还会听到各种谩骂、侮辱甚至发生冲突。我们的工作队员也曾被骂哭过，面对委屈、误解，选择放弃是最容易的，但他们并没有，仍然咬定脱贫不放松，迎难而上，一次次入户、一次次协调，用"绣花"的功夫把国家脱贫攻坚的各项政策落实、落地！因为，在他们心中，群众利益无小事！

习近平总书记说,"脚下沾有多少泥土,心中就沉淀多少真情"。基层干部的真心付出也得到了老百姓的真情回馈。建档立卡贫困户潘永华,一直没有安全住房,借宿在亲戚家,在国家危房改造政策扶持下修建了新房后,他来到村委会激动地说:"我没想到党的政策这么好,让我住上了大房子,我终于有了家的感觉。"70多岁的建档立卡贫困户李增英奶奶在大街上拉着我们工作队员的手激动地说:"谢谢国家,谢谢你们,你们辛苦啦!"村委会附近的群众,也时不时把自己家的瓜果蔬菜送到村委会让我们品尝。干群关系在脱贫攻坚中也得到了进一步升华。

五、参与脱贫攻坚的收获与感悟

对于我个人来说,能够参与脱贫攻坚、能够参与驻村扶贫也必将会成为我终生难忘的事情。两年的驻村扶贫经历,让我更加深入、更加全面地了解我国的国情。脱贫攻坚以来,我们贫困地区已经发生了翻天覆地的变化,但仍然还存在很多短板,即使脱贫攻坚完成了,深度贫困地区也不可能瞬间达到发达地区的发展水平,我们还要与乡村振兴有序衔接,我们还要继续投入更多优势资源和力量。

在与基层干部群众的接触过程中,也让我看到了基层党员的党性修养。在新村党员活动场所征地过程中,有个别群众一直争执不休,在关键时刻,84岁的老党员李彦挺身而出,讲述了脱贫攻坚以来新村的变化和党的惠民政策,并表示带头捐赠10张桌子、10张椅子,在他的感召下,征地纠纷顺利化解了。他们可能没有多高的学历,也不善言辞,但他们用自己的实际行动诠释着党员的责任与担当。

在基层,我认识了一批优秀的同志,他们因参与脱贫攻坚进一步坚定了自己的信仰,在脱贫攻坚一线递交了入党申请书。西山村驻村扶贫工作队员茶恩俊就是其中一员。他原先是南涧县交通局的一名职工,从2015年开始就到西山村驻村扶贫,我刚到西山的时候,还以为他就是一名地地道道的西山人,对于西山村建档立卡贫困户的情况一口清,谁家是什么原因致贫、有哪些帮扶措施,谁家有老人生病,谁家孩子在哪读书、在哪打工等等,他都了如指掌,我当时戏称他为驻村工作队的"活字典"。2017年底,他本可以选择回到原单位参与相对轻松的工作,但他还是选择继续留下。2018年3月,有一天他突然跟我说:"沈书记,我想申请加入中国共产党。"听他这一句话,我先是一愣,然后说:"这是好事啊,为什么突然想入党了?"他说:"参与脱贫攻坚3年多,我看到脱贫攻坚给老百姓带来的实实在在变化。在实际工作中,共产党员很不容易,但我觉得他们做的工作很有意义,他们很伟大,我也想成为那样的人。"他这一番话让我激动不已,立马指导他撰写并递交了入党申请书。

刚到南涧时,有人经常问我,我们到基层的价值在哪里?对这个问题,我也曾困惑过,是带来多少资金?还是争取了多少项目?两年后,我对"价值"有了不一样的理解和认识。而这一变化与两个故事密切相关。

第一个故事是西山学子北京行的故事。2018年5月,我们克服重重困难和压力,发起了第一届"西山学子北京行"活动,当西山小学的孩子在清华附中学生节舞台上自信舞蹈、与清华附小的同学一起声情并茂地朗诵时,他们的表现惊艳了几位随行老师,也让我们看到,贫困山区的孩子缺的只是平台,能力一点都不比别人弱。回到学校后,孩子和老师都发生了巨大变化,孩子在思考未来和梦想,教师在思考教育的价值和意义。一位学生的爷爷到村委会对我们说,她家小孙女说清华太漂亮了,将来她也要上清华。在2019年第二届"西山学子北京行"的总结分享会上,四年级的秦红香说:"我的这次北京行是在很多好心人的帮助下实现的,将来我也要成为他们那样的人,去帮助更多的人。"

第二个故事是致富带头人的故事。为了助推西山产业发展,2018年10月,我们组织成立了南涧县水木农业开发专业合作社。在寻找合作社负责人时,我们遇到了难题。后来我们找到了现在的负责人"85后"的刘合凤,刚开始参与合作社时,她不懂网店、不会宣传,但现在不管是宣传推介还是网络营销,都已不在话下。2019年我离开西山的时候,她哭着对我说:"之前,我只想把自己家过好,从没想过别人。但自从负责了合作社,看到这么多跟西山没多少关系的人都在努力付出,接下来无论多难我都要坚持下去,一定要带着西山的人民一起致富!"

不管是代表西山未来的孩子,还是代表西山力量的致富带头人,他们都走出了自己的舒适圈,开始思考未来、追逐梦想。或许今天我们所做的只是帮他们在心中种下了一颗梦想的种子,但我相信,只要他们都能铭记这份初心和力量,随着时间的流逝,梦想的种子肯定会生根发芽直至长成参天大树。我想,这就是价值的体现。我们的价值不仅是让这片土地发生变化,更应是通过我们的努力让生活在这片土地上的人愿意为这片土地的美好而努力奋斗!

今年是全面建成小康社会目标实现之年,也是脱贫攻坚战的收官之年。我们个人的力量虽然渺小,但只要坚持就一定会发生改变。我们个人的力量虽然微弱,但只要大家拧成一股绳就一定可以创造奇迹!作为新时代的青年,我们应该牢记习近平总书记重要寄语,坚定理想信念,站稳人民立场,练就过硬本领,投身强国伟业,始终保持艰苦奋斗的前进姿态,同亿万人民一道,在实现中华民族伟大复兴中国梦的新长征路上奋勇搏击。

(2020年5月12日,为复旦大学、清华大学、云南大学师生讲座讲稿)

设计是一种方法

工业和信息化部派驻四川省南充市嘉陵区谢家庙村第一书记
陆瑞阳

作为第一书记,我们就是一粒种子,党把我们派到全国各地,就是希望我们用智慧、青春、付出,来改变一方水土,造福一方百姓。而我所在的谢家庙村又叫侍郎故里,这里曾经出过一个明朝的兵部尚书,他是从侍郎入仕,村名也因此而来。谢家庙村的贫困户接近了100户,脱贫压力相对较大。

一、发展产业

谢家庙村同多数乡村一样,山清水秀,但是它的发展还在一个比较初始的阶段。对于尽管风景优美却遍地是荒的谢家庙村来说,脱贫最重要的就是发展产业,而第一书记要做的就是把一个村庄现有的资源统筹,进行一些转化。我初步的规划是以兰渝铁路为中间线,把村庄分成两半,左边我们布局了花椒、羊肚菌、蔬菜,右边做果蔬和农旅。

我们布局一个生态圈。从花椒、银杏到百香果,低洼的地方轮种羊肚菌、辣椒、空心菜,发动老百姓搞庭院经济。成立混合所有制村集体经济公司,尽可能把撂荒地利用起来。党群活动中心采用汉瓦薄膜发电,每年为村集体增收1万元。

带活一条产业链。以羊肚菌种植为牵引,探索初加工,利用嘉陵区这个"世界长寿之乡"品牌搞大健康农产品。目前在探索柏树的综合利用,目标就是要实现绿水青山到金山银山的转化。

打造一支务工队。村里这几年发展产业搞建设创造了一批就业岗位。老百姓不用出远门就能在家门口赚钱,70多岁的贫困户阿姨在羊肚菌基地一个月能挣2 000元。村上的小蒋,能吃苦,是党员、当过兵,就把他培养成致富带头人。依托群众的"工程队""生产队"也都建立起来。解决好激励机

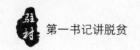

制,人尽其用,能保证他们获得比原来更多的收入,就能留住人。

2018年底我们开始尝试种植羊肚菌。四川这边基本上都是丘陵,很少有成片的平地,所以我们就利用路边的这种丘陵地来种羊肚菌。羊肚菌有三高,高投入、高风险、高回报。一亩地的投入在6000元到7000元左右,它的回报可能在一万元甚至更多,相对来说,它是一个短平快的扶贫项目,也有不少地方在采用,就我们连续两年的种植情况来看,收效可观。羊肚菌长得像羊肚,所以得名,富含人体所需的18种氨基酸中的多数,所以价值高,市场价格在一斤80元到120元左右。羊肚菌种植在冬天,要在18度以下才能生长。夏天我们就种一些蔬菜或水果,比如去年就种了百香果。

接下来就是产品的销售,我们如何把贫困村的东西卖出去呢?我们运用各种方法,包括发朋友圈、找单位、联系餐饮企业、做公众号带电商、与顺丰生鲜合作等等,做了很多尝试,也有一些突破。我们的羊肚菌除了当鲜菇干菇卖,还与食品企业合作开发羊肚菌酱和汤料,这样,就拉长了产业链。农副产品的销售要有平台、需要包装,我们就把老百姓家的红薯做成红薯粉进行销售,为了销售花椒和辣椒我们称为"绝代双椒",以吸引顾客的目光,我们把蜂蜜做成袋装的,打出广告语:"养生从每天一袋蜜开始!"打破了传统瓶装蜂蜜的思维,通过包装形式的创新,拓宽农副产品的销售渠道。2019年,我们的销售额高达100多万,其背后正是许许多多的村干部、合作社、乡亲们日夜付出的结果。客户收到是一箱一箱的产品,但它却包含着从种植到收获到销售的辛苦过程。2020年,因为疫情,很多农副产品没有实现预期的销售,我们除了通过网络渠道帮助销售柠檬之外,把业主的柠檬放到冷库,天气好的时候,把这些柠檬发给老百姓,让他们来切片晒干,每晒一斤干柠檬给他们几十块钱的工资,有效避免由于疫情而可能导致的返贫。村民都有一双勤劳的手,但是怎么把他们组织起来,是我们一直在思考且一直在解决的问题。

二、村容村貌

原来谢家庙的村委会都是站在室外来开会。2018年,我们重新设计并建造了新的活动室,兼顾了功能的多样性,如政治学习、便民服务、文体娱乐、展览展示、综治调解等。我们的目标是让老百姓愿意来,这样我们的很多工作就容易开展。在活动室的后面,有一个二十四节气的文化墙来展现生态文明。另外,在基础设施方面,我们利用村集体经济发展的成果铺设了太阳能的路灯。

三、乡风文明

我们设计了"中国农民丰收节"活动,利用举办活动来引导农民积极向上,养成良好习惯。第一年丰收节取义是五谷丰登,第二年是风调雨顺。此外,我们利用侍郎故里来打造特色小镇,还用身边典型来教育引导群众,比如"五一"劳动节向每一个劳动者致敬,在"七一"召开表彰大会,过年时进行团拜,增强普通农民的荣誉感。在文体娱乐方面,得益于工信部的捐建,我们镇上有了一个户外大屏,它除了可以让群众观看时政直播和重大新闻发布之外,还能利用周末或晚间播放一些电影等节目,丰富他们的文化生活。

四、思路设计

老百姓对村里的发展有许多思考和想法,我们很多时候会采用坝坝会的形式来听取群众的意见,这样既能跟他们交流,也能宣传党的政策,当然也能处理一些矛盾问题。

村里搞产业的根本目的是为了发展。那么,发展所这些产业所获得的收益,我们采用的是三三制分配:1/3 解决贫困户"两不愁三保障"的突出问题,包括还够不到贫困户标准的临界家庭,我们也要关注到他们生活的改善;1/3 用于产业拓展、持续发展;1/3 作为公益基金解决民生和福利,包括修路、扩路、水利、美化村居、太阳能路灯,包括给所有的 70 岁以上的老人每年送生日蛋糕等。希望利用点滴小事体现我们的扶贫思路,能够让大家稳定脱贫。

我们想通过多种方式让更多的人加入到对村庄、对自己家乡的改造。乡村振兴的下一步,希望有更多的城里人能够对农村生活有所向往。当然,原则是让农村更像农村,而非把农村建设成与城市一样,那样可能就恰恰失去了它的魅力。我们想把农村、把美丽乡村的建设与我们的产业、与我们的城市的互动相结合,让城里人在吃到新鲜的原生态食品的同时,也希望他们能在工作之余到农村来享受天然环境的魅力,感受家乡的烟火气。

用设计的思路来进行扶贫,是我多年工作的一种总结,也可能是一种工作方法。"设计"是一种可以整合提炼、举一反三的思路,比如说柠檬可以切干,枇杷可以做干,那么,很多天然植物是否可以烘干,是否可以做成芳香产业,这都是思路的转变为我们创造的经济价值。

最后我想说,第一书记的生活非常"接地气"。很多时候,我们的衣服会"碰脏",一不小心就"收获"了黏在身上的各种草籽。到老百姓家入户,热情的村民往往会留我们吃饭,以为是简单的一碗面条,可看到下面埋着的两个荷包蛋时,心里涌上的是极大的温暖和感动,这恰恰是我们驻村工作得到群众认可的一个体现。这些都让我由衷地感到满足。

(2020年5月31日,为复旦大学、东南大学师生讲座讲稿)

沉下身子　真抓实干

——携手连心谱写新时代脱贫之歌

中国地震局派驻甘肃省临夏州永靖县三联村第一书记

陈家乐

我是中国地震局派驻甘肃省临夏州永靖县徐顶乡三联村第一书记陈家乐。我们在脱贫攻坚领域取得的成就,是在中国共产党的坚强领导下,广大干部、群众扎扎实实干出来的。两年扶贫经历对我个人成长具有重要意义。

一、永靖县脱贫攻坚和中国地震局定点帮扶情况

永靖县位于甘肃省临夏回族自治州,地处青藏高原与黄土高原的过渡地带,自然灾害频发,生态地质环境脆弱,是国家重点扶持的"三区三州"深度贫困县之一,也是中国地震局的定点扶贫县、甘肃省地质灾害防治重点县。自1992年起至今,中国地震局和永靖县已经结下了28年的扶贫情谊。

永靖县共辖17个乡镇134个村(居),总人口21.01万人,其中农业人口16.39万人,占总人口的78.01%。全县地域条件差别大,东西山区包括我驻村帮扶所在的徐顶乡,自然条件非常严酷,山大沟深,十年九旱,群众生活非常困难。基础设施欠账很大,扶贫初期经济发展条件很薄弱,需要大力进行扶贫开发。

自2013年实施精准脱贫以来,在中国地震局定点扶贫、厦门市翔安区东西协作的助力下,在100多个国家省州帮扶单位、300多名驻村工作队员、4 800多名结对帮扶干部的帮扶下,永靖县始终把脱贫攻坚作为全县的首要政治任务和头等大事,紧紧围绕"两不愁三保障"脱贫标准,坚持精准扶贫实打实,下足精细精确精微"绣花"功夫,尽锐出战,攻坚拔寨,全县贫困人口由2013年底的4.4万人减少到2019年底的398人,贫困发生率由2013年底的27.26%下降到2019年底的0.25%,脱贫攻坚取得决定性胜利,先后接受

了中央脱贫攻坚专项巡视"回头看"、国家脱贫攻坚成效考核、东西部扶贫协作考核和省第三方评估,顺利实现了整县脱贫摘帽目标。2019年,全省脱贫攻坚成效考核和全省东西部扶贫协作成效评价中,永靖县均位列综合评价"好"的等次。我所驻的三联村接受过从中央到省州的各级检查,我有幸亲身经历了脱贫攻坚最吃劲、最关键的节点,算是脱贫攻坚的亲历者、见证者、急先锋。

二、扶贫的初衷及扶贫遇到的困难

我之前在国务院国有资产监督管理委员会从事地质调查工作,在"三区三州"的四川凉山州、南疆四地州、西藏自治区野外工作过,见到当地老乡还生活在温饱线上,吃饭、喝水、住房、教育、医疗、交通出行等方面还存在很多困难,当时心里很不是滋味。"三区三州"部分山区的贫困家庭是扶贫中难啃的"硬骨头",普遍存在人口多、劳力少、有残疾、有大病等问题,离开了国家的兜底保障,生活将非常困难,返贫风险依然存在。

精准脱贫是十九大报告中提出的三大攻坚战之一,是习近平总书记最关心的工作,也是在和平时期唯一从中央到地方层层签订"军令状"的一场"战役",能够亲身经历全面建成小康社会,亲身参与到第一个100年奋斗目标的实现过程,投身脱贫攻坚伟大实践,是一件非常有意义的事情。2018年8月,当看到中国地震局在向属于"三区三州"的甘肃省临夏州永靖县选派驻村第一书记时,我便主动报了名,来到三联村当了一名第一书记。

虽然对面临的困难做足了思想准备,但当我满怀热情来到村里时,还是遇到了一些未曾考虑到的困难。

第一个遇到的是"方言关"。刚来的时候,老乡们都用方言交流,我在与他们交流时只能结合语境使劲猜。为了尽快融入村民,我跟着村里普通话比较好的村主任走村入户,请他做"翻译",遇到一些难懂的方言记下来,也随时向村干部请教,有空闲时,也到老乡们常聚的地方和他们"喧谎"。两个月下来,听得多了、说得多了,不仅闯过了"方言关",还跟着学会了几句土话,交流起来更加亲切,与老乡们的距离一下拉近了。

第二个遇到的是"生活关"。从北京到西部,从繁华的城市到贫瘠的农村,交通出行、吃饭取暖这些在城里很方便解决的问题一下子变得困难起来。三联村地处西北地区,山大沟深,村里面的海拔高差有300多米,干旱缺水,村里也没有洗澡的地方,办公桌一天不擦就能在上面写字,冬天气温常在零下10度,最冷的时候,村里的最高温是北京的最低温。自来水管大白天也要放进地窖里,不然冻住了就无法使用。为了尽快解决这些问题,我买了电动车,平时走村入户骑车就方便多了,我给村委会的办公室装上了电暖器,冬天开会、值班也没那么冷了。在各级部门的关心下,基本的生活问题及时得到了解决。

第三个遇到的是"思想关"。当地有些老乡还居住在交通不便的山腰山顶,下山进城费时费力,与外界接触沟通比较少,对扶贫政策也有些不理解。脱贫验收的一项重要指标是村容村貌干净整洁,有些村民私搭乱建的临时性房屋不保暖、不防火,住在里面有很大的安全隐患,按规定是要拆除的。老乡们一开始不理解不配合,认为房屋是自家的财产,为什么因为扶贫还要拆除?为了能让老乡理解我们扶贫的政策,乡村队几级干部需要反复上门宣讲政策,耐心认真解释其中的道理,同时不断宣传我们开展扶贫工作的目的是让大家吃饱、穿暖、住好。有些时候遇到群众不配合工作,我们就带着菜坐在老乡家里和他们拉家常套近乎,认真听他们的心里话,把他们对扶贫政策的不理解一一解释清楚。经过我们的耐心解释,老百姓的情绪渐渐理顺了,对我们工作的初衷增加了理解,对村里工作的支持度也得到了提高。

三、脱贫攻坚都做了哪些事情

脱贫攻坚要着重解决贫困群众的"一达标、两不愁、三保障",即收入达标,不愁吃、不愁穿、义务教育、基本医疗、住房安全有保障。我们总结了入户时了解贫困户家庭情况简单直接的方法:看房子、数票子、问孩子、查发票、拧龙头。经过这几年的努力,各项惠农政策都实实在在地落到了农民的身上,群众生产生活发生了显著变化。

为了让山区群众喝上安全干净的自来水,国家投入大量资金,实施山区人饮工程,干部们一户一户的摸底动员,将自来水管拉进了每一户老百姓的家里。即使有住在山顶的农户,自来水无法引入,以前他们只能靠水窖存放天然的雨水来作为饮用水,现在政府也给这些老乡家里安装上了净水设备,保障他们的饮水安全。

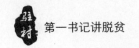

　　为了让农村的孩子们学知识、受教育，阻断代际贫困，习近平总书记提出了扶贫先扶智，政府也出台了一系列扶助优惠政策，老师和干部们一次次的家访，在扎实推进"控辍保学"工作的同时，进一步宣传了"两免一补""寄宿生生活补助"以及"营养餐""雨露计划"等教育民生工程和惠民政策，确保每一位适龄儿童能够接受教育，帮助愿意学习的孩子接受更全面的教育，使他们对未来充满希望。

　　为了让山区群众住进安全结实的新房，国家给每户房屋老旧的贫困户落实了危旧房改造政策，有些不具备就地改造的还投入更大力气实施了易地搬迁的政策，村里的住房困难户这几年都陆陆续续住进了新房，告别了以前的土墙旧房，不仅安全得到了保障，住进新房的老乡们屋里收拾得也更干净整齐了，老乡们的精神面貌有了很大的改善。

　　为了避免出现因病返贫、因病致贫，国家将强化农村建档立卡贫困人口医疗保障作为打赢脱贫攻坚战的重要措施，2019年6月，我们村的建档立卡贫困户王某某在帮扶责任人的帮助联系下，到省人民医院住院治疗了半个多月，住院总费用有2万多元，而他实际只需要支付1000多元。拿到结算单，王某某大大地松了一口气，但让他觉得轻松的还不止这些，他说："从住院到出院，一次性就办完了，根本不需要多跑，住院前也不用交钱，等出院报销后再交就行，太省心了。"而王某某只是村里受益的众多贫困人口中的其中一员。目前，全县已实现农村建档立卡贫困户基本医保和大病保险全覆盖，一般户的覆盖率也达到了95%以上。

　　今年全县脱贫摘帽之后要继续保持稳定脱贫，最主要还得依靠发展产业来稳定地增加收入。到户项目是精准脱贫的重要抓手，永靖县2015年就开始实施，先后投入资金4.3亿元，启动实施了产业到户、产业提升、产业稳固、产业持续、产业振兴、产业兴旺等7轮到户扶持项目，与此同时，更加注重政策的连续性和导向性，扶贫资金由"直接补助"向"以奖代补"转变，推动"造血式"扶贫，注重激发群众内生动力。

　　在完成以上基本工作的基础上，我和中国地震局挂职副县长、甘肃省地震局驻村干部一起发挥应急管理部、中国地震局、甘肃省地震局作为中央定点帮扶单位的优势，结合三联村实际，主要通过抓党建促脱贫攻坚、抓合作社促产业发展助力三联村高质量脱贫出列。

一是实施党建引领，助推脱贫出列。作为第一书记，抓好党建是第一责任，通过切实发挥党支部的战斗力，确保各项惠民政策能落地见效。村里的工作能不能干好，很大程度上取决于村两委班子的凝聚力和战斗力，尤其是村支书的"火车头"作用。我和村党支部书记一起当好领头雁，帮助村党支部摘掉"软弱涣散党组织"的帽子，将三联村党支部打造成坚强战斗堡垒，使其被评选为2019年度临夏州抓党建促脱贫攻坚先进基层党组织，带领全村于2019年脱贫摘帽。按县委组织部要求，我们将55岁以上、初中学历以下的村干部调整撤换，实施村支书和村主任"一肩挑"，补充年轻血液进村两委班子，打造"不走的工作队"。从中央和国家机关工委争取党建经费，组织全村党员前往爱国主义教育基地开展红色主题教育，前往国家陆地搜救基地开展防灾减灾培训提升基层应急能力，观看《我和我的祖国》等爱国主义影片，表彰优秀党员、慰问老党员，不断丰富组织生活，提高党建活动质量。

二是实施智志双扶，提升发展能力。邀请中国农科院、甘肃省农科院、县农技站专家到三联村现场授课，指导科学种植养殖技术，推进科技扶贫。通过投资支持徐顶乡中心小学更新电教设备等方式开展教育扶贫。组织群众在农村电商、村集体经济发展等方面进行知识技能培训。参加中央和国家机关等单位选派第一书记示范培训班，选派工作队员、村干部分别到甘肃省委党校、临夏州委党校学习先进经验，切实感受差距，思考脱贫致富之路。

三是整合各方资源，聚焦脱贫攻坚。在永靖的东部山区，老百姓中流传着一句谚语：金蛋、银蛋不如我的土蛋蛋，说的就是永靖的百合，村支书也根据这个谚语给合作社取了"金土蛋"的名字。三联村的农户将种植经济作物百合作为主要收入来源，但是由于百合生长周期长，种植难度大，不易存储，长期以来百合的销售价格一直上不去，成为制约百姓收入提高的瓶颈。中国地震局投资130万元建设百合冷储交易服务中心，并于2018年投入使用，有了冷储中心可以"错峰销售"，三联村甚至整个徐顶乡鲜百合进行统一收购、冷藏储存和真空包装，结束了村民只能在路边售卖百合的历史，有效提高了百合的收购价格，提升了产品附加值，也增加了农民收入。

为了改变群众"单打独斗卖百合"的局面，徐顶乡的每个村都成立了党建引领、全民参与的"党建+"农民合作社。2018年，三联村也重新规范组建了金土蛋农民合作社，将全村的88户贫困户全部纳入合作社，在中国地震

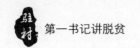

局、甘肃省地震局和县里相关部门的帮扶下开始运转。基于"合作社抱团发展"有助于帮助合作社发展壮大的想法，在村级合作社的基础上，2019年4月，成立了"徐顶乡合作联社"，徐顶乡合作联社理事前往广州、深圳等地的农产品物流园调研百合销售一级市场，打造徐顶乡"怀钰"百合品牌，并与广州档口、厦门市帮扶的临夏县扶贫车间达成长期供货意向。同时，借助电商发展的东风，我们注册了"徐顶鲜百合"微店，在互联网上接受全国各地的订单，持续推进消费扶贫，受到了村民和广大消费者的认可。

2020年受疫情影响，百合收购价格不到往年的三分之一，以往的"金土蛋"变成了"白菜价""萝卜价"，农户多年的投入与辛苦劳作有可能付之东流，直接影响脱贫攻坚成效。为缓解疫情带来的农副产品滞销问题，县里面发动农业开发集团将收购价提高到8元/斤以上，我们也将合作社成功申请入驻中华全国供销合作总社贫困地区农副产品网络销售平台"保供给、防滞销"专区，拓宽了百合产品销售渠道，帮助农户减少损失。2019年以来，通过扎实开展消费扶贫，已累计帮助销售百合价值约228万元。

在三年的时间里，金土蛋合作社从只能卖带土的百合到有自己的商标、自己的包装、自己的车间、自己的冷库、自己的网店，不断完善的产业链条背后，是帮扶单位、党员干部和贫困群众努力奋斗的结果。实践证明，只要选对道路，一步步脚踏实地往前走，时间总会回报我们最丰厚的礼物。近两年来，驻村工作队帮扶运营的金土蛋合作社荣获"省级示范合作社"、甘肃省"优秀网店""优秀网货供应商企业"等荣誉称号。

通过抓合作社促产业发展，下一步，我们将把目前已经建立起来的四个渠道继续完善好，从以下四个方面开展工作：一是争取政策支持，扩展"爱心认购"范围，从北京地区单位扩展到全国，推动合作社良好运转。二是将东西部协作帮扶与中央定点帮扶相结合，通过厦门市在临夏县设立的思明开元公司跨县帮扶收购徐顶的百合，提高合作社销售量，促进合作社做大做强。三是稳步走向蔬菜批发一级市场，通过与广州档口的合作，采取市场化竞争的办法促进百合产品品质提升。四是在保证合作社良好运转及产品质量的前提下，借助电商平台提高品牌知名度，培养致富带头人，助力徐顶百合更好地"走出去"。

同时，我们紧紧抓住中央单位定点帮扶的机遇，与国家级百合研发团队中国农科院蔬菜花卉研究所合作,引进百合专利技术,将投资30万元在三联村建立百合新技术试验示范基地,促进百合特色产业提质增效、升级发展,为永靖县创建国家有机产品认证示范县奠定基础,强化科技协作在精准扶贫中的引领作用。

四是以问题为导向,强化补短清零。一方面补齐基础设施短板。争取中国地震局投资20万元拓宽改造农田道路,投资30万元实施乡村亮化工程,县交通局投资80.2万元修复百合产业水毁路段,并动员农户实施危房改造、卫生改厕、农作物晾晒场、土墙改砖墙、人居环境整治等到户项目。另一方面补齐产业短板。争取中国地震局为金土蛋合作社配备百合加工设备,对面山生态林进行灌溉管网维护和补植补种,世界银行项目为金土蛋合作社百合冷库配备交易大棚等基础设施,并动员农户实施产业振兴、脱贫奖补、劳务输转等到户项目。

中国地震局自中央定点帮扶特别是精准扶贫精准脱贫工作开展以来,不断加大帮扶工作力度、创新帮扶工作方式。2019年至今,直接投入资金1 250万元,协调帮助引进各类项目资金4 657万元。同时各级帮扶单位发挥各自优势,为群众生产生活和产业发展注入资金,提供智慧,落实政策,有力地助推了永靖县贫困群众脱贫致富步伐,为永靖县脱贫攻坚工作作出了重要贡献。正是这一件件为群众办的好事、实事,让人民群众感党恩、跟党走。

四、参与扶贫的感受和体会

第一要让干部群众认识你。我们到了村里以后开展工作,多入户了解村情民情、倾听群众心声、组织集体活动,这些是与群众迅速打成一片的好办法。通过积极融入群众,真心实意排解纠纷,大家很快就知道村里来了个北京的第一书记。

第二要让干部群众认可你。作为"外来人",我在分析村内问题时可以打破固有思维局限,更加全面宏观地看待村内经济发展、组织管理等方面存在的问题,进而为村级产业发展、村民致富增收提供发展新思路、新路径。但是,前提条件是大家得听你的,光认识你还远远不够。这就要求我们办事不要有私心。以成立联合社打通百合销售渠道为例,我们村合作社的理事长和村支书年龄都在50岁以上,做群众工作很有一套,但市场意识、品牌价值认识不是很足,而隔壁村的支书比较年轻,接受新鲜事物的能力比较强。正好趁乡里有联合各村一起发展百合产业的想法,我就积极主动地把这事推起来了。刚开始时他们还有些不理解,毕竟我是三联村的第一书记,我们的资源还要分给其他村用,他们觉得吃了亏。不过后来随着事情不断推进,百合产品质量上去了,销售量也就水涨船高,他们也认识到了自身的不足。通过对比来不断改进,蛋糕也就越做越大。

第三要让干部群众认定你。能达到第二个程度,应该说组织交给的任务完成得很不错了,已经得到了地方的认可。但是,我希望能继续把工作做得更全面、更可持续,让大家认定你,这将是我剩下半年驻村时间要努力追求的目标。

此外,关于扶贫工作的思路,我也有一些深刻的体会,在这里和大家分享。

一是扶贫力量要形成合力,离不开有效的沟通交流。尤其在基层工作,更需要地方支持。作为第一书记,想要更好地开展工作,既要埋头干活,也要抬头看路,更要发挥模范带头作用,在完成规定的"基本动作"的前提下,还要发挥帮扶单位的优势做些事情。这就要在了解当地真实需求的基础上,尽量与县乡村的工作要求保持一致,顺势而为,用有限的扶贫力量去撬动各方面的资源,最终达到多赢的效果。

二是基层工作没有标准答案,需要多看多想多悟。离开学校以后,才发现学习是最简单的事,只要埋头努力读书,就能得到好的结果。我们到了基层做工作,怎样做合适,能不能取得预期效果,很多时候其实并没有标准答案,只有结合当地的实际情况,驻村更驻心,不断解决出现的问题并及时调整工作方法,才能得到广大群众的认可。我们来扶贫,既帮扶群众,也依靠群众,到基层以后更明白克服官僚主义的重要性,也更加深刻认识到,人民群众的衷心拥护是我们党的执政基础和力量源泉。

三是做好吃苦的准备,放下身架,融入基层。既然来到脱贫攻坚的主战场,就是村里人,就要与乡村干部群众一起同吃同住同干活,尤其是在当前脱贫攻坚任务最重、压力最大的时候,"上面千条线,下面一根针",只有基层党支部抓好落实,各项政策才能见效。

四是坚持高标准严要求,把握基层锻炼机会。目前取得的扶贫成绩是广大扶贫干部日夜奋战、摸爬滚打干出来的。有些扶贫干部为了干好工作，舍小家、顾大家，像黄文秀、王小权一样的优秀干部甚至献出了宝贵的生命。虽然有牺牲，但当下正处于脱贫攻坚最关键的时期，扶贫干部依然要坚持高标准严要求，接力跑完最光荣的这一棒。

2020年注定是不平凡的一年，在党中央的坚强领导下，在党员干部和贫困群众的努力奋斗下，我们一定能获得脱贫攻坚的全面胜利！

(2020年6月21日，为复旦大学师生讲座讲稿)

港澳与内地心贴心 共同打赢脱贫攻坚战

国务院港澳事务办公室派驻

河北省石家庄市赞皇县尹家庄村第一书记

任 敏

我叫任敏，2017年进入国务院港澳办交流司教科文处工作。教科文处的主要工作职能是推动港澳与内地在教育、科技、文化、卫生、体育等各项领域的交流与合作，我相信，港澳同胞与祖国人民一道，共担着民族复兴的历史责任、共享着祖国繁荣富强的伟大荣光。

港澳同胞助力内地脱贫攻坚

扶贫开发是中华民族的共同责任，是全体中国人的共同心愿和使命。动员港澳同胞参与脱贫攻坚，既为扶贫事业贡献港澳力量、港澳资源，又有助于港澳同胞了解内地，增强港澳同胞的国家意识和爱国精神，融入国家发展大局，应成为推动"一国两制"伟大事业的应有之义。

习近平主席在会见香港澳门各界庆祝国家改革开放40周年访问团时，热情地称赞港澳同胞热心内地社会公益活动，为国家改革开放和现代化建设贡献重大。在实现中华民族伟大复兴中国梦的征程中，港澳同胞与祖国人民同心协力，充分发挥"港澳所长"，主动投身内地脱贫攻坚事业，在波澜壮阔的扶贫历史画卷里，数不清的港澳同胞谱写了人生壮美的华章。下面，我重点讲一下港澳同胞对赞皇县，也就是我挂职所在地的扶贫故事。

赞皇县位于太行山中段东麓，河北省省会石家庄市西南部，是山区县、老区县、千年古县、国家扶贫开发工作重点县，也是国家生态保护与建设示范区、国家重点生态功能区、全国电子商务进农村综合示范县和全省互联网＋扶贫试点县。赞皇县总面积约1 210平方公里(181.5万亩),其中山场面积115万亩,地貌呈"七山二滩一分田"格局,共有7乡4镇212个行政村,总人口约25.12万人。

1994年,因山区环境制约导致的贫困、因灾因病形成的贫困、内生动力不足产生的贫困等"多维贫困"同时存在,赞皇县被列为国家扶贫开发重点县。经过十几年的努力,赞皇县2017年实现脱贫4 702户11 104人,贫困村退出44个;2018年实现脱贫2 868户5 513人,贫困村退出52个,剩余贫困人口669户1 368人,综合贫困发生率由2016年底的10.05％下降至2018年底的0.56％,综合贫困发生率、脱贫人口错退率、贫困人口漏评率、群众认可度等7项指标均达到退出标准。2018年11月,赞皇县接受了省验收组和第三方评估组的成效考核和退出验收,于2019年5月实现脱贫"摘帽"目标,脱贫攻坚取得阶段性胜利。

几年来,港澳各界捐赠了1.4亿元爱心资金,在赞皇建设了学校、医院、文化广场、蔬菜大棚、"扶贫微工厂"等一批"补短板"项目和产业富民项目,建成了一批河北省同类县市内基础设施最好、技术设备一流、贫困群众最受益的民心工程,极大地改善和提升了赞皇的教育医疗卫生条件,切实解决了适龄儿童就近入学、安全就学问题,全方位优化了赞皇脱贫攻坚的成效和质量。

"扶贫必扶智,扶智先扶教"。港澳各界在赞皇捐资兴建了一大批教育基础设施项目。赞皇县许亭乡群山环绕,四周隆起的山包犹如莲花翘起的花瓣将其紧紧环抱,被誉为"莲花山城"。许亭历史上文教发达,曾培养出六位宰相(李峤、李吉甫、李绛、李钰、李固言、李德裕),史称"唐相故里"。但现代以来,受经济发展水平等因素的制约,许亭教育长期徘徊在低水平,作为辐射许亭乡4个村庄6 000多人口的许亭小学基础设施薄弱,教学楼破损严重,地基下沉,裂缝明显,属于C级危房,教学仪器设备落后,教学条件差,学生学习环境艰苦。大山里的孩子渴望更好的学习环境,渴望点亮读书的梦想。

全国政协委员、香港福建妇女协会的蔡黄玲玲女士,被孩子们渴望学习的精神所感动,"千年的文脉不能断",她慷慨捐资200余万元兴建了一所现代化学校——许亭小学。2018年10月,一座配备先进教学设备的二层教学综合楼拔地而起,成为"莲花山村"最璀璨的花蕊。粉刷一新、宽敞明亮的教室,配备着现代多媒体的教学设施,功能齐全的图书、实验室为村里的孩子插上了腾飞的翅膀,千年古村不断回荡着孩子们的欢声笑语和琅琅读书声,大山里将飞出一只又一只"金凤凰"。

此外,还有一批学校得到捐助。白壁小学位于赞皇县城北4公里的西龙门乡白壁村南部,新建综合楼面积1 500平方米,设有标准教室9间、教师办公室6间、功能室6间。该项目由北京香港马会会所有限公司捐资210万元予以建设,项目于2018年6月开工,同年10月竣工交付使用。

蒲宏小学位于赞皇县城北8公里的张楞乡蒲宏村西北部,新建教学综合楼建筑面积1 166.92平方米,有标准教室6间、教师办公室4间、功能室4间。该项目由香港敏华控股有限公司捐资168万元予以建设,项目于2018年6月开工,同年10月竣工交付使用。

西王俄小学位于邢郭镇西王俄村北,新建教室面积632.5平方米,有标准教室6间、教师办公室3间。该项目由香港敏华控股有限公司捐资81万元予以建设,项目于2018年6月开工,同年9月竣工交付使用。

赞皇中学始建于1952年,是赞皇县唯一的省级示范性普通高中。由于县财政困难,办学条件长期得不到改善。香港经纶慈善基金会有限公司捐资1 011.66万元、香港董氏慈善基金会捐资996.89万元、孙大伦博士捐资人民币500万元、黄子欣博士捐资500万元建设赞皇中学餐饮楼、教育教学综合楼、宿舍公寓楼项目。新建餐饮楼建筑面积为5 918.54平方米,启用将惠及全体师生,改善师生的就餐环境,满足师生的生活需求,保障师生的饮食卫生安全和身体健康。新建公寓楼总建筑面积5 232.11平方米,共五层,每层都配有公共卫生间,楼道内的监控、消防设备和应急灯等配套设施一应俱全。宿舍内所有床铺全新采购,每间寝室设4张双层金属床,限住8人,单人单铺,有独立盥洗室、卫生间。屋内保证日光照射,方便学生晾晒衣服和通风。

据统计,港澳同胞还在赞皇县捐建了邢郭乡邓其达中学等19所希望学校,消灭了9所学校危房,完成了5项半拉子工程,扩建了6所学校。其中,有13所学校新建了教学楼,使5 018名学生就近入学,2 380名贫困家庭的学生受益,缓解了赞皇城乡适龄儿童入学难的问题,使赞皇县基础教育办学条件得到了显著改善。

医疗卫生与教育密不可分,都是改善民生、发展经济的重要基础。在医疗卫生领域,香港敏华控股有限公司捐资 101 万元建设了软枣会、尹家庄、北马村、下马峪 4 个村卫生室;香港世茂集团捐资 205.34 万元建设院头世茂爱心医院医疗设备购置项目,捐资 645.2 万元修建嶂石岩世茂爱心医养医院项目;澳门基金会捐资 500 万购买岛津动态平板 X 光机和 GE 精准 E9 彩超机,捐资 500 万元购置飞利浦 1.5T 核磁机;香港黄廷方慈善基金会捐资 800 万元购置飞利浦 64 排 128 层螺旋 CT 机;香港旭日集团捐资 2 000 万元建设赞皇县医院旭日门诊大楼项目。

精准扶贫,关键是使贫困户找到稳定的产业和收入来源,培育和增强贫困群众持续发展的"内生动力"和自身"造血能力",依靠自己的骨血长肉。在产业扶贫领域,香港轩辕教育基金会捐资 17.66 万元建设尹家庄 2 个无公害蔬菜温室大棚项目,建设梁家湾、下徐乐、南延庄、虎寨口等"扶贫微工厂"项目,建设莲华农场蘑菇大棚项目;香港旭日集团拟捐资 3 000 万元与台湾清玉饮品集团合作共同建设总投资 5 000 余万元的红枣加工厂项目。

在赞皇,最漂亮的房子是学校,最高大的建筑是医院,最欢快的场所是"扶贫微工厂"。一处处公益项目无不打着港澳同胞的深深烙印,一位位港澳爱心人士的捐建像灿烂的花朵一样装点着赞皇的绿水青山。

我在尹家庄村的扶贫故事

我所在的村叫尹家庄村,隶属西龙门乡,地处石家庄市赞皇县城北。尹家庄村距离赞皇县城区 2 公里,北靠卧龙岗南临槐河,西连京赞路东通红旗大街,地理位置相对优越、交通便利。该村属于半山坡地区,依山岗而建,村南为水浇地,村北为山坡次地。村两委组织机构健全,有 7 名班子成员,都有较强的工作能力和带领村民致富的决心。全村共有 27 名党员、24 名村民代表,群众议事、监督的氛围非常活跃。

尹家庄村现有村民 403 户 1 271 人。全村土地面积 2 500 亩,耕地面积 1 230 亩,其中水浇地 350 亩、旱地 880 亩,主要产业有苗木种植及大棚蔬菜种植等。2014 年,该村被确定为贫困村,2017 年已实现村脱贫出列。截至

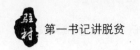

2020年6月,全村建档立卡的88户261人贫困户已全部实现脱贫,尹家庄村的精准脱贫取得了决定性胜利!驻村期间,我主要做了以下几项工作。

一是创新思路推动产业扶贫,激发脱贫致富的内在动力。我联系香港轩辕教育基金会捐款20万港币援建了两座温室蔬菜大棚,2019—2020年共产出有机绿色西红柿、黄瓜5万余斤,收入15万元,带动9户贫困户年均增收2000元,村集体年增收4万元。目前,温室大棚正生长着新品种的油蟠桃,预计2021年4月份上市,村里计划发展水果采摘旅游。

相比于商界的大型基金会、慈善组织,香港轩辕教育基金会的知名度、资金量相对较小,但就是这样一个由香港一批中小企业主发起成立的组织却起到了极其重要的社会作用。一家药店老板、一家书店老板、一家服装店老板,他们或许就是我们身边的普通人,但他们却积极联合起来,捐赠自己的微薄收入,助力内地的扶贫事业。平凡却创造出了不平凡的伟大,他们就是我们身边学习的榜样。

二是以美丽乡村建设为抓手,全面提升基础设施及环境水平,为精准扶贫夯实根基。在基础设施建设方面,我协助安装路灯160盏;重新硬化村内道路25000平方米,基本实现了村主要街道的水泥化;新建高标准村级卫生室1处;新建变压器6处、新挖深水井2口等。在农业水利建设方面,我协助铺设农业灌溉管道8000米;新修建蓄水塘坝1座,该项目投入使用后将使村北山岗500亩旱地的灌溉问题得到有效解决。在提高人居环境方面,我协助改造旱厕200余座,使全体村民基本告别旱厕;协助争取资金在村南口维修排水沟220余米,切实解决了村内雨水积存问题。

三是党建引领脱贫路,构筑打赢脱贫攻坚的坚固堡垒。俗话说,火车跑得快,全靠车头带。打好脱贫攻坚战,必须依靠和发挥基层党组织的引领作用。以党建促扶贫,把党建优势进一步转化为扶贫优势,推动基层党建和精准扶贫深度融合。首先,加强党员干部队伍建设,培育脱贫攻坚的先锋力量,协助尹家庄村发展党员2名,吸收2名年轻的入党积极分子,进一步优化党员队伍结构,增强党员带动群众脱贫致富的积极性。其次,组织党员干部进行理论学习,提高党性修养和理论水平,并且推动村两委坚持"三会一课"制度,强化对扶贫政策的宣讲,有力提高了村两委干部的理论水平和履职尽责的主动性。同时,我致力于加强党建基础设施建设,优化工作环境,协助村两委筹集资金修缮了村党员活动中心、村图书室及便民服务中心等基层党建活动场所,还配备了会议桌、空调等办公设备和电脑、电视等远程教育设备,提升了党员干部及全体村民开展党建活动、参加理论学习的主动性。

四是密织扶贫网络,坚决打赢脱贫攻坚战。面对残疾、无劳动力的贫困户,国家采取社会兜底保障的政策,通过残疾补贴、五保、低保金等形式,保证其正常收入,全村现有19户建档立卡贫困户享受"低保"、3户享受"五保"。面对缺技术的贫困户,政府对其进行免费的技能培训,协助其掌握一门生存技术。在教育扶贫方面,贫困户学生小学阶段享受国家"两免一补",初中阶段享受"三免一助"的助学政策,中职享受"雨露计划"政策,高职、本科享受国家助学贷款等政策;在金融扶贫方面,我协助9户贫困户申请信用社的扶贫小额贷款,发展养殖业及大车运输业;在就业扶贫方面,我安排公益岗位3个,护林防护员3个,保洁员3人,并为10户有劳动力的贫困户找到诸如建筑队工人、餐厅服务员及家政服务员等工作;在危房改造方面,我一共协助10户贫困户享受危房改造政策,使其居有所安;在医疗卫生领域,我协助推行全体贫困户免缴医保、享受先诊疗后付费的政策,建立一站式报销服务、家庭医生签约服务等。

我在尹家庄,每天与淳朴善良的村民们为伴,和大自然朝夕相处,虽然远离大城市,却有着别样的精彩!在扶贫路上,我深有感触:祖国伟大的发展依靠人民,港澳的未来也依靠人民。唯有把个人成长和国家需要、社会发展结合起来,融入国家发展大局中发挥自己的聪明才智,才能够实现人生的价值!

(2020年6月9日,为复旦大学师生讲座讲稿)

坚守初心　勇担使命
——凝聚智慧和力量共促高质量脱贫

北京大学派驻云南省大理白族自治州弥渡县勤劳村第一书记

魏培徵

我是北京大学选派到云南省大理白族自治州弥渡县勤劳村的第一书记魏培徵。我的扶贫经历从2018年7月6日至今，已有将近2年的时间。我所在的村子"勤劳村"作为县里首个被抽查的贫困村，于2020年4月以"零漏评、零错退、群众满意度高"顺利通过国家第三方组织的脱贫验收考核，目前全村的贫困户都实现了脱贫。

脱贫攻坚工作是习近平总书记在十九大提出的三大攻坚战之一。作为个人，我很荣幸能够参与到这个时代的重大课题中。在学校里我们经常听到一句话，"到祖国和人民最需要的地方去"，脱贫攻坚正是一次切身感受国家前途命运与个人命运紧密相连的实践体验。习近平总书记讲道："小康的路上不能让一个困难群众掉队。"我希望把自己在学校中学习工作的经历转化成为困难群众服务的能力，这是我到弥渡县参与扶贫工作的初心。

大理白族自治州下辖有12个县市，其中9个为国家级贫困县，2个为云南省贫困县，贫困发生面和深度都比较大。其中，弥渡县的贫困人口占了县总人口的五分之一，而我所在的勤劳村贫困人口数量全县位列第三，共有1 364户5 153人。该村平均海拔1 700米，大部分为汉族人，人均耕地只有0.46亩。

我刚到勤劳村虽然语言尚未适应，但立即和驻村工作队员、村干部花了将近2个月时间走访了村里每一户居民，同时尽快熟悉扶贫政策，梳理村情、民情，核对整理贫困户档案。作为驻村第一书记，要同时抓好党建强基、党建促脱贫、发展产业、为民服务四个方面的工作；作为扶贫工作队员，要完成村脱贫、户脱贫指标；作为北京大学的扶贫干部，配合挂职副县长做好学校的定点帮扶工作。每一项任务的完成,都得到了许多单位的支持,背后有着太多人的心血。下面,我介绍三则本人作为驻村第一书记在扶贫工作中的故事。

一、从"搬迁户"到"搬迁富"——搬迁工作慢推进

云南给很多人的第一印象是物产丰富的植物王国和动物王国,拥有金沙江、怒江、澜沧江等丰富水资源,但是弥渡县却属于工程性缺水,因为当地的喀斯特地貌在地表存不住水,导致县城居民长期饮用品质不佳的地下水。为了解决全县人民的饮水问题,北京大学通过积极协调,为弥渡县争取到彭家庄水库中央建设资金1.78亿元,拨款到我驻村的勤劳村。建设资金有了,但是需要彭家庄村162户居民配合搬离故土。

搬迁工作有多难,我给大家举个例子。有一户村民占用村内公共道路建猪圈,我们到她家做工作,让农户把猪圈迁回自己的院子。这个要求遭到了村民的激烈抗拒,在农村每一寸土地都有可能引发矛盾,更不用说整村大规模搬迁。一方面,彭家庄许多居民不理解为了全县人民喝水要牺牲自己搬家;另一方面,公益性水库的补偿标准无法满足他们搬到县城生活生产的需求,比如对选定的临近山坡的重整地块不满意,部分家庭耕地要被淹没征收,有的贫困家庭住房面积太小、评估资金不足以盖新房,对未来搬迁生活缺乏信心等等。这一系列的问题一度导致工作陷入僵局。

为了改变被动局面,水库建设指挥部、村委会、驻村工作队、帮扶责任人顶着重重困难和压力,一户户做思想工作。政策是确定的,如何让政策走进农户的心里呢?

第一,要让农户认可我们,要让彭家庄村的党员做好解释工作,发动亲戚朋友做协调工作。我们经常主动到农户家里走访,力所能及关心帮助他们解决困难。每次去都不能空着手去,村民坐地上,我们也得坐地上,他递的酒要喝,给的食物也要吃,有的时候你去他家里多少次他都不记得你,但是可能跟他喝个酒谈谈心,他就能记住你了。什么时候农户心里认可我们了,什么时候工作才能开展下去。

第二,要争取大多数村民的支持,随着一个个家族、邻里之间都愿意结队搬迁后,工作会越来越顺利。

第三,要让村民感受到公平公正的作风。征地丈量首先应是党员站出来从自家做起,如果有一片地是很多村民认为不好的,党员干部要先去选择。抽签选择宅基地的时候,谁先抽签、谁后抽签都要考虑在内。一般分为两轮,第一轮抽取抽签顺序号,第二轮按照抽签顺序号再抽取宅基地号。

第四,住房是属于"两不愁三保障"的重要内容,县里在财政非常困难的情况下,划拨资金 600 多万元给参加统规联建的家庭补助,为困难家庭建房减少了经济压力。

第五,光有房子还不够,还要考虑移民后扶、村集体产业、风貌整治、集镇污水等一系列问题,确保水库移民搬得出、稳得住、能致富。修建的新房大部分是两层半的大理白族风格的小洋楼,很多贫困家庭的村民激动地说:"不敢想象这辈子能住上这么好的房子!"搬迁村民生活的信心足了,对党的政策更理解、更感恩了,对扶贫干部更加信任了,从"搬迁户"变成了"搬迁富"。

二、"危房不住人,住人无危房"——危房改造多方助力

危房改造这项工作是我到村扶贫的一项重点工作,也是耗时长、难度大的一项工作。房子是百姓家里的大事,也是"两不愁三保障"中的重要指标。从工作角度讲,我们强调"危房不住人,住人无危房"。我们这个村子贫富差距比较大,农户之间有一定的攀比心理,实际情况比较复杂。有的贫困户希望外出务工多攒几年钱盖水泥房,有的是老人不愿意和子女住一起而选择住在破旧的老房子里,有的农户要求换到位置好的地块建房,有的农户要求按自己家确定的好年份才能动土等等。由于扶贫政策有严格的要求,我们必须要确保扶贫资金真正用在贫困家庭上,因此,要把握好补贴标准和土地指标等有限资源,让一部分农户摆脱"等、靠、要"和攀比思想,珍惜党和政府给予的好政策;同时,还要协调发挥好政府、驻村工作队、村委会和帮扶责任人的作用。

我们村有一户贫困家庭,夫妻俩还有两个孩子当时借住在兄弟家的老房子里。由于家里兄弟姐妹多,并且经济能力较差,他们分不到宅基地,也买不到其他村民的宅基地,借住的兄弟长年外出打工。由于危房改造政策以户为单位,危房改造资金不能补贴用于修缮他兄弟的房子,对于他们夫妻

俩来说,也不愿意过长期寄人篱下的日子。

为了帮助他们,村委会通过集体商议将当年仅有的一个宅基地指标分给了他家。但是,挖地基和盖房子需要近10万元,按照政策只能给他家补贴危房改造资金1.5万元。最后,他自家掏了3万元,从亲戚朋友那里借了4万元,县水务局的帮扶责任人在多次走访了解他家的困难情况后,自己出了8 000元为他家凑齐资金。我们一般不鼓励帮扶责任人送钱送物,因为既要防止贫困户之间攀比给其他帮扶责任人压力,也要避免贫困户"等、靠、要"思想,所以,帮扶责任人自己拿出那么多钱也需要多方做工作才得到大家的理解。

最后,在大家的共同努力下,他们搬进了窗明几净的新家,水通了,入户路也通了,两个儿子到昆明打工给家庭增加收入,"两不愁三保障"得以稳定实现。夫妻俩每次谈到党的好政策和大家的帮助都感动落泪,一家人放下了压力重新寻找到努力的目标。

三、"农村的生活、城市的品质"——实现产业发展之路

在实地走访调查中,我们发现,勤劳村发展产业的困难不仅仅停留在表面上的农产品滞销或者技术缺乏。弥渡县是传统的农业县、蔬菜之乡,村民们对于种植和养殖已经有了长期的经验和技术积累,如有需要,村民之间也开展互相交流和学习。所以,限制产业发展还另有原因。

第一,物流成本高。由于地处偏远山区,农产品无论是往外运输,还是从外运入,物流成本在终端价格都占据比较高的比例。

第二,农产品缺乏价格优势。由于人均耕地非常少,不足半亩,缺乏规模效应和配套,又有外面输入的高物流成本的农产品的比价效应,导致本地农产品的成本难以下降。通过行业人员的调研发现,虽然本地的农产品依然能够卖出去,但是整体的规模是在萎缩,意味着农民总体收入在减少。

第三,农产品缺乏加工能力,附加值低。从商品价值链条的角度而言,离消费者越近的环节利润越高,离消费者越远的环节利润越低。当地村民普遍从事基本的种植和养殖活动,由于生产生活的路径依赖和留守村民普遍年龄偏大,难以学习新的加工技术。再加上农产品市场的价格波动较大,村民把握市场信息和抵御市场风险的能力较低。

在与村干部和致富带头人的讨论交流中，我们一直在传播市场经济条件下发展产业的理念，把知识转化成发展的力量，积极引入企业帮助勤劳村发展产业，打通阻碍勤劳村产业发展的症结。

在村里，我们开设名为"博雅耕读乡社"的村干部培训项目，邀请行业一线能人到村为村干部和致富带头人手把手指导产业发展的思路，并请他们为村里引入资源发展产业。例如，京东集团生态中心副主任王志刚为村民们讲解了"互联网+农村电商生态体系建设"，介绍了主流电商企业对上线农产品的质量把控、产品加工和物流配套等流程；中国农业大学全域有机农业协作组专家委员朱立君率队讲解了有机农业、农产品加工以及内蒙古产品扶贫项目；北京大学经济学院方达博士讲解了国内农村产业发展培育的现状。在他们的指导下，村民在产业发展方面的致富思路更清晰，加快了从学到用的进程。

与此同时，北京大学为弥渡县引入了中国供销集团所属的"社员网"，帮助销售大宗农产品。"社员网"通过掌握全国批发市场的农产品信息和大数据分析，让本地农户了解国内农产品的市场行情，提供具备价格竞争力的农产品，选择到适合的销售区域进行销售，以此解决农产品滞销问题。2019年，"社员网"为全县销售农产品 8 000 多万，为村民的种植业护航保底。在县里支持下，通过贫困户小额信贷入股和农村土地流转，勤劳村建设了 6 座正大生猪养殖场，由正大集团解决技术指导和销售问题，每户贫困户一年能有 3 000 元的分红，村集体每年分红 9 万元，为村集体经济奠定基础。

在北京大学校友的支持下，我在村里带领致富带头人建立"勤劳优品"淘宝店，精选本地 16 种农产品，包括紫皮独头蒜、日本甜柿、松茸、松露、核桃等，实现农产品销售 30 多万元。之后，我们还将这些产品引入"本来生活网"，为当地销售阳光玫瑰葡萄 160 万元，好产品卖出了好价格。我们通过"博雅耕读乡社"平台，邀请北京大学考古系校友到勤劳村，利用村子里有两个中型水库的特殊条件，借鉴昆明大墨雨村的模式，流转 38 亩土地开展有机农业种植，租用归属村集体的废弃大理小院并进行改造，计划总投资 750 万元。目前，已实际投入近 50 万元，带动周边 20 户贫困户务工，首批种植的有机黄豆、有机葵花子以 10 倍于普通同类产品的价格在北京的有机消费市场上销售一空。下一步，我们将对中药种植、农产品加工等项目进行升级。

未来，我们将引入教育旅游和本地优质农产品展示项目，提供"农村的生活、城市的品质"，盘活周边彝族少数民族文化、温泉、茶马古道和"小河淌水"故乡等资源，吸引更多城市休闲养生人群到这里包大理小院改造、吃有机食品、体验健康生活，达到为村子吸引人流、资金流、智力流的目的，带动村民在思想观念和生产生活方式上实现转变。建设一个生态村，用实际行动践行习近平总书记提出的"把绿水青山变成金山银山"的理念。

（2020年5月22日，为复旦大学、北京大学、大理大学师生讲座讲稿）

为了津津有味的生活

东华大学派驻云南省昭通市盐津县庙坝镇
黄草社区第一书记、工作队队长
董晓光

习近平总书记曾指出:"人民对美好生活的向往,就是我们的奋斗目标。"而什么样的生活才能称之为"美好生活"呢?对此,我的答案是——让人民都过上"津津有味"的生活,就是我们身为第一书记的奋斗目标!

一、所有的远方,除了诗情画意,更多是路上的奔忙

我所挂职的黄草社区位于云南省昭通市盐津县庙坝镇。社区总面积约21.7平方公里,辖24个村民小组。其中最远的一个村民小组距我办公室有15公里。社区常住人口717户3062人,在当地算是中型的村子。社区共有建档立卡贫困人口259户1086人。由于自然条件恶劣,山高坡陡、沟壑纵横,全村基础设施条件较差,道路硬化率低,老百姓往往很难走出大山。

初来乍到,我眼中满是壮美河山,而再走近,心系群众生活的我,却也常常为自然突然的"刁难"而发愁。对于黄草社区而言,原生态的自然环境在雨季时,往往也伴随着诸如暴雨、山洪、滑坡、泥石流等常见的自然灾害,而偶尔的风灾也让农民辛辛苦苦种植的一片片苞谷地颗粒无收。所以,当我走进深山里的串架房,走进还未加固的农村危房时,在老乡们闲聊家常中,愈发觉得自己"任重而道远"。

二、有一种生活,叫驻村帮扶

1. "挂包帮"是什么?

"挂包帮"是指在国家精准扶贫政策下建立的"领导挂点、部门包村、干部帮户"的长效机制。为响应国家精准扶贫政策的号召,帮助贫困户顺利脱贫,黄草社区与一家中央定点扶贫单位(东华大学)和两家县级单位(县工信局、县税务局)展开了"挂钩帮扶"。几家单位共计派出25位帮扶干部,这些干部分散到黄草社区各村民小组。

我除了负责全村的驻村帮扶工作以外,还直接挂钩帮扶海子村民小组14户41人。按照责任到人、网格化管理的挂钩帮扶政策,每一位帮扶干部需要全面掌握每一户的人口、务工、住房、医疗、饮水、教育等9个方面的数据,并定期走访实际了解他们的家庭生活情况,判断是否存在因病、因灾致贫或返贫的风险,同时也要为挂钩帮扶户解决他们的实际生产生活困难。这样,每一户贫困家庭身边都有一个帮扶干部陪伴他们的脱贫之路。

2. 帮扶什么?

从村级的角度来看,精准扶贫要实现现行标准下农村贫困人口脱贫,到2020年实现"两不愁三保障",即农村贫困人口不愁吃、不愁穿,义务教育、基本医疗、住房安全有保障。从县级的角度来看,精准扶贫则要实现"户脱贫、村出列、县摘帽"。这三个层次的脱贫,有着不同的标准。

其中,"户脱贫"标准共有5条:

(1) 人均纯收入。贫困户年人均纯收入稳定超过国家扶贫标准,其中2019年的标准是3 750元/人/年,从而达到不愁吃、不愁穿。

(2) 住房安全。住房要能遮风避雨,具有基本的使用功能,且能保证居民的正常使用安全。

(3) 义务教育。义务教育阶段适龄儿童无因贫失学辍学。

(4) 基本医疗。建档立卡贫困人口能参加基本医疗保险、大病保险,符合条件的人群能够享受到特定的医疗救助。

(5) 饮水安全。水量、水质、取水方便程度和供水保证率达到规定标准。

"村出列"标准共有7条:

(1) 贫困发生率。贫困发生率低于3%。

(2) 交通。建制村到乡镇或县城通硬化路,且危险路段设置必要的安全防护设施。

(3) 电力。通10千伏以上的动力电。

(4) 广播电视。广播电视信号覆盖率达到99%以上。

(5) 网络宽带。网络宽带覆盖到村委会、学校和卫生室。

(6) 医疗设施。有标准化卫生室,即以县为单位每千名服务人口不少于1名的标准配备乡村医生;建有标准化农村卫生室,且每所卫生室至少有一名乡村医生执业。

(7) 活动场所。有公共服务和活动场所。

"县摘帽"标准即"三率一度":

(1) "三率"指漏评率(低于2%)、错退率(低于2%)、综合贫困发生率(小于3%)。

(2) "一度"指群众认可度,原则上群众认可度达到90%以上,包括对驻村工作队、帮扶责任人、帮扶方式和帮扶工作成效的认可度。

3. 帮扶怎么干?

"两不愁三保障",不愁吃、不愁穿已经实现,关键在于"三保障"。

一是住房安全有保障。住房问题是最难啃的"硬骨头",主要解决办法在于农村危房改造和易地扶贫搬迁。所谓农村危房改造,是对农村存量危房进行安全鉴定后,由国家通过财政补贴,实施拆除重建或者修缮加固,从而达到安全住房认定标准。根据旧房实际情况,又有3万元、2万元、1万元等不同补贴标准。而所谓易地扶贫搬迁的工作重点则聚焦在六类地区,即"一方水土难养一方人"的地区,这种地区往往交通、水利、电力、通信等基础设施以及教育、医疗卫生等基本公共服务设施十分薄弱,有一些地区甚至地质灾害频发。易迁户有以下补助政策:(1) 免费拥有一套安置住房;(2) 已有的耕地、林地、宅基地三块地不变;(3) 就医、就学、户口迁移有保障,也就是"搬得出、稳得住、逐步能致富"。

二是基本医疗有保障。对此,我们首先落实的是城乡居民医疗保险补助。自2018年起,建卡户补贴180元/人。第二,实施四重保障,即基本医疗保障、大病保险保障、医疗救助保障和兜底保障。第三,实施大病集中救治,如儿童白血病、儿童先天性心脏病、重度精神病、恶性肿瘤等。第四,实施家庭医生签约,提供基本医疗、健康咨询、巡诊等(建卡户、四类重点人群全覆盖)慢性病卡(13类)、特殊病卡(12类)。第五,实施医疗救助,规范转诊转院医疗费用报销不足90%,用医疗救助报销到90%。

三是义务教育有保障。落实义务教育政策,保证在义务教育阶段,学生无因贫失学、辍学的情况。有一句诗词这样写道:"但愿苍生俱饱暖,不辞辛苦出山林",而我想改用为"但愿众生俱好学,何怕辛苦入山林",来形容我们在进行此项工作时的初心和目标。自 2019 年 8 月起,我们共劝导黄草社区 5 名学生重返校园,成为花费精力最多的工作之一。

脚下的路,总是泥泞的时候多,平坦的时候少,但是还是要走下去。我们白天入户,晚上还要开会处理各种档案、报送各种表格,还要不定期迎接各类检查等。"白加黑""五加二",基层干部要有多少情怀才能扛得住、干得好。习近平总书记曾说:"脚下沾了多少的泥土,心中就沉淀多少真情。"基层工作者必须亲身实地步步丈量,才能积淀出对人民群众日益深厚的真感情。

四、最美不过人间烟火气

1. 有一种盐津味道,叫乡土中国

一是"三川半"文化。这里是四川、贵州、云南三省交界地,著名的"鸡鸣三省"距离盐津不远,本地方言相比较云南来说,更接近于四川、重庆。

二是"特别能吃辣"。盐津人,不怕辣、辣不怕,简直是"无辣不欢"。

三是"好喝苞谷酒"。我所在的乡镇特产是庙坝白酒,它和"茅台酒"一样,属于国家地理标志保护产品。这边老乡打牌,不是就着瓜子花生,而是就着一杯苞谷酒。

四是"盐津美食"。盐津,位于川滇黔三省交界地,集美食文化大成,在昭通甚至整个云南,盐津菜都极具名气。一个个临街的盐津小吃店,在云南省的知名度可以与沙县小吃相媲美。

五是"文脉传承"。在盐津,走进每一户老乡家里,我们几乎都能在正厅看到一处"天地君亲师"的供奉。这是因为盐津县历来文脉昌盛,从这里走出去的诗人、文学家不胜枚举,村民因而也相当重视文化传承。

2. 在盐津驻村扶贫的"三关"

习近平总书记回忆延安插队,提到"跳蚤关、饮食关、生活关、劳动关、思想关"这五关。而在驻村扶贫工作中,我们同样也要过三关:语言关、吃辣关、喝酒关。

一是语言关。下乡入户,你听得懂是第一步,第二步则是老乡听得懂你。

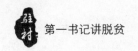

二是吃辣关。对于当地百姓来说，即使是一碗白水菜，也是要蘸着"辣酱"吃才够味。

三是喝酒关。当地老乡热情、淳朴，如果到家里不喝一杯他的酒，就感觉没有进他的家门，他更不会把心里话和真实情况告诉给你。

3."天地君亲师"的供奉

在盐津，农村几乎家家都在正门口张贴着这样一处供奉：天地君亲师。代表着村民对神族的敬重、对人缘的敬意以及对自然的敬畏。

盐津人底蕴很深，既拜天拜地，又拜行走在"天地"之间的"君、亲、师"。而"君亲师"所代表的正是"人缘"中最重要的三种关系，因为在盐津人看来，如果每个人的生活轨迹是一条曲线，那么人来人往，线线相牵的"人情味"，就是盐津人生活的基本逻辑。

盐津人的文化基因里很敬畏自然，他们常说"讨"这个词，如"到地里讨根黄瓜""去山上讨点茶叶"……简单的一个"讨"字，是盐津人对自然点滴馈赠的铭感于心。而且，在盐津，村民普遍都是接饮地表水、山泉水，无需对水源地施加特殊保护，即可安然饮用，这是因为对水资源的保护是每个盐津人天生的意识和习惯，人人如此，自然能人人相安。

《乡土中国》把传统社会结构视为"差序格局"，人和人的关系，像是湖中泛起的一圈圈涟漪，由中心波及开来。来盐津，我们才能真正体验到乡土中国的原汁原味，而正是他们对乡贤文化资源的发掘和保护，对"乡土一脉"的留守，才让我们能在现代化的进程中保留乡土味道、乡土力量。我以为，日后乡村振兴真正的竞争力应该是源于这样的传统民族文化，才能实现"创造性转化、创新性传承"。

320天的驻村帮扶生活既是一份要履职尽责的工作，更是一份宝贵的人生经历。在这里，人变得更深刻；在这里，更容易理解别人；在这里，真情从内心油然而生。"青春由磨砺而出彩；人生因奋斗而升华。"未来的路，为了津津有味的生活而不懈努力，为了走向我们的小康生活而不懈努力！

（2020年5月26日，为复旦大学、东华大学师生讲座讲稿）

青南藏区的脱贫与振兴

——我在冬虫夏草之乡的扶贫见闻

求是杂志社派驻青海省玉树州杂多县山荣村第一书记

刘　帅

自2011年起,我在求是杂志社机关党委办公室工作。工作期间,我曾到江西省赣州市《赣南日报》社锻炼了一年。2018年9月,我由求是杂志社派驻到青海省玉树州杂多县苏鲁乡山荣村担任第一书记,是目前中央和国家机关派往全国各贫困村400多名驻村第一书记中的一位。

杂多县位于三江源地区,全县平均海拔4 290米,年均气温−2℃,没有四季之分,只有冷暖之别,冷季长达8—9个月,素有"澜沧江第一县""长江南源第一县""冬虫夏草第一县""雪豹之乡"等美誉。但同时,杂多县又是一个集高寒、边远、贫困、落后等特点于一身的贫困县和集中连片贫困地区,保护生态和脱贫攻坚的任务艰巨繁重。

一、冬虫夏草之乡为何是贫困村?

冬虫夏草是一种名贵的中药材,它的单根价值在几十到上百之间。俗话说,中国虫草看青海,青海虫草看玉树,玉树虫草看杂多,杂多虫草看苏鲁。我扶贫的地方就是中国冬虫夏草的主要产区。然而,为什么冬虫夏草之乡会成为贫困村呢?

一是国家脱贫的核心指标未达成。政策要求,2020年稳定实现现行标准下农村贫困人口的"两不愁三保障"。"两不愁"即不愁吃、不愁穿,"三保障"即义务教育、基本医疗、住房安全有保障。当地前几年的情况是,"两不愁"基本没问题,但在"三保障"方面仍存在很多短板和欠账,比如,由于地理位置偏远导致基础设施较为落后。

二是村民的生活习惯问题。由于历史传统、宗教信仰、思维方式等诸多因素影响,采挖冬虫夏草带来的收入并没有被很好地利用起来,很多时候这些钱财来得快去得也快。关于虫草,我听说过一个故事。村里有户人家,一家十几口人,凭借采挖虫草收入能达到上百万,但卖完虫草后,他们买了一辆豪华车,一下子花掉了一百多万。后来,这辆车仅开了2年,他们又觉得油耗太多,便卖掉换了辆面包车。这么一段传闻,着实道尽了虫草带给当地人的福报和考验。

在虫草价格高涨的这十多年里,村里的大部分村民就过着这样短暂富足的生活。通常来说,储蓄的观念在前些年并不受村民们重视,所以这种富足仅仅能持续到来年采挖虫草的季节前。

二、扶贫——着力解决"三保障"问题

1. 探索保护生态和脱贫攻坚有机结合

我们在杂多县的重点任务,一个是扶贫,一个是扶志。扶贫即着力解决"三保障"问题,对此,我切身体会到,无论是驻村书记,还是其他挂职干部,在扶贫工作中都不能存在个人英雄主义情结,我们只是党和政府制定的好政策在这个地方的见证者和执行者。所以,要从全局的角度去严格检查这些政策是否在每个地方都落实、落细了。

杂多县地处三江源自然保护区,2016年就在玉树设立了我国第一个国家公园试点。国家公园自设立以来,首要任务就是禁牧减畜,恢复生态。随之而来的问题是,当地牧民群众劳动技能的缺乏导致增收困难,脱贫攻坚任务一度面临较大压力。针对这一情况,国家公园首创生态公益岗位,让园区里的牧民由草原利用者转变为生态保护者和红利共享者,让当地贫困户每个家庭至少分配一人到该岗位工作。在这个岗位上,一个人每月可以领到1 800元,一年合计两万多元,一下子解决了7 000多户增收的问题。

2. 实施搬迁,提高群众生活水平

为了让贫困户的住房安全有保障,我们开展易地搬迁。在杂多新城西边,鳞次栉比地坐落着一栋栋红黄相间颇具藏式风格的三层小楼,这是杂多县易地搬迁的安置点,名叫"牧人幸福家园"。46岁的群尕一家五口就住在这里。进入群尕家,他和妻子笑脸相迎。屋内高堂素壁、窗明几净,客厅中间挂了一幅习近平总书记的画像。群尕特意在画像边整整齐齐地放了一条

洁白的哈达。群尕说:"以前我家住在帐篷里,天寒地冻,冬天特别难熬。2017年10月,政府让我们免费搬进了这套房子里,真是做梦都没想到。吃水不忘挖井人,现在有房子住了,一家人不能忘记总书记。"

群尕原先是杂多县查旦乡达谷村三社的村民,居住在海拔4 700多米的山上,那里几乎是人类生活的禁区。说起之前的生活,他感慨地回忆,那时候家里只靠养的十几头牦牛生活,家人病了,没人放牛,就怕牛被狼和熊给吃掉。从家到杂多县城常常是早晨出发傍晚到,生活异常艰苦。现在搬到县城后,大儿子在读小学四年级,二儿子在上幼儿园,学校离家都很近。进城时,群尕卖掉了家中所有牦牛,从此告别了放牛为生的牧民生活。现在他们一家已经逐步适应了新的生活。在这里,他成为三江源国家公园澜沧江源园区的一名生态管护员,今年采挖的冬虫夏草卖了三万元。他还是所居住小区的单元楼楼长,负责卫生、安全等工作,待小区物业公司成立后,预计还可以增加一笔收入。群尕说:"现在收入有保障,上学、就医也很方便,县城里的生活非常好。"

"像群尕这样的家庭,这里一共有安置了711户3 139人。县里把新城区最好的地块免费拿出来给了建档立卡的贫困户。小区水电暖都已经入户,还配备了综合服务社、文化生活广场,并计划成立物业公司,引入一家诊所,贫困户们挪了穷窝迈向了幸福新生活。"杂多县扶贫局副局长久美介绍道。

3. 保障义务教育

我们开展了"控辍保学"工作,把一些适龄儿童劝回学校。因为当地宗教信仰原因,部分适龄孩子会被送去寺院。按传统来讲,藏区的家庭至少会将一个孩子从小就送到寺庙,劝返工作非常难以进行。当然,义务教育和宗教自由都得尊重,最好的办法是先让孩子接受义务教育,等到十几岁的时候再让孩子选择到底是继续学习还是回到寺庙。

在"三保障"这方面,我们基本完成了任务。2020年4月21日,青海省委省政府正式宣布杂多县退出了贫困县的序列,至此整个青海省都完成了脱贫任务。未来,希望能在他们的内生发展动力上有所提高。

三、扶志——着力提高发展内生动力

山荣村的年轻人永丁,大学毕业回来自己创业。他放弃5—6月份去挖虫草,专心经营自己的装修公司。初见永丁是在2018年底,他是村支部书记和村主任选来的义务秘书,协助处理村上需要用到电脑的工作。因为我不懂藏语,他自然也成了我与村里人沟通的翻译。

杂多县对采挖虫草实行"县外禁采、县内有序流动"的工作机制,身为山荣村村民的永丁就有了一张闪耀的入场券。永丁是我在当地接触到的唯一一个主动放弃采挖虫草,一心在县城创业的年轻人。他大学考上了设计专业,毕业后回到了杂多县。看着这几年新城建设日新月异,一栋栋漂亮的小楼破土而出,他利用自己所学专业开了一家装修公司。

2019年12月,我冒雪前往杂多县时,永丁邀请我去他家做客,我们畅谈了数小时。永丁给我讲他的打算,我也跟他分享了在内地的各种所见所闻。我知道他并没有全部听懂我所讲的事,但是我确信他会坚定地把装修公司做下去。2020年5月,我又来到杂多,我给永丁打了一个电话,耳旁嘈杂的电钻声告诉我,他正在搞装修。接起电话,那头爽朗的声音应答我:"书记,我又接了两三个活,今天在一户安置房这边干活。"寒暄了几句,永丁有事又去忙了。

据了解,现在村里的事找永丁的少了,我因为翻译上的事找永丁也少了。我虽然很希望像永丁这样的年轻大学毕业生能够承担起村里更多的工作,但是更愿意看到他在事业上闯出一片天地。或许有一天,他再回归村里的时候,已经积蓄了更大的力量。

四、跳出藏区看藏区——东西协作帮扶里的全局观

在全面建成小康社会的目标下,让玉树人民、杂多人民与全国人民同步进入小康就是我们义不容辞的责任。"不破楼兰终不还",这是总书记对广大扶贫干部的叮嘱和要求。我从2018年9月到达玉树到现在,已有快两年时间。两年来,我有两点深刻体会:

一是玉树人民是懂得感恩的。2010年4月14日,青海玉树发生7.1级大地震,2 698人遇难,上万人受伤。在党的领导下,在全国各族人民的帮助下,在上万名施工工人昼夜不息的奋战下,玉树在四年的时间内浴火重生,一座崭新的现代化新城屹立于三江之源。我询问了很多藏族同胞,他们内心对党、对国家、对全国人民都充满了感恩之情。说到感恩,第二个就是感

激脱贫攻坚。可以说,玉树重建让玉树这座城快进了20年,脱贫攻坚让玉树老百姓的生活快进了20年,藏区人民的生活从来没有像这样幸福过。

二是玉树人民是懂奉献和牺牲的。2016年8月,习近平总书记视察青海时强调,青海生态地位重要而特殊,必须担负起保护三江源、保护"中华水塔"的重大责任,确保"一江清水向东流"。所以,生态保护是当地最大的责任,随意开发等破坏生态环境的行为被绝对禁止,这随之也牺牲了当地居民一些经济发展的机遇。然而,玉树人民毫无怨言,坚决服从国家大局,为保护生态环境作出了自己的贡献。

(2020年6月2日,为复旦大学、青海大学师生讲座讲稿)

坚守初心使命　决战脱贫攻坚

中国铁路工程集团派驻山西省忻州市保德县猹窝村第一书记
刘小营

在我们的母亲河——黄河的两边,有两个县,他们直线距离三四百米,分别是陕西省的府谷县和山西省的保德县。府谷县是全国经济强县,人均 GDP 甚至比肩北上广深,小小的县城拥有着一流的建筑设施和巨大的财富。然而,河对岸的保德县却寒酸很多。早先的保德,甚至曾被认为是不适合人类居住的贫困县,直到 2019 年才脱掉贫困县的帽子。而我,则是这个贫困县里贫困村的"挂职第一书记"。

我叫刘小营,2018 年 8 月受中国铁路工程集团有限公司的委派,来到山西省忻州市保德县韩家川乡猹窝村挂职第一书记,正式加入扶贫攻坚战。

猹窝村位于山西省的西北部,全村共有人口 138 户 396 人,其中建档立卡贫困户 57 户 150 人,年轻人大多选择外出务工或因孩子读书住到了县城,目前在村常住人口 33 户约 80 人,无留守儿童,平均年龄超过 70 岁,是典型的贫困村。全村占地面积 2.5 平方公里,共有耕地 892 亩,人均耕地面积不足 2.3 亩,其中 779 亩的土地都种植枣树。当地环境十分恶劣,村民自己种一点杂粮,只够自己户内的口粮。村内最具优势的资源就是红枣,种植历史已逾百年,但是随着市场不断变化和有效劳动力的不断减少,红枣支柱产业带来的收入日益缩水。同时因收取红枣的人工成本过高,如今许多人宁愿让红枣烂在树上也不收取,所以红枣主产业慢慢沦落。保德这边的气候相对寒冷,村民大多都住的是窑洞,每年清明节后开始陆续种植土豆、玉米、黄豆、小米等杂粮。

来猹窝村扶贫之前,"脱贫攻坚"对我而言仅仅是四个字符,因为我在建筑施工企业工作,和"脱贫"能挂上钩的大部分就是帮助当地修路建房。记得我刚参加工作时所在的贵州省毕节地区织金县下面的乡镇,也属于国家定点贫困县。回想起来,当时和村民打交道的两年,也许就是我来参与扶贫攻坚的"伏笔"。

2018年,当我真正站在猎窝村的土地上时,我陷入了沉思。恶劣的地理环境、缺乏的劳动力和优势资源,我们拿什么脱贫,拿什么致富?都说脱贫是场攻坚战,那么赤手空拳该怎么打仗?随之而来的便是始终在我脑海中盘旋的三个问题:我能改变什么?我能做什么?我能留下什么?这三个问题陪我整整渡过了三个多月,直到我在村里遇到了两个人,他们让我认识到一个道理:只要去做,就会有改变;只要做了,就会有改变的地方!

一、我能改变什么

对这个问题,我们村的两位老前辈,给我带来了深刻的启发。

一位是我们村85岁高龄的老人,我犹记得当我早上从乡里办事回村时,在路上遇见老人和他76岁高龄的老伴颤颤巍巍地背着半袋玉米从田里回来的画面。这对夫妻在村里堪称自力更生、艰苦奋斗的典范,村内义务植树,老两口也是积极参与其中,丝毫不落后于比他们年轻的人。植树结束后领取面粉时,他们又主动让给别人;自己家窑洞顶部铺设防水层时,他们不麻烦子女们,老两口一筐一筐地背沙子、水泥和砖头,也不麻烦别人。老两口任何时候提到共产党,总是情不自禁地饱含热泪,他们说:"共产党好,是党的扶贫惠民政策让我们的晚年生活更加安逸、更加温暖。"

另一位是我们村里一个60岁的瘦高女人,她一辈子没念过书,连自己的名字都不会写。30年前,她的丈夫突发脑梗,住院治疗后,丈夫智力下降,无法从事体力劳动,从此抚养三个子女和照料丈夫的责任全部落到了这个女人的肩上。"屋漏偏逢连夜雨",之后的几年里,她因为劳累过度患上了胆结石,在生理病痛和心理压力的双重折磨下,她又患上了抑郁症。对这个家庭来讲,她的病情简直就是雪上加霜。但是,如此困境没有将她打垮,她常常随村民外出务工,打杂、做饭,不怕脏不怕累。村里盖房子,她能扛水泥,能搬砖头,干活丝毫不输男人。2018年,她最小的儿子也结婚了,她心头的压力总算减轻了一些,脸上也多了几分笑容。

他们让我明白了一个道理,不是老了就一无是处,人生给了他们一手烂牌,但是他们并没有向现实妥协,仍然在用自己或厚实或瘦弱的肩膀扛起困难,顶住压力,艰难前行。因此,对我而言,面对猫窝村,我还是能做些什么的,也必须去做些什么。

2018年12月,在迎接国务院第三方督导组的脱贫验收时,我对党中央的扶贫政策有了更深层次的认识,也更加深刻体会到中国特色社会主义制度的优越性。先说扶贫队伍,省、市、县、乡(镇)、村五级书记抓扶贫;国家机关单位和中央企业派出挂职干部、第一书记对口帮扶国家定点贫困县;省、市、县、各企事业单位派出驻村工作队,一队三人,保证贫困村全覆盖;乡镇又针对每个村派驻包村干部和包片领导,统一参与和指挥村级精准扶贫工作开展。层层力量包围,可见党中央对脱贫攻坚的决心。再说扶贫对象,所有村内户籍人员,每年定期进行年度收支测算,对不满足"一增收、两不愁、三保障"的人员进行动态管理,随时识别贫困人口,保证精准脱贫,不落一人。在扶贫政策方面,按照习近平总书记自2015年起相继提出的"六个精准"(扶持对象精准、项目安排精准、资金使用精准、措施到户精准、因村派人精准、脱贫成效精准)的扶贫要求,"五个一批"(发展生产脱贫一批、易地搬迁脱贫一批、生态补偿脱贫一批、发展教育脱贫一批、社会保障兜底一批)的脱贫措施安排,保德县围绕"两不愁三保障"标准,结合自身实际,从产业发展、易地搬迁、生态扶贫、教育扶贫、就业扶贫、金融扶贫、综合性保障扶贫等方面累计推出了179项扶贫惠民政策。

丧失劳动力和患大病的贫困户有最低生活保障和政府兜底政策;贫困户去县里医院看病,可以先看病后结账,个人自费部分不能超过1 000元;房屋破损的政府负责危房改造,不用个人花一分钱;符合异地搬迁条件的,政府按照人均25平方米的标准在县城定点安置,每套房子只收取1万元;后续为了鼓励贫困户搬迁,政府又按照每平方米300元给予装修补贴;外出务工的贫困户,政府按照务工收入给予额外5%的补贴;贫困户在家进行养殖的也有相应的养殖补贴。

鉴于以上脱贫摘帽的硬件保障,我们只要严格贯彻落实好党中央的各项扶贫政策,带领全村人民决胜脱贫攻坚就志在必得。2020年,在肆虐全球的"新冠"肺炎疫情对我国乃至全世界的经济发展冲击如此之大的情况下,我们的党和国家始终坚持2020年底决战决胜脱贫攻坚的目标,一天都不推迟,这充分展示了我们党信守承诺、兑现承诺的决心。

二、我能做什么

作为第一书记,我不仅结合扶贫先扶志,从思想上着力于村民的素质提升,还在日常生活中把村民们当作自己家人,贫困户的慰问、接送就医、跑腿代办等已经成为我的"家常便饭"。在扶贫路上,我主要做了以下几方面工作。

第一,积极抓党建引领脱贫。抓基层党建是第一书记的第一要务,我从提高基层党建工作的数量和质量入手,严格执行"三会一课"制度,规范党组织生活纪律,定期开展支部主题党日活动。根据村内多为高龄老党员的实际情况,我设置了矛盾纠纷调解岗、政策宣传岗、禁毒禁赌岗、道德评议岗,充分发挥党员的先锋模范作用和基层党组织的战斗堡垒作用。

第二,组织全面健康体检。我们村多数人是因病致贫的,如果身患疾病没有保障,又将返贫或重新致贫。我通过多方沟通,争取资源,联系到太原市的一家二级甲等医院以成本价为村内全体常住人口进行了一次免费全面健康体检,有效保障了村民的健康生活状态,减小了因病致贫和返贫的风险。像我们这样为村民进行包含B超、心电图、血常规、外科、专家问诊等项目的免费体检,在保德县是第一家,为县内其他帮扶单位起到了很好的示范作用。

第三,配备多样体育器材。通过我的积极沟通联系,哈尔滨铁道职业技术学院2019年的暑期"三下乡"活动在我们村里开展,活动结束后学院为我们村里捐赠了一副羽毛球架和一副篮球架。我把篮球架安放到了村级活动广场上,供村民运动使用。有一天,我从外面回来,见到广场上一群孩子和老人在玩篮球,很是热闹,这是我驻村两年来见过孩子最多的一次,而让孩子们放弃WiFi网络选择户外活动,是安装篮球架最意外的收获。从此,村子在每个节假日都能焕发出别样的生机。

第四,援建综合服务中心。之前的村集体活动场所就只有卫生室和会议室,村内公共服务设施相对匮乏。按照集体"四议两公开"决策制度,经过党支部提议、两委会商议、党员大会审议、村民大会决议,由中国铁路工程集团出资援建村级综合服务中心,旨在改善村民居住环境,提升村民综合素质。项目于2019年11月开工建设,2020年5月竣工完成。服务中心建筑

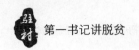

面积约300平方米,浴室、活动室、餐厅、厨房、宿舍等一应俱全,家用电器、厨房设备等均配套完善,已达到村民在家门口即可享受如同城市生活的服务水平。同时,我们探索发展农村就地养老模式,进一步解决外出务工人员的后顾之忧。我们的村级综合服务中心项目建成后,服务水平位居全县农村第一阵营。

三、我能留下什么

2020年是决战决胜脱贫攻坚的收官之年,也是党对人民兑现庄严承诺之际。随着脱贫攻坚"交总账"的日期不断接近,我又在思考自己离开后能留下什么。

1. 会"玩"手机,缩小代沟

猫窝村文盲比例较高,女性尤为严重。现代科技发展日新月异,手机与生活的联系日益紧密,老人们跟不上手机的更新迭代,进而导致他们成了被社会忽略的群体,与孙辈代沟愈加明显,老年生活愈发孤单。其实,他们只是缺个"靠谱"的老师,我决定利用闲暇手把手教他们使用智能手机,感受现代生活魅力。从开关智能手机开始,诸如接打电话、存储号码、拍摄照片、连接WiFi、接收信息、安装微信、语音视频聊天、查看天气、发表朋友圈、线上充值缴费、地图导航、网上购物等在我们看来都不值一提的简单操作,对他们来讲,却需要一遍又一遍的重复示范。我希望有一天,经过我的不断努力,他们能听得懂儿孙口中的"手机术语",会在朋友圈里给儿孙点个赞或留下一条评论。尽管我知道这段距离还很遥远,但是对我和他们的家人们而言,这必将是一笔不可逆转的"精神财富"。

2. 改变观念,寻求发展

"点亮每一个被忽略的生活,从认购一棵枣树开始。"2020年5月27日,这条朋友圈被我发出去之后,我的一个朋友联系我说要认购一棵枣树。在他看来,为扶贫尽一份力的同时,还能以枣树成长记录为素材培养孩子的兴趣,一举多得。当我将认购一棵枣树的100元定金交到贫困户手中时,一个贫困户说:"我们这枣树还没开花就卖出去钱,这种好事想都不敢想,刘书记你多给咱卖吧。"他随口而出的一句话给了我更大的信心和鼓励。本地红枣销售受市场影响遇到了瓶颈,但是,它始终是一个现成的具备优势而又有潜力的产业,只要注重思维创新,改变观念,过程赋能,提升附加值,红枣仍能成为新的资源,而枣树认购就可以是其中一个重要发展方向。我粗略算过一笔账,我们全村每年的红枣产量是 30 万—50 万斤,按照当地市场收购价 1 元/斤折算产值为 30 万—50 万元,假如通过认购全部销售出去的话,产值可达 120 万—250 万元,发展空间非常可观。当然这并非通过认购把红枣卖贵了,而是我们在提高红枣附加值的同时,大大缩短了市场链条,同时保障了村民和认购者的权益。

3. 培养队友,谋求长远

猫窝村在保德县志中记载已有 400 余年历史,之前的发展可能是平淡无奇,但是我觉得精准扶贫对猫窝村来讲是一次绝佳的发展机遇,所以,每项工作我都带着村里的"队友"们一起做。希望我的挂职期满结束后,有人能接过猫窝村发展的接力棒。有村里人继续带路前行,创新发展做大做强,才可能实现真正的长远。

(2020 年 8 月 24 日,为复旦大学、厦门大学师生讲座讲稿)

心中有信念　脚下有泥土
手上有力量

复旦大学派驻云南省大理白族自治州永平县博南镇胜泉村第一书记
张志强

2016年12月，受组织委派，我从复旦大学的一名专职辅导员变成云南省大理白族自治州永平县曲硐村的驻村第一书记，任期2年。2018年4月，根据组织安排，我工作地点调整到胜泉村担任驻村第一书记、扶贫工作队队长。我的职责主要有四点：建强基层组织，推动精准脱贫，为民办事服务，提升治理水平。

一、初来乍到，努力适应新环境

初来乍到，饮食关、气候关、语言关等日常生活中的困难都切实地在身上留下了烙印，重油、重盐、重辣的饮食让我一开始很不习惯；高原地区强烈的紫外线晒在皮肤上跟火烤一样；学不会方言就无法有效开展工作，于是在入户调查期间练习方言。为快速融入实际的工作，我从打扫公共厕所和楼道开始，慢慢参与村里的具体事务，给村民开证明、调节矛盾纠纷，同时开始参与脱贫攻坚的相关工作。

二、接触工作，跑步进入新角色

随着脱贫攻坚工作进入"深水区"，我在随村干部一起入户调研的过程中所遇到的问题，有时让我感到无力，有时让我感到沮丧。我所在的曲硐村是云南省最大的回族聚集村，全村8 000多人口，超过95％是回族，人均耕地不足3分，典型的人多地少。村上的工作非常具体和琐碎，但每一件事都可以反映出农村当前的基本状况和存在的问题，例如我和村委会主任调节过多起纠纷，大多是由于盖房子引起的空间争议问题，屋檐滴水、生活污水排放、水沟的占用等,这表面上看是普通的邻里纠纷,但结合村里的实际情况看,又具有一定的普遍性。农民的生活水平提高后,首先想到的就是盖房子,而村里的宅基地划分不明确,缺乏明确的规划,对老百姓也没有及时的引导,就会产生这样的矛盾,而如果不从根源上解决,这样的问题以后还会出现。

有时候遇到一些缺乏自身发展动力的贫困户,会让我非常矛盾。由于有的贫困户缺乏劳动力,我们统一购买了鸡苗和鸭苗,给他送几十只鸡苗,本来想他养大后就可以卖钱了,可是他不愿意养,反过头来问我们要饲料,并反问我们"你不给我饲料我用什么喂?"有的大龄未婚男士则对干部说:"你只要帮我找个媳妇,我肯定好好干活。"让基层干部哭笑不得。这个时候我深刻地感受到"扶贫先扶志"绝不是一句空洞的口号。

另外,我还遇到了一些心痛的场景,有的孩子因为父母意外去世,或者一方去世,另一方不管不顾,孩子只能跟着年迈的奶奶或者外婆生活,家里破败的景象真的让人触目惊心;有的家庭因为父亲吸毒被强制送往戒毒所,母亲改嫁,孩子不仅要承受来自生活上的压力,同时还要面对同龄孩子的嘲笑和孤立。很难想象在这种状况下成长的孩子到底承受着多大的压力,而我们又能为他们做些什么?

三、积极思考,探索扶贫新思路

在我国经济快速发展的背景下,农村的变化日新月异,农民也不再是费孝通先生笔下"半身插在土里"的流动性比较慢的群体。但新的形势下,农村也暴露出新的问题,市场经济的冲击下农民日趋理性化,农村道德约束力的减弱以及法制意识的淡薄,物质财富的积累下精神文化的缺失,贫困户与非贫困户在政策上的"悬崖效应"等,都在考验着当前的基层治理模式和治理水平。

基层的扶贫工作是国家脱贫攻坚工作整体推进的"最后一公里",国家出台的相关政策、推动的一系列项目最终都要在最后一公里得到体现,如果在最后一公里出了问题,则会产生事倍功半甚至功亏一篑的结果。因此,基层的脱贫攻坚工作直接影响着国家是否能够如期实现小康社会的总体进度,所以说,基层工作无小事。

在开展工作时,挂职干部需要先转变自己的工作思路。挂职干部学识水平一般较高,就好像是站在6楼的人,看到的是湖光山色、落日余晖;而贫困群众没有那么高的见识,就像生活在1楼的人,看到的都是柴米油盐、鸡飞狗跳;如果挂职干部只是站在6楼对着1楼的人喊:"上来看风景啊,很美!"1楼的人是不会上来的,挂职干部必须走到1楼,想贫困群众之所想,急贫困群众之所急,然后把贫困群众带到2楼以上的高度,扶贫工作才算卓有成效了。

基层干部是保障国家政策"最后一公里"的道路养护员,是保障政策最终落地的关键所在。在脱贫攻坚的背景下,基层干部的压力很大,尤其是村干部。有少数基层干部的错误行为产生的影响被媒体报道后放大、城市与农村的信息不对称等原因,导致基层干部一直处在一个被误解甚至被诟病的位置。在当前背景下,村干部已经不再是兼职的身份,而是要全职参与到工作中,如何调动他们的积极性,也是一个非常值得研究的课题。

贫困群众最缺乏的不仅仅是钱,更是教育,通过教育进而改变的思想。我们开展的很多工作其实是用实际行动教育和改变贫困群众的想法。因此,针对不同的贫困群众,要采用不同的教育方法,有的要动之以情、晓之以理,有的要诱之以利、压之以势。最终让他改变思想,进而脱贫奔小康。

扶贫不是做慈善。做慈善是输血,是用自己所能调动的资源解决一个个现实的困难;但扶贫更多的是找到贫困的根源,激发贫困户自身的动力,通过他们自身的努力脱贫致富,变"输血"为"造血"。对于实在没有劳动能力的家庭,则通过"政策保障兜底一批"的方式解决。在一系列工作的基础上,我总结出了扶贫工作的几个原则:一是需求导向原则,即一定要切实针对当地的需求开展工作;二是项目导向原则,即用项目的形式开展活动,积极争取项目资源;三是向善引导原则,项目的开展一定要向善引导老百姓,鼓励他们讲诚信、感党恩、要自强。精准扶贫就像一根筷子,把基层治理搅活了。

四、项目落地,助力永平新发展

来到永平以来,在复旦大学各个部门的积极协调下,在挂职副县长的支持帮助下,在博南镇党委政府和曲硐村村三委的积极配合下,我主导或参与的几个项目在永平落地。

1. 建强基层组织

为贫困村争取基层党建经费35万元;组织带领5名村干部(党员)到复旦大学参加培训;组织召开例会制度,定期为村党员和村组干部讲授党课,提升基层组织的战斗力。

2. 教育扶贫

协调复旦大学等单位资源,为曲硐中学、曲硐完小、曲硐村委会安装了价值11万元的监控设备,为4所幼儿园捐赠价值3万元图书。开展了"筑梦计划",协调并带队永平县30名高中学生到复旦大学参加暑期夏令营;协调"助力成长计划""烛心社""家园"等复旦大学的社团到永平开展支教活动,受益学生超过2000人次。

3. 医疗扶贫

充分发挥复旦大学的医疗资源优势,为曲硐村一名患有先天性马蹄内翻足畸形的小朋友免费治疗(已治愈),中国新闻网、《中国教育报》《青年报》等都做了报道;为胜泉村的一名肌肉萎缩儿童免费进行基因检测;积极配合陈灏珠院士基金会开展先心病的筛查和免费救治的"心肝宝贝"计划,永平县一名先心病儿童在复旦大学附属中山医院手术治愈,该项目2018年在大理州集中救治了10余名先心病患儿;邀请复旦医疗队和县医院到贫困村开展义诊等活动。

五、坚定信念,不落一人奔小康

两年驻村工作让我体验到了之前从未体验过的生活和工作经历,开拓了我的视野,磨砺了我的性格,充实了我的人生阅历。总结下来,主要收获有以下几点。

1. 开阔视野。两年的驻村工作让我真正体验到了什么是中国的农村,什么是农民的喜怒哀乐,什么是中国的基本国情,这些都是在学校不能深入学习和体验到的。

2. 磨砺性格。两年的经历让我更加了解到基层工作的复杂性和多样性,与老百姓和基层干部的同甘共苦也让我更踏实、更谦虚、更包容。我意识到,只要有心,每个人都可以为扶贫工作贡献力量,为社会发展作出贡献。

3. 丰富思路。帮扶工作不是单向的,而是双向的。复旦大学为永平的

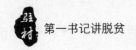

发展提供了很多的资源,同时,永平作为脱贫攻坚战场的最前线,也为复旦大学师生的爱国主义教育和党建教育提供了绝佳的现场学习、实践场所。

每一户家庭都有一个故事,千千万万户家庭的千千万万个故事就是中国的故事。作为一名从高校到农村的挂职干部,有机会近距离解读这些故事,有机会参与脱贫攻坚这项伟大事业是非常荣幸的。挂职的两年是我人生经历中宝贵的财富,我会将个人理想主动融入大时代,在"全面建成小康社会"的目标下,与基层干部、与亿万群众一起建设美好中国。

(2020年7月6日,为复旦大学师生讲座讲稿)

用真抓实干换取群众的真挚笑容
用无私奉献诠释扶贫人的初心和使命

复旦大学派驻云南省大理白族自治州永平县
博南镇胜泉村第一书记、工作队队长
曲正祥

我是2018年9月复旦大学派驻云南省大理州永平县博南镇胜泉村的第一书记曲正祥。驻村第一书记指的是上级党组织从机关和国有企事业单位选派到村党组织担任第一责任人的党员干部,它不是光鲜的"乌纱帽",而是沉甸甸的"责任帽";第一书记的"第一",不是地位居"首位",而是责任属"第一"。身处农村工作的第一线以及脱贫攻坚的最前沿,第一书记可谓身负重担,一头担负着组织的殷殷重托,一头承载着村民脱贫致富的梦想。第一书记的主要工作包括坚强基层组织、推动脱贫攻坚、为民办事服务与提升治理水平,我在胜泉村的工作便围绕这些方面展开。下面我将结合我的工作心得依次介绍我国脱贫攻坚的基本情况、永平县和胜泉村脱贫整体情况以及复旦大学和永平县携手8年的"爱情"故事。

一、我国脱贫攻坚的基本情况

2012年,党的十八大报告提出"两个一百年"奋斗目标,其中一个百年目标是在中国共产党成立100周年(2021年)时全面建成小康社会,这是基于我们的基本国情开出的"良方"。我国处于并将长期处于社会主义初级阶段,其主要社会矛盾集中体现为人民日益增长的美好生活需要和不平衡不充分的发展之间的矛盾。其中,农村发展的"不平衡不充分"尤为突出,近9亿农村人口对美好生活的需要尤为迫切,因此,脱贫攻坚就成了全面建成小康社会、实现第一个百年奋斗目标最艰巨的任务。

追溯我国的扶贫历程,从1978年至今大致可以分为五个阶段:

第一,体制改革推动扶贫阶段(1978—1985年)。1978年,按照政府确定的贫困标准,我国共有贫困人口2.5亿,占农村总人口的30.7%。这一时期的主要致贫原因是农村经营体制不适应生产力的发展,农民生产积极性低下,因此,制度变革就成为解决贫困问题的主要途径。为此,我们开始在土地经营制度方面实行家庭联产承包责任制,同时,逐步放开农产品价格,大力发展乡镇企业,促进附加值产业与农业协调发展,带动农村劳动力在非农领域就业。一系列举措的实施有效缓解了农村贫困现象,1978—1985年,全国贫困人口从2.5亿减少到1.25亿,7年时间内减少了50%,平均每年减少1 786万人次。

第二,大规模开发式扶贫阶段(1986—1993年)。20世纪80年代中期,在改革开放政策的推动下,农村大多数地区的经济得到了快速增长,但仍有一些地区发展相对滞后。为进一步加大扶贫力度,我国出台了新的扶贫政策,成立了专门的扶贫机构,并对传统的救济式扶贫进行彻底改革,确定了开发式扶贫战略。经过8年的不懈努力,国家重点扶持贫困县年人均纯收入从206元增加到483.7元,提高了1.35倍;农村贫困人口从1.25亿人减少到8 000万人,平均每年减少640万人次,贫困人口占全国农村总人口比重下降为8.8%。

第三,扶贫攻坚阶段(1994—2000年)。以1994年3月《国家八七扶贫攻坚计划》的公布实施为标志,我国扶贫开发进入攻坚阶段。《国家八七扶贫攻坚计划》明确提出,要集中人力、物力、财力,动员社会各界力量,力争用7年左右的时间,基本解决农村贫困人口的温饱问题。2000年底,全国尚未解决温饱问题的贫困人口减少到了3 200万,占农村总人口比重下降到3%左右。

第四,巩固成果、综合开发阶段(2001—2010年)。2001年5月,中央召开扶贫开发工作会议,制定并颁布了《中国农村扶贫开发纲要(2001—2010年)》,这是继"八七计划"之后又一个指导全国扶贫开发工作的纲领性文件,该文件全面描述了21世纪初的扶贫战略,明确提出了21世纪最初十年扶贫开发的奋斗目标、基本方针、重点对象以及主要对策措施。2010年底,中国农村贫困人口的温饱问题基本得到解决,为达到小康水平创造了条件,我国的扶贫工作也随之步入攻坚时期。

第五,精准扶贫阶段(2011—2020年)。2011年12月,中共中央、国务院印发了《中国农村扶贫开发纲要(2011—2020年)》,纲要明确提出,到2020年稳定实现扶贫对象不愁吃、不愁穿,保障其义务教育、基本医疗和住房安全。2011年,国家重新确定了贫困线标准,农村(人均纯收入/年)贫困标准为2 300元,比2010的1 274元贫困标准提高了80%。2012年,党的十八大报告强调,采取对口支援等多种形式,加大对老区、民族地区、边疆地区、贫困地区的扶持力度,深入推进新农村建设和扶贫开发,全面改善农村生产生活条件。2013年,习近平总书记在湖南湘西"十八洞村"调研时,首次提出"精准扶贫",强调扶贫要实事求是,因地制宜。2015年6月,习近平总书记在贵州召开了部分省区市党委主要负责同志座谈会,对扶贫工作提出了"四个切实"(切实落实领导责任、切实做到精准扶贫、切实强化社会合力、切实加强基层组织)、"六个精准"(扶持对象精准、项目安排精准、资金使用精准、措施到户精准、因村派人精准、脱贫成效精准)的具体要求。2015年10月,习近平总书记在出席减贫与发展高层论坛时指出:"现在,中国在扶贫攻坚工作中采取的重要举措,就是实施精准扶贫方略,找到'贫根',对症下药,靶向治疗。"2015年11月27—28日,在北京召开的中央扶贫开发工作会议上,习近平总书记特别关注精准扶贫的基本路径,再次重申,要按照贫困地区和贫困人口的具体情况,实施"五个一批"工程,即发展生产脱贫一批、易地搬迁脱贫一批、生态补偿脱贫一批、发展教育脱贫一批、社会保障兜底一批。

"精准扶贫"是全国扶贫进入"啃硬骨头、攻坚拔寨"冲刺期的必然要求,"精准扶贫"思想的落地,标志着我国实现了由粗放扶贫向精准扶贫转变,是以习近平总书记为核心的党中央关于扶贫理念、扶贫实践的一个不断探索和完善、不断深化和拓展以及不断继承和创新的过程,是结合中国国情、符合中国实际、彰显中国特色社会主义制度优越性的扶贫战略思想。自全面打响脱贫攻坚战以来,全国现行标准下的农村贫困人口由2012年底的9 899万人减少到2017年底的3 046万人,5年累计减贫6 853万人,年均脱贫人数1 370万人,减贫幅度达70%;贫困发生率由2012年底的10.2%下降到2017年底的3.1%,下降了7.1个百分点。贫困群众收入水平大幅度提升,自主脱贫能力稳步提高,贫困群众"两不愁"质量水平明显提升,"三保障"突出问题总体解决。贫困地区基本生产生活条件明显改善,群众出行难、用电难、上学难、看病难、通信难等长期没有解决的"老大难"问题得到普遍解决。贫困地区经济社会发展明显加快,基本公共服务日益完善,贫困治理能力明显提升,基层组织得到加强,基层干部本领明显提高。今年脱贫攻坚任务完成后,我国将提前10年实现联合国2030年可持续发展议程的减贫目标,世界上没有哪一个国家能在这么短的时间内帮助这么多人脱贫,这对中国和世界都具有重大意义。

二、永平县脱贫攻坚工作情况

永平古称"博南",有博达南方的寓意。永平县位于云南大理白族自治州,面积2 884平方公里,山区、半山区占总面积的93.8%,拥有山水林田湖草的良好生态系统,孕育了众多特色美景和美食。在这里,你能找到有"云南的皇家古道"之称的南方丝绸古道、"离天空最近的茶园"以及永平人民发家致富的"绿色银行"——158.7万亩核桃,还有永平的"金字招牌"——名菜黄焖鸡。

2015年以来,永平县以习近平总书记扶贫思想为指导,认真落实精准扶贫精准脱贫基本方略,围绕实现"两不愁三保障"总体目标,团结带领广大干部群众,重点解决好"扶持谁、怎么扶、怎么用、怎么干、谁来扶、怎么退"的"扶贫六问",取得了阶段成效。截至2019年底,全县实现了2个贫困镇、45个贫困村、6 031户21 534人脱贫,贫困发生率从2013年底的16.94%降至2019年底的0.04%。2019年4月,在云南省对88个贫困县的考核中,永平县取得了全省排名第10位、州内排名第1位的优异成绩,成功退出贫困县序列。

这些成绩的取得,得益于各级党委政府的正确领导,得益于广大干部群众的团结奋斗,也饱含复旦大学对永平的倾情付出。脱贫攻坚时期,永平县举全县之力、聚各方之财、汇全民之智,以"脱家、脱休、脱皮"的卓绝奋斗精神,书写了永平扶贫史上精彩的篇章。

三、胜泉村脱贫攻坚情况

胜泉村位于永平县博南镇西北部,距县城约三公里,东至大碱塘水库,南与老街社区相连,西靠大尖山,北邻龙门乡石家村,总面积约17.6平方公里。胜泉村辖毛厂、大秧田、甸板三个片区共13个村民小组,居住着汉、白、彝、壮、傣、回六个民族,总农户935户3338人。全村耕地总面积2665亩,其中水田1673亩,水浇地428亩,人均耕地面积0.73亩。

经过2019年动态管理精准识别,胜泉村共有建档立卡贫困户68户224人。其中,2015年脱贫退出12户55人,2016年脱贫0户0人,2017年脱贫27户93人,2018年脱贫7户24人,2019年脱贫22户55人,贫困发生率降至为0。

自脱贫攻坚以来,村内的道路已全部经过硬化,村里已实现10千伏以上的三相动力电覆盖,广播电视全覆盖和网络宽带、4G网络全覆盖。全村饮水安全得到了保障,取水半径不超过1公里,村民每天人均可获得35升以上的水量。村里配备了一座两层标准化的卫生室,全村68户建档立卡户100%投保了基本医保和大病保险。全村适龄儿童全部入学,辍学率为0,学校教学设施大幅度改善。此外,全村还新建了4个标准的公共活动场所。

在驻村几个月后,我顺利完成了从高校教师到基层干部的角色转变。当地政府给予的无微不至的照顾和家人般的温暖,使我很快克服了饮食关、气候关、语言关等日常生活中必须要经历的困难,迅速融入了当地的生活,并得以在当地正常开展工作。我驻村工作的这段时期恰好是永平县脱贫攻坚的决胜期,作为驻村第一书记、工作队长,我参与并负责了村里脱贫攻坚的所有相关工作,带领村两委、脱贫工作队共同学习宣传党中央、国务院和省州县党委政府有关扶贫开发的重大方针政策,落实好各项扶贫政策,认真完成了贫困村建档立卡的动态管理、数据录入、材料归档、考核评估等工作;协调落实"挂包帮、转走访"工作,积极参与村里产业发展、基础设施建设、危房改造等工程;走遍了全村13个村民小组,5个自然村,遍访了全村68户建档立卡户。每隔几天,我都要去贫困户家里转转,查看老百姓住的房子是否安全,询问家庭成员的健康状况、工作状况以及近期收入情况,遇到问题详细记录,回到村委后与村两委班子成员认真分析研判,积极主动解决问题,对于暂时无法解决的问题,及时向上级部门反映,同时依托复旦大学这个平台,联系各方资源,寻求解决途径。

在入户调研的过程中,某些情况确实是我始料未及的,比如,一些村民认为吃水、用电是政府的事,与自己无关,询问我政府能不能帮着讨媳妇,

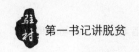

"坐在门口晒太阳,等着政府送小康"的现象依然存在,这让我意识到治穷先治愚、扶贫先扶志的重要性,也深刻体会到"知识改变命运,教育决定未来"的真谛。来到这里,我才认识到什么是真实的农村,什么是真实的农民,这比从书本中得到的知识要深刻的多、亲切的多、现实的多。恰如教育部部长陈宝生在2019年教育部赴滇西挂职干部座谈会上所讲,以往在学校我们读的多是有字之书,而现在要去读国情、基层、群众这三本无字天书。

四、复旦—永平携手8年的"爱情"故事

2012年,复旦大学在教育部和国务院扶贫办的指导下,启动对云南省大理州永平县的定点扶贫工作。8年来,复旦与永平携手同程、共谋发展,复旦大学以帮助永平贫困群众脱贫致富为己任,按照"真扶贫、扶真贫、真脱贫"的要求,立足永平需求和复旦优势,在决策咨询、教育卫生、干部培训、社会扶贫、资金争取、宣传推介等方面全力支持永平。

复旦大学的领导视永平为复旦的"第五校区",焦扬书记、许宁生校长带头示范,多次到永平指导扶贫工作;张志勇副校长更是亲自抓、深入抓,到永平县开展对口帮扶工作达19次之多,一直奔赴在扶贫路上;复旦师生紧随其后,先后派出郭建忠等8名干部到永平挂职或驻村,奋战在脱贫一线,支援永平县的脱贫攻坚。8年来,众多帮扶工作取得了显著成效。

第一,在决策咨询方面,复旦大学为永平发展注入"复旦智慧",帮助永平树立"中缅陆路大通道上农产品加工贸易集散地、云南省绿色产业创新示范区、滇西生态休闲文化旅游目的地"三大发展定位,推动完成经济社会发展规划、城乡建设规划、土地利用规划和生态环保规划"四规合一"等重点规划编制。2020年6月10—17日,复旦大学智慧城市研究中心团队深入永平调研指导,访谈各级干部80余人,全面掌握了永平智慧城市发展定位和需求,为高质量编制智慧城市建设规划奠定了坚实基础。

第二,在教育扶贫方面,复旦大学为永平培养教师100多人,举办中小学校长培训6轮次、示范教学20余场次,捐赠图书11万余册,设立"舜杰克明助学""复旦永平精准扶贫教育"等基金,捐资助学1 000多万元。在复旦大学的倾心支持下,永平县于2018年被评为"全省教育工作先进县"。

第三,在健康扶贫方面,复旦大学附属金山医院与永平县人民医院结成

帮扶"亲家",金山医院先后派出9批46名医疗专家支援永平,开展新业务30项,建立特色专科3个,组建专家工作站5个,极大地提升了永平县的医疗综合水平。

第四,在干部培训方面,复旦大学投入300多万元为永平举办了7期"党政领导干部党性修养和综合素质能力提升培训班",选派18名专家学者到永平"干部讲堂"授课,搭建"复旦大学永平培训专区"网络平台,推出《解码中国之治·战"疫"专辑》系列视频微党课。全县共14 000余人次享受了复旦优质教育资源,干部和群众素能得到大幅提升。

第五,在消费扶贫方面,复旦大学把消费扶贫作为产业帮扶的重要路径,架起了上海与永平产业发展"连心桥"。在2020年复旦大学115周年校庆大联播中,张志勇副校长携曾在或正在永平挂职的复旦干部化身"带货主播",为永平好物带货。在以"高效联动·冲刺六月"为主题的校园消费扶贫网络直播活动中,张志勇副校长向广大观众宣传推介了永平的博南红、C9酵素饮品等7款扶贫产品。截至2020年6月,复旦师生累计购买永平农特产品价值844.84万元,帮助销售农副产品价值1 434.57万元。

第六,在社会扶贫方面,复旦大学充分发挥自身优势,动员社会各界积极参与永平的建设和发展,成功构建以复旦大学为主体、校外多方资源支持的"1+N"帮扶模式,累计为永平争取项目40余个,投入帮扶资金5 700余万元,切实助推永平脱贫攻坚和经济社会发展。

许宁生校长指出:"下一步,复旦大学将结合学校服务地方战略,吸引更多地方合作伙伴共同参与扶贫,将复旦的科技创新能力和综合学科优势转化为永平稳定脱贫的机制,转化为永平发展的持久动力和强劲势头,助力永平实现乡村振兴。"对于我们村而言,接下来的主要计划是充分依托复旦大学的平台,制定好村"产业倍增计划"和"十四五发展规划",通过网络将村里的农特产品销往复旦,并以此辐射到上海,以实现产业扶贫为目标,实现群众产业增收。

(2020年6月28日,为复旦大学、哈尔滨工业大学师生讲座讲稿)

勇攀高峰赴而尖　　高天圣境露新颜

中国出版集团派驻青海省泽库县恰科日乡而尖村第一书记

仝攀峰

2019年1月4日凌晨三点,一辆白色汽车奔驰在茫茫草原的夜色之中。这已经是第六天这样披星戴月、早出晚归地下班回家了。草原上一片寂静,只有轮胎压在坑坑洼洼搓衣板路上的颠簸声,此时,一只狼突然从车前蹿过,我笑着对旁边的扶贫干部卓玛措说:"看来它跟我们一样早出晚归啊。"

我是仝攀峰,就职于中国出版集团商务印书馆出版中心。2018年9月,中国出版集团选派我到青海省黄南藏族自治州泽库县恰科日乡而尖村担任第一书记。对于天天坐在办公室看稿件的我来说,青藏高原遥远又神秘,扶贫工作新鲜又陌生,因此,当组织把这项任务交给我时,我感到些许兴奋,又觉得充满了挑战。

2018年9月5日,随着汽车沿着盘山公路环绕上升,我的心跳也逐渐加快,一片广阔的大草原逐渐展现在我面前。在高原,总是眼睛在天堂、身体在地狱,虽然蓝天白云令人心旷神怡,但随之而来的高原反应着实给了我一个下马威,我每走一步都头痛难忍,夜里也无法入眠。此时我才意识到,必须要克服这一道难关,才能不辜负组织的重托。经过两周的心理和身体调节,我慢慢克服了高原反应,夜晚也可以入眠了。

克服高原反应只是扶贫路上的第一步,接下来迎接我的是更为艰巨的任务。通过一次次到牧户家里走访,一遍遍去草场进行实地研究,我对而尖村贫困现状及致贫原因有了全面的把握。在此基础上,我召开了贫困户、扶贫干部、村两委班子讨论会,面对面分析短板和问题,并积极探讨解决问题的良方。藏区民风淳朴,但是大多数村民文化程度较低、组织观念薄弱,村两委不服从上级领导安排的情况时有发生。记得我刚到村时,有一笔产业资金到账,按照县委县政府的统一规划,这笔资金应该用于县城的文化步行街修建。但是,村两委觉得只有把钱攥在手里才是自己的,宁可把钱存在银行吃利息,也不用来发展产业,这就造成了到账产业资金无法落实等困难。于是,我便经常找村主任谈心,为他细致讲解当前的脱贫政策,和他一同探讨致富途径,通过摆事实、讲道理,村主任最终决定将产业资金落实到项目上,努力为而尖村输血造血。

这支小插曲让我意识到,而尖村亟须打造一个素质过硬的村党支部作为脱贫攻坚的堡垒。于是,我首先组织开展了而尖村党支部整顿工作。通过交心、谈心的方式,班子内成员互相交换了扶贫想法,消除了工作分歧,增强了支部的凝聚力,营造出心往一处想、劲儿往一处使的良好工作氛围。此外,党支部成员的思想觉悟和整体素质、服务意识和服务能力也得到了明显提升,大家在工作上变得更加热情积极了,这些都为而尖村未来的脱贫攻坚工作打下了良好的基础。

俗话说,要想富,先修路。而尖村是深度贫困村,道路等基础设施薄弱,村里的砂石路年久失修,路面高低不平,夏季雨水期积水严重,极大地制约了村民的出行和货物的运输。了解这些情况后,我第一时间向中国出版集团申请了一笔资金修建砂石路,解决了村民行路难的问题。交通问题解决后,发展村级产业、激发群众内生动力便成了村里的当务之急,这也是我驻村以来日思夜想的难题。经过一番考察和讨论,我们最终决定将泽库县的主导产业——畜牧业优化升级,打造生态畜牧业合作社,积极发展有机畜牧业。此外,充分发挥中国出版集团新华书店网上商城的优势,利用开设的扶贫特色产品频道上线有机畜牧业特色产品,帮助农牧民增收。2020年,我们又在泽库县城购置商铺,采取服务创收、租赁经营等方式,拓宽村集体经济增收渠道。

泽库县的易地扶贫搬迁工程是青海省规模最大、最主要的脱贫攻坚工程。我们村93户建档立卡贫困户中有83户搬到了新居,新的移民定居点就在县城边上。以前,老乡们散落在草原上和大山里,彼此之间联系较少;交通不便,看病难、上学难;住房条件比较差,房子阴暗潮湿,老乡们经常生病。现在,大家住进了宽敞明亮的新房,不仅增进了沟通和联系,出行方便了,而且大家的身体素质也比以前好了。关于村民搬迁后的就业安置,一半以上的贫困户都被安排在公益性岗位做草原看护员,月收入1 800元,在当地已是一笔相当可观的收入。另外，中国出版集团下属的印刷厂为泽库县村民提供了大量的工作岗位，帮助解决了当地老百姓的就业问题。

中国出版集团作为一家文化央企，长期以来形成了文化扶贫的帮扶特色。2019年8月，我带领31位泽库县优秀中小学教师赴北京参加集团主办的"北师大—青海省黄南州泽库县中小学教师培训班"，希望他们将培训所得的先进理念传达给孩子们。一位老师就是一粒火种，一粒火种就可以点亮无数泽库的花朵。培训班结束后，我将培训班班群发展为泽库县学生升学的咨询群，与老师们一起做好扶智的后续工作，贯彻教育扶贫的宗旨。工作之余，我经常去泽库县关完小学，给孩子们讲述自己的学习经验，介绍北京和外面的世界，鼓励他们努力学习，争取成为国家的栋梁之材。

两年来，我倾尽全力解决而尖村脱贫攻坚路上的各种问题，充分体会到了基层工作的艰难繁杂和基层干部的辛苦酸楚。2018年底，县里开展重新填写贫困户管理手册和明白卡的工作，我带领而尖村扶贫工作队连续加班六天六夜，按时完成了手册和明白卡的填写工作，收集了93户贫困户的精确信息以及2015年至2018年3个年度的动态数据。时间紧、任务重、要求高，这些都对我提出了巨大的挑战，是坚强的毅力和意志，是革命乐观主义的精神支撑着我每天往返于住所和办公室之间，奔驰在茫茫的雪域高原之上。当看到村民脸上洋溢着幸福的笑容时，我打心底里觉得所有的付出都是值得的。2019年底，脱贫攻坚进入最后的冲刺阶段，我们相继通过了来自县级脱贫验收组、州级脱贫退出考核组、省级脱贫考核组的检查和省际交叉检查。繁重的工作透支着身体，2018年迎检时，我犯了严重的胃病，夜里在床上疼得直打滚。同事们深知高原上任何病都小看不得，要我赶紧回京治疗。脸上豆大的汗珠直往下流，我咬紧牙关说："不用、不用，忍一忍就过去了。"2019年迎检时，我患了重感冒，同事劝我赶紧下高原休息，而我怕耽误工作，继续熬夜加班，身边备着氧气瓶，边吸氧边填资料，圆珠笔用光了一根又一根，填写的表册、资料摞起来和桌子一样高，直至最终顺利完成检查任务。只有心中满怀深情、厚植为人民服务的使命，才能不惧危险、无视病痛，在艰苦严苛的条件下吃苦到底、奉献到底、坚持到底。

两年的藏区生活让我深深地爱上了这片神奇的土地。山谷深处升起的袅袅炊烟，草原路上迎来的牧民老乡的深邃眼神，寺庙里面转经筒带来的串串鸣音,还有随风摇摆的遍地鲜花,初冬打在脸上的片片雪花,汩汩流淌的泽曲河,山顶摇曳的经幡,这些都使我留恋,更是我奋斗的动力。2020年是脱贫攻坚战的决胜之年,我非常荣幸能参与到国家、民族的这项历史伟业中。"青春最大的幸运,莫过于个人的成长和祖国的命运同向而行;青春最大的收获,莫过于个人的进步与祖国的发展交相辉映。"用此段话与大家共勉。

(2020年6月2日,为复旦大学、青海大学师生讲座讲稿)

坚持党建引领　聚焦精准发力

国家药品监督管理局派驻安徽省阜阳市

临泉县单桥镇张老庄村第一书记

席世浩

1995年,国家药品监督管理局(原国家医药管理局)开启了对临泉县的帮扶工作,至今已经25年。2019年7月,受国家药监局委派,我来到临泉县张老庄村任驻村第一书记。下面,我将从三个方面介绍张老庄村脱贫攻坚工作的开展情况。

一、临泉县及张老庄村的基本情况

临泉县地处安徽省西北边界,面积1 839平方公里,人口230万,辖23个乡镇、5个街道、395个村(社区)。临泉历史悠久,古称沈子国,是周文王第十子聃季载的封地,距今有3 000多年的历史。中国古代著名军事家姜子牙、"百步穿杨"典故的原身养由基的故里就是这里。解放战争时期,刘、邓大军千里跃进大别山,将后方指挥部设在临泉。目前,刘邓大军千里跃进大别山纪念馆已建成开放。临泉文化灿烂,同时拥有"姜尚故里""红色足迹""中原牧场""杂技之乡"四张名片,有杂技、魔术、马戏团队1 000多个,演出遍及全国。其中,"肘阁""抬阁"两种舞蹈被列入全国非物质文化遗产保护名录。临泉资源丰富,农牧产品量大质优,是国家重要的粮食生产基地和畜牧养殖重地,每年粮食产量约占全国的1/500、全省的1/30,"临泉五宝"(虎头姜、领头羊、芥菜、谭笔、贡文王)闻名遐迩。临泉特色产业突出,中能化工、文王酒业两大骨干企业分别位列全国同行业百强企业和全省民营企业十强,"泉河""文王"品牌产品远近驰名,机械电子、服装加工等产业发展势头迅猛,2019年,实现地区生产总值369.7亿元,财政收入28.6亿元,金融机构存贷款余额分别为610.6亿元、321.7亿元。

临泉县于2001年被确定为国家扶贫开发重点县。2012年,临泉县紧接着被列为大别山连片开发特困地区贫困县。2017年,这里又被定为安徽省深度贫困县。2014年,临泉县建档立卡贫困人口22.3万人,贫困村96个,其中深度贫困村13个。经过6年的集中攻坚,临泉县实现减贫21.69万人,96个贫困村全部出列,贫困发生率由10.52%下降至0.38%。2019年,临泉县农村居民人均可支配年收入12 573元,增幅为10.9%,高于全省平均水平0.8个百分点;城镇居民人均可支配收入30 136元,增速9.2%,高于同期全省平均水平0.1个百分点。2020年4月,临泉县通过安徽省贫困县退出第三方专项评估检查,顺利实现脱贫摘帽。

张老庄村位于单桥镇西南方,靠近长官、韦寨,总人口1 762户6 532人,耕地5 766亩,辖15个自然村,有7名两委干部,2名扶贫专干。张老庄村资源匮乏,村集体经济薄弱,村民主要以一年两季种植农作物(小麦和玉米)为生。由于人均耕地面积较少,张老庄村依靠传统农业种植获得的年收入很低,大部分劳动力选择外出打工,在村村民基本为老人、妇女和儿童。2014年,全村共有建档立卡贫困户171户567人,因病致贫97户317人,因残致贫55户178人,因缺技术致贫9户31人,因学致贫6户31人,因缺劳力致贫2户3人,因缺资金致贫1户1人,因自身发展动力不足致贫1户6人。经过6年的脱贫攻坚,张老庄村已脱贫167户553人,剩余未脱贫4户14人,贫困发生率0.2%。目前,张老庄村各方面有了明显变化,村里的硬件基础设施有了显著改善。其中,大雷自然村被评为美丽乡村,正在积极申报生态宜居村和产业兴旺村。另外,现在张老庄村集体经济收入在整个县名列前茅,2018年村集体经济收入达25万元,2019年达40万元,2020年预计达到100万元。

二、脱贫攻坚工作开展情况

(一)扛起政治责任,高站位推动脱贫攻坚

近年来,全国上下坚持以习近平新时代中国特色社会主义思想为指导,按照党中央、国务院及各级党委、政府关于脱贫攻坚的决策部署,始终把脱贫攻坚作为重大政治任务和第一民生工程,切实肩负起政治责任。

1. 提高政治站位,服从组织安排

2019年4月,我接到单位人事部门的通知,说因扶贫工作需要,单位要选派一名干部到定点帮扶县任第一书记,问我是否愿意担负起这个责任。我们单位干部较少,适合到农村任第一书记的男干部更少,单位领导考虑到我有当警察的经历,组织纪律性比较强,经研究后将我和另外一名同志确定为候选人,并征求了我们的意见。说实话,这份任务对我来说确实有困难,家中孩子年幼,大儿子上四年级,小女儿才刚刚一岁,正是需要我在家照顾他们的时候。但是,作为一名老党员,哪能在关键时刻掉链子?我爽快答应了挂职任务,争取为脱贫攻坚工作尽一份力。

2. 坚持党建引领,狠抓队伍建设

"火车跑得快,还需车头带"。农村党支部是党的基层组织和扶贫攻坚的战斗堡垒,加强基层党建,打造特别能战斗的干部队伍,是保障党和国家政策贯彻落实的关键所在。挂职以来,我不断强化责任担当,层层压实攻坚责任,构建村级责任体系,使上下拧成一股绳。

一是抓规范、从严治党。我从规范组织生活入手,严格落实"三会一课"制度,使党员按时参加组织生活成为常态。此外,我们严格按照"不忘初心、牢记使命"主题教育的要求,积极开展了其他各项活动。二是抓班子、搞好团结。挂职以来,我时刻注意"既讲引导也讲配合,齐心协力促工作"的工作态度,落实了药监局党组对挂职干部提出的"其身正,不令则行"的基本要求。通过集中开会、走访交流、个别谈话等方式,我加强了与班子成员的沟通,并注重以实际行动带动大家,改善工作方式,讲究工作效率,力求收到实效。三要强保障,提高效率。为改善硬件设施条件,提高党支部过组织生活的能力,增强党支部的凝聚力和党员的向心力,我协调国家药监局拨付特殊党费 10 万元,对村支部办公室进行修缮,为党员学习室购置了电视机等电教设备,安装了空调和电子显示屏等。此外,支持村食堂改善伙食,购买消毒柜和炊具,努力改善后勤服务保障水平,进一步提高大家积极性和工作效率。

到任后,经过一段时间的工作,我发现个别年纪较大的班子成员存在"船到码头车到站"的消极思想,工作中不积极不主动,推、躲、拖现象较为严重。经过与镇党委书记沟通协商,我们将工作积极性不高、临近退休的成员进行了调整,吸收了 3 个踏实肯干、正能量充足的干部进入两委班子。新上来的 3 名班子成员干工作任劳任怨,具有一定的组织和执行能力,得到了村民的普遍认可。一番调整之后，7名两委班子成员全部配齐，每人负责2至3个片区，大家各司其职，各项工作很快就焕然一新了。另外，我还从返乡的大学生中选任了2名扶贫专干，并逐步培养他们，作为村干部的后备力量，这也从侧面给现有的班子成员一定的工作压力。在此基础上，我组织制定了村干部绩效考核实施办法，从制度层面将工作质量与个人收入挂钩，干得好，月底绩效就给得多；干得不好，只能拿到基本工资，甚至还会扣钱。以上几种措施实施后，我们干部队伍的工作效率显著提高，支部的凝聚力和战斗力显著增强。

（二）坚持精准方略，高标准严把进出关口

在脱贫攻坚工作中，我认为非常重要的一点是牢牢把握精准的要义，在解决"扶持谁、怎么扶、如何退"的问题上下功夫，确保扶贫工作务实、脱贫过程扎实、脱贫结果真实。

一是注重精准识别。严格按照"进门公开、出门公开、群众服气、社会认可、动态管理"的要求，全面排查和梳理贫困户信息，落实"两评议两公示一比对一公告"制度，确保贫困群众是评出来的。持续开展"七个不落、一个不少"大排查、脱贫人口"回头看"等专项行动，对所有建档立卡贫困户、非贫困户中的重点户全覆盖排查，逐村逐户逐人逐项审核，力争零漏评、零错退。

二是推进精准施策。按照"村有当家产业，户有致富门路，人有一技之长"的要求，因地制宜，因户施策。一方面，我们将县里出台的"十大工程"惠民政策清单140项，分类别类展现给帮扶对象，供贫困户根据需要自主"选餐"；另一方面，我们针对贫困户的致贫原因、资源条件和脱贫需求，逐户制定帮扶计划，逐人落实帮扶措施，着力提升帮扶实效。目前，村里171户贫困户全部落实了"一户一方案、一人一措施"，并且根据帮扶成效适时调整。在政策落实上，根据贫困户家庭情况、收入状况等，将贫困户分成A、B、C、D四类，推行"3+2+N"政策享受模式，即确保贫困户义务教育、基本医疗、住房安全有保障，每户享受2项产业就业增收政策和N项个性化政策，做到精准滴灌、靶向攻坚。

三是确保精准退出。严格执行贫困退出标准，按照"评议公示、核实认可、审查公告"的户脱贫程序，确保退出精准、群众满意。在村出列上（我们村于2017年整村出列，但还是按照贫困村进行管理），严格执行"一低两有两改善"(即贫困发生率低于2%;有特色产业,集体经济有稳定收入来源,稳定在5万元以上;基础设施和基本公共服务明显改善)出列标准,确保出列质量。坚持执行《关于防范返贫确保稳定脱贫的实施意见》,树立"政府扶、集体帮、社会助、个人立"的综合扶贫理念,采取土地流转、入股合作、劳务协作、大户带动等多种模式,稳定增加贫困户收入。建立返贫预警机制,通过镇村干部和帮扶责任人定期跟踪回访、返贫户个人申报、系统信息自动比对等途径,及时掌握已脱贫户情况,及时落实巩固提升措施,有效防范返贫。

(三)紧盯核心指标,高效率解决突出问题

紧紧围绕"两不愁三保障"这个核心,既不拔高标准、吊高胃口,也不降低标准,影响成效。

一是切实保障"两不愁"。在贫困户脱贫人均收入高于全省脱贫标准的基础上,按照"主食细粮有保障、四季换洗有衣物"的基本要求,保障贫困户不愁吃、不愁穿。

二是切实保障住房安全。按照"应改尽改、不落一户"原则,加大农村危房改造力度。2014年至2020年,全村申报危房改造累计18户,其中,修缮房屋5户,重建房屋13户,共计补贴资金26.75万元。

三是切实保障义务教育。全面落实教育扶贫政策,精准实施教育资助,完善教育基础设施。张老庄村内有一所幼儿园和一所小学,近年来,我们一方面投入专项资金改造提升校园基础设施,让每名学生都能享受优质公平的教育资源,另一方面针对不同教育阶段的学生分别实施教育扶贫政策。2019年,幼儿教育资助10人次,发放资金0.5万元;义务教育资助45人次,发放资金2.1万元;高中教育资助15人次,发放资金2.25万元;雨露计划资助35人次,发放资金5.25万元。其中,雨露计划的补助标准为每生每年3000元,每学年在春秋两季进行审核补助;学前教育资助为幼儿教育阶段(满3周岁)每生每学期500元;义务教育寄宿生资助标准为小学每生每学期500元,初中每生每学期625元;对本县就读、在籍在校的家庭经济困难普通高中学生每生每学期补助1500元,并免除学杂费。

四是切实保障基本医疗。张老庄村建立了标准化卫生室,配有专职村医4名,配齐、配全了各种医疗器材。针对患大病、慢性病的贫困户,采取"351""180"、家庭医生签约服务。"351"指的是,贫困人口在省内县域内市级、省级医疗机构就诊的,个人年度自付封顶额分别为0.3万元、0.5万元和1万元。"180"指的是,贫困户慢性病患者1个年度内门诊医疗费用,经"三保障一兜底"补偿后,剩余合规医药费用由补充医保报销80%。

五是切实保障饮水安全。自2014年以来,全县完成农村饮水安全工程投资5.4亿元,新建、改造提升及管网延伸农村饮水安全工程133处,解决了139.5万农村居民(贫困人口15.04万人)的饮水安全问题,实现了农村饮水安全工程全覆盖、贫困村自来水"村村通"。就张老庄村而言,全村贫困户171户全部接通自来水,水量、水质均有保障。

(四)围绕双基建设,高规格夯实脱贫基础

2014年以来,全县整合各类资金72亿元,修建国省县乡村道路4 000多公里,公路密度提升87%,乡镇和建制村通硬化路率达100%,自然村通硬化路率达95%以上,实现了打通主动脉、消除断头路、畅通微循环的目标。2019年,临泉县获评全国"四好农村路"示范县。在县里统筹规划的基础上,张老庄村采取政府引导、适当奖补、村民自治、群众参与的办法,在公共基础设施建设方面卓有成效。截至2019年底,张老庄村累计修建村主干道30公里,入户巷道20公里,基本实现巷道全覆盖;修建桥涵8座;整治沟塘10个;排污口35个;安装路灯200个;新建文化室1个、残疾人康复室1个;基本实现电信网络全覆盖。

在提升人居环境方面,张老庄村持续投入专项资金开展乡村环境综合整治,全面深化农村垃圾、污水、厕所"三大革命",逐步消除农村黑臭水体,定期组织公益岗对各自然村环境进行大清理,并宣传引导住户养成良好卫生习惯,逐步改善农村生活环境,使所有自然村基本达到干净整洁的卫生条件。

(五)聚焦精准发力,高要求促进稳定增收

精准扶贫是第一书记到村工作的重中之重,为此,我主要从下面四个方面开展精准扶贫工作。

1. 掌握实情,办好实事

一年来,我想方设法为张老庄村办实事,力争将张老庄村打造成扶贫示范点。我们通过协调国家药监局相关单位和企业购买临泉农产品,增收500余万元,其中,直接牵头联系的累计300万元,包括葡萄40万元,土鸡蛋30

万元,矿泉水20万元,中药材100万元,中原牧场的产品110万元;与相关企业合作为村集体经济增收9万元;协调相关企业捐赠笔记本电脑4台,价值2万元,以改善村委的办公条件;联系深圳迈瑞公司和安徽智飞生物公司为村捐建太阳能路灯100盏,目前已安装完毕,张老庄各自然村的主干道现已实现路灯全覆盖;协调相关企业为县医院和单桥镇卫生院捐赠药品、医疗器械合计约200万元;协调企业为单桥镇捐赠助学资金30万元,为镇、村小学各捐赠空气净化器20台,价值9万元等等。

2. 产业发展,持续增收

大家好才是真的好,集体强才是真的强。经过全村人的不断努力,我们村现已形成四大主要产业:一是华润三九医药股份有限公司、临泉县金果源果业有限公司与张老庄村村委会联合建立了200亩板蓝根种植示范基地。经过前期的运行,2020年板蓝根种植示范基地已经达到1 200亩的规模,预计产量可达300吨,销售额600万元,将为村集体经济增收10万元。该基地带动贫困户、边缘户就业200人,预计每户增收3 000元/月,这对村民们来说已是一笔相当可观的收入。二是协调天津红日药业股份有限公司与张老庄村联合成立中药种植采购公司,红日药业从中药种植的前期准备、技术指导、种苗供应、规范管理、定点收购等方面为农民和种植大户提供服务和保障,并为村集体经济提供长久的输血功能。三是联合安徽省供销合作社在村里设立临泉销售代理公司,按照省供销社的指导统一销售种子、农药、化肥、农用物资等。四是联合安徽省壹号农仓电子商务公司,在村里注册成立电子商务公司,销售林下散养土鸡蛋等农产品,直接带动村民增收,并持续为村集体经济创收。

3. 拓宽渠道,落实政策

2019年,全村申报10户自种自养奖补共计0.9万元,其中,达标户2户,奖补0.5万元;非达标户8户,奖补0.4万元。2020年新冠肺炎疫情防控期间,贫困户自种自养产业达标66户,每户奖补3 000元,合计奖补19.8万元;正在实施的贫困户自种自养项目达标18户,每户奖补2 500元,共计4.5万元。2019年,我们将50万产业发展资金全部投入特色种养业,累计带动100户贫困户致富增收。对于吸纳当地劳动力就业的经营实体,村里按照实发工资的30%给予补贴。2019年,全村2家经营实体(神农和牛玉芳家庭农场)吸纳了5名贫困户就业,获得补贴资金0.35万元。此外,为解决贫困户劳动力就业问题,村里专门设立了生态护林岗等扶贫公益岗,每岗每月基本工资300—400元不等,临时公益岗20元/天。在提高贫困群众就业技能方面,我们在2019年累计举办技能培训班3期,培训18人次。

4. 关爱弱势群体,健全兜底保障

一年来,最困难群众和弱势群体始终是我心头的牵挂。2020年春节前,我组织企业为贫苦户捐赠米面油等生活物资100份,价值3万元。积极推进低保、扶贫"两线合一",稳步提高农村低保救助标准和救助水平,已成为我的工作常态。2014年至2019年,张老庄村共保障低保对象73户,发放资金297.56万元;保障特困供养对象28人次,发放资金97.44万元。2016年至2019年,保障重度残疾人护理补贴对象91人次(其中贫困户65人次),发放资金22.08万元;2017年至2019年,保障困难残疾人生活补贴对象123人次(其中贫困户45人次),发放资金14.76万元。

(六)全力抗击疫情,统筹"两战"并进

面对2020年初突如其来的新冠肺炎疫情,我在第一时间带领村两委全力做好疫情防控工作,将疫情影响降到了最低。

1. 认真做好疫情期间的防控工作

2020年1月底疫情爆发初期,假期还未结束,我便和挂职的张县长商议自驾返回临泉开展防控工作。到岗后,我严格按照工作安排,深入村一线督导疫情防控工作,坚持每天住在村里值守,与分管张老庄村的镇干部和本村干部团结一致,充分发挥党支部的战斗堡垒作用,做到宣传工作家喻户晓、排查工作精准到人、监测工作分类施策、设卡工作严防死守,确保张老庄村疫情防控工作取得实效。同时,细化防控责任、分类落实各项防控措施,深入乡村超市、卡点、村卫生室、重点区域返乡群众家中,了解卡点管控、双包责任落实以及隔离人员生活保障等情况,现场解决疫情防控措施落实工作中大量具体问题。

2. 积极沟通协调,提供疫情防控支持

在县里的带领下,我们通过国家药监局积极协调阿斯利康公司为县里捐赠一次性医用手套3 000副,协调安徽魏武中药饮片公司为县里捐赠预防新型冠状病毒肺炎1号方茶饮1 500包,先后为县里联系购买隔离衣5 000

套、一次性医用外科口罩3万个、一次性医用口罩30万个、N95医用口罩100个、一次性医用手套2万副、医用防护面屏2 000个、红外测温仪1 800个。我个人协调了3家企业为单桥镇配备了医用口罩15 000个,还协调了临泉金果源公司等企业为镇村捐赠了600斤84消毒液以及牛奶、方便面、饮料等物资,合计价值约20万元,有效缓解了镇村干部防护用品严重不足的困难和疫情防控期间村干部的生活困难。

3. 坚持推进脱贫攻坚决胜战

疫情期间,我村贫困户共落实特色种养业项目66户,实施奖补66户(种植业60户、养殖业6户),申报奖补资金19.8万元;计划实施18户(种植业18户)。边缘户共落实特色种养业项目7户,正在实施种植奖补7户,申报奖补资金2.1万元。同时,扎实推进就业扶贫,实现有就业能力和就业意愿的贫困户家庭零失业。全村贫困户就业人数255人,其中县内就业132人,县外就业123人;开发临时性公益岗位帮助就业,疫情期间全村开发临时公益岗8个。

三、扶贫工作的体会、不足和下一步计划

一年的所见所闻进一步深化了我对脱贫攻坚和乡村振兴的认识,所经所历进一步加强了我对基层干部群众和"三农"工作的感情,进一步加深了我对党在农村的路线方针政策的理解。经过一年的驻村工作,我与村民的距离更近了,对基层的了解更深了,几点工作体会与大家分享。

第一,国家药监局和国家药监局高级研修院始终是我做好扶贫工作的坚强后盾。国家药监局党组高度重视定点扶贫工作,始终把定点扶贫工作作为一项重要政治任务来落实。2019年以来,局党组书记李利、局长焦红、副局长陈时飞、颜江瑛等多次带队到临泉走访调研,召开农村干部座谈会,慰问困难群众,看望挂职干部,并对定点扶贫工作进行现场指导。2019年9月,高研院党委书记、院长李福荣同志、党委副书记罗杰同志来到临泉组织开展扶贫培训,走访慰问我村贫困户,并实地查看我的工作环境,关心我的工作和生活。

第二,当地组织的支持是我顺利开展扶贫工作的坚强保障。我参加中组部的培训时,中组部的领导曾经说过一句话:"第一书记能力再强,后边的

中央部委权力再大,没有当地党委政府的支持,你也将一事无成。"这充分说明,挂职干部和驻村书记只有与当地党委政府积极协调、加强沟通、通力合作,才能事半功倍。

第三,学好用好政策是我顺利开展扶贫工作的理论基础。上级各项政策、文件的出台一般建立在大量深入细致的调查研究之上,不仅具有宏观性和理论性,而且综合了各地实践,提出的意见和要求兼具针对性和普遍的指导性。深入学习上级政策文件,有利于我们更好地认识基层本身,把握工作的方向和节奏。基层工作任务虽重,但与基层党建、"三农"工作相关的一系列政策,与脱贫攻坚、乡村振兴和基层治理有关的一系列文件,我都进行了反复、认真学习,这些都为我顺利开展扶贫工作奠定了扎实的理论基础。

第四,结合实际用心办实事是我得到村民拥护的实践基础。邓小平同志曾经说过:"我们的群众路线,不是满足于那个热热闹闹,主要的是要做经常的、细致的工作,做人的工作。这是一点一滴的工作,这样的工作积累起来,才有我们伟大的成绩。"群众评价干部好,往往说得很具体;评价干部不好,往往也说得很具体。这说明,做好基础性工作、细节性工作很重要。只有想群众之所想,急群众之所急,时刻维护群众利益,深入细致地解决群众的困难和问题,才能把工作做到群众的心坎上、心窝里,才能赢得群众的支持和拥护。

第五,坚持严格要求与关心信任是赢得基层干部支持的有力武器。习近平总书记多次强调,"对广大基层干部要充分理解、充分信任,格外关心、格外爱护,多为他们办一些雪中送炭的事情""要倾听基层干部心声,让敢担当有作为的干部有干劲、有奔头"等。我按照中央相关文件精神和总书记要求,充分考虑基层实际,真正坚持严格要求和关心信任相统一,对村干部多一些"懂"和"爱",多一点理解、信任、鼓励和支持,帮助他们解决实际困难,充分调动了村里干部的积极性。

一年来,作为张老庄村的第一书记,我取得了一些成绩,但同时也存在一些问题和不足。比如,在脱贫攻坚工作中存在不深、不细的问题;忙于日常的事务性工作,主动创新意识不够;另外,由于接待调研、考察和检查评比的任务比较重,难免存在对镇里和村里的工作顾及不到位的问题。接下来,我将继续保持不忘初心、勇挑重担的工作热情,努力纠正自身存在的不足,把组织交给我的工作高标准、高质量地完成好,有序开展村集体经济增收、村党群服务中心搬迁、美丽乡村建设、环境整治等工作,力争为临泉脱贫工作作出自己的贡献,为单桥镇及张老庄村更好、更快地发展尽更大的力量,让驻村工作经历成为我人生中一笔最宝贵的财富!

(2020年7月7日,为复旦大学师生讲座讲稿)

脱贫攻坚路上充分发挥基层党组织战斗堡垒作用

中国电子科技集团派驻四川省叙永县高家村第一书记

田 煦

为贯彻落实习近平总书记关于精准扶贫的系列指示精神和国务院关于打赢脱贫攻坚战的决定,中国电子科技集团根据国务院扶贫开发领导小组办公室和国有资产监督管理委员会的安排部署,自2013年开始定点扶贫国家级贫困县四川省叙永县。在"因地制宜、精准扶贫、造血为主、电科特色"的工作方针的指导下,集团先后派出各级干部、职工共计80余人次前往叙永县开展各类帮扶工作,取得了显著成效。

2019年,扶贫工作的接力棒交到了我的手中,我毅然选择前往脱贫攻坚战的第一线,作为一名驻村第一书记参与到这场伟大斗争中。在与上一任书记交接工作时,我了解到,因为贫穷,高家村的村民们对外总是掩饰自己的身份,怕被人瞧不起,外村的姑娘也不愿意嫁过来,以致整个村子没有一点生气。这时我才意识到自己肩上的担子有多重。所谓冰冻三尺,非一日之寒,水滴石穿,更非一日之功,既然已经决定投身扶贫工作,只能耐心地一步步摸索,找到切实的措施使高家村活起来。

一、教育扶贫：要富"口袋",先富"脑袋"

中国电子科技集团注重打造"科技＋教育"扶贫样板,在四川省叙永县发起了"科技小屋"项目,组织中国工程院院士、中国电子科技集团首席科学家、科技人才赴"科技小屋"教授科学课程。此外,集团每年定期组织贫困学生开展"点燃科技梦想"夏令营活动,帮助贫困学子学习科学知识、感受科技魅力,以实际行动践行"扶贫先扶志、扶贫必扶智"的理念。

二、产业扶贫：因地制宜，发展绿色循环经济

"绿水青山就是金山银山"。发展经济、脱贫致富，绝不能以牺牲生态环境、浪费自然资源为代价。绿色发展、循环发展、低碳发展、高科技、高质量、可持续，是集团一直坚守的产业扶贫发展初心。我们充分利用了当地山好水好空气好的生态环境优势，通过引入绿色生态肉牛养殖项目形成集体经济产业帮扶，从而带动当地农户致富增收。截至2020年，集团已经累计投入700万元帮扶资金专项用于高家村牛场发展，为高家村的产业脱贫提供助力。

叙永县虽然生态环境好，但沟深坡陡，集体生产受到很大的限制。为此，我们打造了"集体经济平台＋农户家庭散养"的专业化绿色养殖模式，通过流转贫困户撂荒土地，定向种植、收购牧草和全株玉米；修建沼气池，用粪肥制沼解决牛场冬季保暖问题；通过干湿分离机制作有机肥，作为生态肥料回归农田或再销售，最终形成牧草供给、绿色养殖、粪肥制沼、肥料归田的一整套绿色循环经济。

回忆起整个过程，充满了难以言喻的艰辛。一开始，大多数老百姓都不相信我们能把牛养好，并且通过养牛项目带他们致富增收。这个时候，如何发挥基层党组织的战斗堡垒作用？我个人最重要的心得是：党员同志一定要务实，要亲自带着大家一起干，坚持下去，相信有一天一定会取得成功！在这一点上，我与前任第一书记理念相合，他也是实干作风的坚守者。白天，我们就带着大家一起建牛场，挨家挨户地上门鼓励村民种草养牛，组建团队；晚上，大家聚在一起研究养牛技术，结合从全国各地学习到的先进经验，因地制宜，最终形成了一套属于自己的"养牛经"。

第一重难关过去了，接下来的任务就是努力提升牛肉的价值，并将其成功销售出去。经过一系列的摸索，我们于2019年上半年推出了"乌蒙好牛谷饲冷鲜肉"，并顺利地将产品销售至各企业食堂。后来，我们又上线了乌蒙好牛微信公众号，通过电商渠道将我们的产品推向广大消费者。如今，高家村牛场已打造成具备购牛、养殖、加工、销售、售后的全产业链运营平台，从模式单一的村集体经济成长为一家创业型公司，大大提升了牛场的收益。2019年，高家村牛场产品销售总收入达683.3万元，净利润约57.7万元，村

集体经济收益位列全县第一,在泸州市名列前茅。参与牛场项目的60户村民全年户均增收超过6 600元,其中,26户户均增收达8 300元以上,68户入股牛场的贫困户每户额外分红500元,并且,全村的113户贫困户也将得到集体经济的普惠性分红,可谓真正实现了创业增收。

三、扶贫剪影:以坚定的信念和辛勤的汗水培植理想之花

(一)诚信为本,操守为重

2019年中秋前夜是我们第一期团购发货的日子,发货前我们给客户的承诺是:18点之前配送到客户的收货地址。但是,从泸州到成都的高速路上发生了大堵车,直到17:30冷链车才到达成都。为了不让客户失望,我就驾着自己的私家车亲自配送产品,一通通地电话联系,一单单、一箱箱地确认和配送,一晚上把成都的东南西北全跑遍了,车程加起来有200多公里。当天晚上,有一位女同志听闻我没有吃晚饭,于是就想带我去吃个便饭,我告诉她还有很多客户在等着我,时间紧迫。最后,她递给我了一盒温热的牛奶,让我在路上补充一下体力。还有一位小帅哥,我赶到他家小区时已是晚上十点半,他签收完货物,从口袋里掏出一个手工月饼送给我,并祝我中秋节快乐。虽然只是一件件小事,但让我觉得特别感动和温暖。等忙完回到家中时已是凌晨2点,但是我觉得特别踏实,因为我们通过努力履行了自己的承诺,为客户留下了好印象,打下了良好的客源基础,再苦再累都是值得的。

(二)实践出真知,脱贫要行动

冷鲜肉品类单一,价格不具竞争力,加上运输保存成本高,其销售受到诸多限制。如何扩大产品品类,提升产品价值,突破运输保存等局限,成了最需要解决的问题。于是,我们又开始积极拓展产品销售渠道,试图与进行牛肉深加工的企业取得合作。一开始,很多供应商不愿意和我们这种寂寂无名的村企业合作,后来,在中国电子科技集团的帮助下,我们得以与知名品牌张飞牛肉进行对接,对方表示可以谈谈,我便开始与之密切联系。从川南到川北来回一趟有一千多公里,一个月内我驾车跑了四次,终于,对方答应与我们合作尝试。产品第一次面市就大获成功,客户对产品连连称赞,由此,我们才真正踏上了属于自己的致富之路。

以前，群众不理解、不信任、不看好，自电科牛场在业内初露锋芒后，大家都开始纷纷支持牛场的建设和发展，能出力的出力，能种草的种草，高家村牧草基地已经由原来的十几亩发展到现在的一百多亩，养牛产业成了村里的特色产业和支柱性产业，整个村子焕发出久违的生机与活力。有位大爷来村里办事，遇到我说："我在高家村待了几十年了，从来没想过有一天村子能有这样的发展，养牛场居然能赚那么多钱，还给我们分红，做梦都没想到！"现在，高家村已是远近闻名的优秀村、示范村、文明村，村民们终于可以挺起腰杆说自己是高家村人了！

（三）疫情防控，我们在一起

2020年春节，"新冠"肺炎疫情突如其来，各地疫情防控形势严峻。虽然我每天都通过媒体密切关注疫情发展，但却始终放心不下村子里的群众。2020年2月7日，隔离期结束后，我便带着准备好的行李和干粮奔赴基层一线参与疫情防控工作。出发前，妻子含泪挽留："你能不去吗？"我安慰她说："我是高家村的第一书记，危难时刻我不在村民身边保护他们的安全，谁来保护呢？作为党员，群众需要我了，哪有不站出来的道理？放心吧，我会每天都给你报平安的！"扶贫期间，我的爱人和家人给予我高度的理解和支持，他们一直是我最坚强的后盾，对家庭的诸多亏欠，只能通过更突出的成绩来补偿了。

2月12日凌晨，我和同事正在卡点值守，突然听到有人在外面喊："有人吗？"我马上起身出去，看到一位大姐正抱着一个保温桶站在寒风里，接她进屋后才知道，大姐是来给我们送皮蛋瘦肉粥的。"你们为了大家的安全，日夜不停歇地工作值守，太辛苦了！只要有你们在，我们什么都不怕！"一句简单的安慰和信任是对我们工作最大的肯定，爱的传递和伟大足以让我们忘却疲累和严寒。我知道，还有许许多多像我一样普通的共产党员，舍小家为大家，在国家最需要的时候挺身而出，守护着最后一公里，为疫情防控工作贡献自己的一份力量。

未来，高家村党组织将继续以习近平新时代中国特色社会主义思想为行动指南，在中国电子科技集团党组、质量安全与社会责任部的指导部署下，在复旦大学各级领导及复旦师生的帮助和支持下，与复旦大学帮扶的云南省永平县胜泉村进行更加密切的交流互动，更加深入地探讨研究脱贫攻坚之道,为推动乡村产业振兴、人才振兴、文化振兴、生态振兴和组织振兴贡献大爱力量。

(2020年5月30日,为复旦大学、电子科技大学师生讲座讲稿)

扎根绿水青山间　绣出脱贫"幸福花"

中国宝武钢铁集团派驻云南省江城县勐康村第一书记、工作队队长

张　诤

习近平总书记在十九大报告中明确指出,让贫困人口和贫困地区同全国一道进入全面小康社会是我们党的庄严承诺。消除贫困、改善民生、逐步实现共同富裕,是社会主义的本质要求,也是中国共产党人初心和使命的必然要求。

初识脱贫攻坚,新华网推出的微视频《决战倒计时》提供了再好不过的教材:

这个梦,中华民族追寻千年。

这条路,中国共产党奋进百年。

还有551万人未脱贫,52个贫困县没有摘帽。这是中国消除绝对贫困的最后战役。

收官之年遭遇疫情影响,攻坚任务更加艰巨。中华民族又一次遭遇重大考验。

一年时光已经过去5个多月,距离完成脱贫攻坚目标任务还有200多天。

"到2020年现行标准下的农村贫困人口全部脱贫,是党中央向全国人民作出的郑重承诺,必须如期实现,没有任何退路和弹性。"

初心不改、决心似铁、信心百倍、一往无前。

这是一个大党矢志不移的庄严承诺,

这是一个大国从容自信的战略定力。

而关于我国在脱贫攻坚任务中取得的成绩和贡献,正如2020年3月习近平总书记在决战决胜脱贫攻坚座谈会上所指出的:"今年脱贫攻坚任务完成后,我国将提前10年实现联合国2030年可持续发展议程的减贫目标,世

界上没有哪一个国家能在这么短的时间内帮助这么多人脱贫,这对中国和世界都具有重大意义。"如此成绩的背后,离不开中国共产党的领导和我国社会主义制度的政治优势,也离不开各企事业单位、团体、组织和个人为脱贫攻坚所作的贡献,中国宝武集团有限公司便是其中的一个。

一、脱贫攻坚:中国智慧和中国方案

贫困是一种世界现象。为此,西方学者对贫困问题进行了许多富有建设性的思考。著名的"涓滴理论"认为,贫困问题的解决主要依赖于社会经济发展水平的持续提高,即使没有社会政策的干预,经济发展的滴漏效应也会影响到社会的贫困阶层,从而使社会贫困问题自然而然地得到解决。由于这一理论仅从经济学的视角来思考贫困问题,使贫困人口常常处于被动接受状态,因此难以从根本上消除贫困、遏制返贫。

如何脱贫?如何防止返贫?关于这些问题,中国给出了自己的方案。党的十八大以来,以习近平同志为核心的党中央基于我国贫困问题的现状和特点,开出了"精准扶贫"的"药方"。关于精准扶贫方略,习近平总书记强调注重抓"六个精准",即,扶持对象精准、项目安排精准、资金使用精准、措施到户精准、因村派人精准、脱贫成效精准。"六个精准"覆盖了扶贫对象识别、帮扶和管理等各个环节,贯通了扶贫开发全流程,能够有效引导贫困群众参与脱贫,做到项目跟着规划走、资金跟着项目走、项目资金跟着人走,确保扶到最需要扶持的群众、扶到群众最需要扶持的地方。精准扶贫坚持因人因地施策、因贫困原因施策、因贫困类型施策,区别不同情况,对症下药、精准滴灌、靶向治疗,有效解决了"扶持谁""谁来扶""怎么扶"等一系列问题。

此外,中国精准扶贫强调"智""志"双扶,激发贫困户脱贫攻坚的内生力量,从而最大限度减少返贫现象。对于如何解决贫困户返贫的问题,习近平总书记在决战决胜脱贫攻坚座谈会上指出,"要加快建立防止返贫监测和帮扶机制,对脱贫不稳定户、边缘易致贫户以及因疫情或其他原因收入骤减或支出骤增户加强监测,提前采取针对性的帮扶措施"。对摘帽的贫困县、贫困村、贫困人口,保持现有帮扶政策总体稳定,扶上马送一程,摘帽不摘责任、摘帽不摘政策、摘帽不摘帮扶、摘帽不摘监管,这也是中国脱贫攻坚事业能够取得长期稳定成效的重要原因。

从减贫数量和速度上看,中国是世界上减贫人口最多的国家,贫困人口从2012年底的9 899万人减到2019年底的551万人,贫困发生率由10.2%降至0.6%,脱贫攻坚目标任务接近完成。改革开放40多年,中国共减少贫困人口8.5亿多人,对全球的减贫贡献率超70%,创造了世界减贫史上的"中国奇迹"。

实践证明,中国共产党的领导是打赢脱贫攻坚战的根本保证,中国特色社会主义制度是打赢脱贫攻坚战的政治优势,系统完备、科学规范、运行有效的制度体系是打赢脱贫攻坚战的制度保障。"以人民为中心"的制度安排,为全球贫困治理贡献了中国经验。

二、决胜之年:中国宝武在行动

中国宝武钢铁集团有限公司由原宝钢集团有限公司和武汉钢铁(集团)公司联合重组而成,于2016年12月1日揭牌面市。中国宝武以"成为全球钢铁业引领者"为愿景,以"共建高质量钢铁生态圈"为使命,以"诚信、创新、协同、共享"为价值观,致力于通过改革和发展,构建在钢铁生产、绿色发展、智慧制造、服务转型、效益优异等五方面的引领优势,打造以绿色精品智慧的钢铁制造业为基础,新材料产业、智慧服务业、资源环境业、产业园区业、产业金融业等相关产业协同发展的格局,形成"亿吨宝武""万亿营收"能力,打造若干个千亿级营收、百亿级利润的支柱产业和一批百亿级营收、十亿级利润的优秀企业。2019年,中国宝武继续保持行业领先地位,实现钢产量9 522万吨,营业总收入5 566亿元,利润总额345.2亿元,经营规模和盈利水平位居全球第一,位列《财富》世界500强第149位。

从重庆的嘉陵江、武汉的汉水、马鞍山的慈湖河、南京的秦淮河到上海的黄浦江,万里长江奔腾不息,浩浩荡荡涌入东海。正如汇聚细流的滚滚长江,中国宝武以宽广博大的胸怀吸纳了宝钢、武钢、马钢、八钢、韶钢、重钢、鄂钢等众多企业,跻身全球最大钢企第一方阵。乘着2020年的春风,中国宝武各单元雁行共进,以"成为全球钢铁业引领者"为愿景,向着更加宏伟的目标砥砺前行。

在中国宝武,扶贫不是"一个人在战斗",而是着重建立和完善管理体系,依靠体系的力量,举中国宝武之力,形成强大而持久的攻坚合力。为此,中国宝武成立了扶贫工作领导小组,明确了领导小组和扶贫办公室(扶贫办)的成员组成和职责,将集团工会作为扶贫办工作的常设机构。扶贫办根据公司党委要求,有组织、有计划、大力度地助力对口地区脱贫攻坚行动,制定三年行动规划方案,策划年度扶贫计划,加强扶贫工作的统一协调。

中国宝武对定点扶贫项目和扶贫项目资金实行两个"541"管理,即,扶贫项目资金分配,整村扶贫项目占50%,产业扶贫项目占40%,教育扶贫项目占10%;扶贫项目资金拨付,项目启动时拨付50%的资金,项目完成一半时拨付40%,项目竣工验收后最后拨付10%。在资金使用上,中国宝武力求做到扶持对象精准、项目安排精准、资金使用精准、措施到户精准、因村派人精准、脱贫成效精准,确保把定点扶贫资金花在刀刃上,把资金管好用好。"541",看似简单的数字背后是中国宝武在实践中探索形成的特色管理。2020年,中国宝武投入直接帮扶资金2.03亿元,其中定点帮扶资金8 100万元,对口支援资金1.22亿元,购买和帮助销售扶贫产品2 850万元,无不是按照"541"管理的规范执行,取得了事半功倍的效果。

中国宝武将扶贫视为一种共同发展战略,坚持扶贫工作与中国宝武新产业共同发展的理念,与对口扶贫地区共同寻找发展机会,共享发展成果。目前,中国宝武最新覆膜铁罐包装技术通过扶贫产业项目已落地云南江城、宁洱、镇沅、广南,解决了农产品的保质保鲜问题,有力推动了各县农特产品产业化、品牌化。

中国宝武坚持物质扶持、平台扶持、精神扶持三者并举。集团所派出的挂职干部们扑下身子、扎根基层,深入村组、农户、田间地头开展调研,不畏奔波、出点子、跑项目、搭平台,克服了一重又一重的困难。我们着力解决群众最关心、受益最直接、要求最急迫的问题,不仅带去了资金、项目、人才和技术,而且带去了新的思想和理念,犹如星星之火,点亮了贫困村蓬勃发展的新希望。

三、云南江城:没有硝烟的脱贫攻坚主战场

云南江城地处中国、老挝、越南三国交界的边境地区,地域偏远,交通不便,基础设施落后,贫困面广、贫困程度深,是典型的农业县。江城县于1994

年被列为"国家八七扶贫攻坚计划"贫困县,2001年被确定为国家扶贫开发重点县,2011年被纳入国家集中连片特困地区县(滇西边境片区),2017年被确立为云南省深度贫困县。江城县全县共有贫困村42个,建档立卡贫困人口9990户3.8万余人。中国宝武自2004年定点扶贫江城以来,共计投入援建资金7734.8万元,实施基础设施建设、产业发展、教育卫生医疗等方面援建项目162个,累计受益群众达1万多户、4万余人。

我所在的勐康村距江城县城23公里,距康平镇政府51公里;这里平均海拔1000米,年平均气温19.6℃,年降水量在2004毫米,光热和水资源丰富;土地面积134.9平方公里,耕地面积3.16万亩,林地8.66万亩,森林覆盖率42.79%,自然生态环境优越。全村共有耕地面积3万亩(水田0.25亩,旱地2.94亩),人均耕地面积达8亩。勐康村的主要产业以水果种植和牲畜养殖为主,其中,香蕉种植1.37万亩,澳洲坚果0.74万亩,茶叶种植0.6万亩,沃柑0.33万亩,玉米种植1.26万亩,还有少许橡胶、咖啡;生猪存栏2700余头,牛存栏100多头,山羊存栏200多只,家禽存栏1.15万只。村里共有21个村民小组,2019年,农业户籍人口991户3839人,建档立卡贫困人口307户1167人,已脱贫301户1143人,未脱贫6户24人。其中,2014年脱贫111户433人,贫困发生率29.93%,2015年脱贫2户7人,2016年脱贫136户530人,2017年脱贫14户46人,2018年脱贫12户45人,2019年脱贫26户82人,贫困发生率降为0.62%。

了解了村子的基本情况,我们又对致贫原因进行了分析:缺技术247户946人,缺劳动力28户101人,缺资金21户80人,因残4户15人,因病6户22人,因自身发展动力不足1户3人。此外,低保户140户243人,特困供养14户,重病户18户,残疾人户104户。

驻村期间的脱贫攻坚工作是艰苦而漫长的,"5+2""白+黑"是标配;"一劈二""二分三"是重压下的常态。但是责任在肩,我们选择与村民一起负重前行,坚持打赢了三场重大战役,最终实现了高质量脱贫。

(一)内生动力战:扶贫先扶志

不断提升内生动力是我们驻村工作队员的主要工作之一,为此,我们将片区和寨子具体落实到每一位工作队员身上。大家白天带着村组干部入户召开家庭会议,通过挨家挨户排摸,宣传党的方针政策,制定"一户一方案"

的帮扶计划,晚上和村组干部召开全小组会议,遵循"一事一议""四议三公开"的原则,举全组之力,带动大家一起探讨种养殖技术,商议产业发展之策。从"要我脱贫"到"我要致富",观念的转变是发展的基石,在此基础上,村民们才会努力提高技能,真正做到不等不靠不要,积极创造属于自己的幸福生活。

(二)产业持久战:稳定脱贫的根本之策

结合地缘优势和村民们合作互助的倾向,2019年底,我们成立了新欣农民农业专业合作社,销售"哈尼沃柑"1 000多斤;就在上个月,我们还邀请种植大户牵头,百姓自愿参加,种植金煌芒600多亩,30 000多株;而美味可口、可以直接食用的甜笋已开展示范性种植和销售渠道的联系。另外,我们还注册成立了茶叶加工厂,通过提质增效推动"本地茶"的销售,仅一年便销售出近万元的春茶。2020年4月底到5月初,我们策划开发了一条新的江城文化旅游线路,以旅游带经济。在此,诚邀大家来江城作客,感受边疆地区的青山绿水和少数民族同胞的热情好客。

(三)人才储备战:充分发挥基层党组织的战斗堡垒作用

"农村要发展,农民要致富,关键靠支部。"加强基层党组织的建设,提高集体化程度是搞活农村经济的一大法宝。在党组织建设方面,我们着手建立了标准化的党支部,从"三会一课"做起,落实党员教育培训工作。在此基础上,全村13个党支部105名党员在2020年上半年完成了"勐康村为民服务队"的组建,将于2020年7月1日正式开展活动。在提高集体化程度方面,由已组建完毕的青年创业联盟带动当地有志青年边学边干边孵化产业项目,并通过成立合作社提高组织化程度,示范和带领大家共同致富。

2020年4月,在做好疫情防控的同时,江城县迎来了第三方考核组的评估。5月17日传出好消息:经云南省人民政府批准,江城县等31个县(市、区)退出贫困县名单,顺利实现脱贫摘帽。目前勐康村的贫困发生率为0.63%,我们将继续向前,确保在今年实现一户不落,全部脱贫。

四、感悟:与老百姓交朋友做亲戚

驻村经历于我而言是一次难得的锻炼机会,值得我终身受益和回味。其间,令我感触颇深的内容有很多,在这里仅选取最有体会的两点与大家

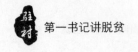

分享。

首先也是最重要的,要学会扎根一方土地,与当地的老百姓交朋友做亲戚。老百姓与你交心了,任何艰难的工作都变得容易起来。其实,老百姓也希望发展,只是囿于资金和技术,一时找不到出路。"给钱送物"式的扶贫只会带来短期效应,并且,给和送本身也会产生新的问题。因此,具体了解每家每户的实际情况,并据此帮助老百姓制定适宜的发展规划,授人以渔,方为最长久和最有效的帮扶。

其次,要"会绣花"。也就是说,我们应当尽力向边远地区的百姓描绘外面世界的发展和变化,多多介绍党的扶贫和惠民政策,宣传制度优越性。对于中国在经济、文化等各方面取得的发展和进步,成果将惠及全体中华儿女,党中央绝不会放弃任何一个贫困地区和任何一位贫困人口。所以,我们要懂得感恩,更要撸起袖子加油干,充分利用好优惠方针和政策,用自己的双手打造属于自己的幸福生活。

最后,感谢社会各界人士对脱贫攻坚工作的关注和支持,欢迎大家多为驻村第一书记提宝贵意见,也欢迎大家抽空来江城感受新农村的建设和发展。让我们一同接续努力,不畏磨砺,奋斗不止,勇敢地向前走,在各自的岗位上书写无悔的青春和出彩的人生!

(2020年5月31日,为复旦大学、东南大学师生讲座讲稿)

说小话 办大事

人民日报社派驻河北省承德市滦平县于营村第一书记
吕晓勋

"说小话,办大事"是我之前和一位老支书座谈时,他总结的做好农村工作的关键,我觉得特别适合于我驻村一年多来的实际情况,所以便以此作为主题与大家分享。

我是人民日报社评论部的一名评论员,大家平时看到的人民日报评论员文章就是我们写的,与此同时,我也是一名驻村第一书记。人民日报社有两个定点扶贫县,一个是河南商丘市虞城县,另一个是河北承德市滦平县。滦平县名气最大的是金山岭长城。我于2018年8月报名来到滦平县挂职,担任于营村第一书记。于营村在2014年被列为贫困村,基础条件差,没有像样的产业,2017年人均年收入不到4 200元。当时有不少朋友问我,为什么要到农村去吃苦?我想,原因有两方面:第一是为老百姓做点实事,这一直是我个人的心愿;第二是到基层尤其是脱贫攻坚一线锻炼,和基层干部、农村群众一起摸爬滚打,对于新闻工作者增强党性、增加见识、增进感情、增长才干是非常有帮助的。我们报社的领导也曾多次鼓励我们评论员,要走下去,到现场去亲身参与实践。因此,兴趣和导向相结合,是我成全自己、说服家人的主要理由。

滦平县位于北京的北部,空气质量常年保持在优的级别,我所在的于营村也是如此。于营村三面环山,风景优美,四季分明,虽然冬天有点冷,但总体上非常适合居住。而我刚来村里时的情境却与此极不相称,垃圾随处可见,道路破损严重,到了晚上,全村四个自然村中有三个几乎没有亮着的路灯。看到村干部和村民们懈怠的精神状态,就不难解释如此优美宜居的村子何以这般贫穷落后。

刚到村子,人生地不熟,之前也没有做过农村工作,怎么办?我从最基础的入户走访开始,花了两个多月的时间,在驻村工作队和村干部的帮助下,走访了120多户村民,对于贫困户的致贫原因和发展愿望有了更加清晰的了解。在此基础上,我先后完成了三件小事,第一件事是绘制了两张涵盖四个自然村的于营村引导图,在图上标注出每一位有房农户的姓名、位置、所属小组以及是否常驻等信息。两张引导图被放大打印后,贴在村部办公室,以方便村两委开展各项工作。第二是制作了一份于营村各户信息电子表格,详细记录每一户的联系方式、上学就业信息、扶贫收益,方便随时查阅。第三是建立了一个于营村的村务微信群,所有村级的公共事务我们都会在群里及时公告,目前已经有360多人加入。

这些工作费时、耗力,但我觉得很有意义,因为这不仅拉近了我和村民之间的心理距离,方便村两委开展工作,也为村里今后做发展规划提供了非常重要的事实依据。驻村期间,我逐渐养成了一个习惯,经常去村民聚集的地方,听听他们的想法和意见。当时反映比较强烈的有两件事,一是三个自然村路灯不亮,二是村里有很多旧账,最远的已经超过了20年。为了解决路灯问题,我找到了《人民日报》的一位老作者,他的儿子是深圳的一位企业家,听闻村里没有路灯,马上慷慨捐赠了10万元,加上驻村的滦平司法局拨放的4万元工作经费,我们总共凑了14万元,安装了70盏路灯,解决了三个自然村没有路灯的问题。当时,为了保证每一盏路灯都能最大限度发挥作用,我和村里的老会计们连续几天摸黑到各个自然村踩点,经过反复商量推敲,最终才确认安装方案。做完这件事情以后,村里有相当一部分老百姓转变了对我的印象,一开始有些村民认为我就是来"镀金"的,没想到我能够解决他们10多年没有解决的问题。我们常说,百姓心里有杆秤,此言不虚。

经此事件,我慢慢掌握了做农村工作的节奏,随即把村两委换届提上了日程。按照上级党委的统一部署,我负责协助村两委的换届选举工作,该工作于2018年8月陆续展开,于同年10月末进入尾声。2018年10月23日上午,在20多位党员和村民代表的见证下,我们村举行了首届新任村两委干部就职承诺仪式。常言道,火车跑得快,全靠车头带,领头羊的工作状态直接决定了整个村子的前进姿态。新一届村两委上任后,我们多次召开村两委会和村两委扩大会,讨论村子以后的发展方向。众所周知,实施乡村振兴战略的20字方针是"产业兴旺、生态宜居、乡风文明、治理有效、生活富裕";

中共中央组织部等三部委《关于做好选派机关优秀干部到村任第一书记工作的通知》中,对第一书记的职责也有明确要求,主要是4项:建强基层党组织、推动精准扶贫、为民办事服务、提升治理水平。结合中央精神和村里的实际情况,我们最终把村子的发展方向确定为16个字——"党建强村、产业兴村、基建亮村、服务润村"。

一、党建强村:充分发挥党组织战斗堡垒作用和党员先锋模范作用

说到党建工作,不少人都会挠头,因为这个活儿比较"虚",而且村干部中有相当一部分文化程度不高,做起来可能会有些费劲。其实,党建工作并没有大家想象的那么难做,要想做好,我觉得最关键也最根本的是,要从思想上认识到党建工作的重要性。农村基层组织是党在农村全部工作和战斗力的基础,不管是决战决胜脱贫攻坚,还是推动新时代乡村全面振兴,我们都必须把农村基层党组织建设摆在更加突出的位置来抓,充分发挥党组织战斗堡垒作用和党员先锋模范作用,为农村改革发展提供坚强的政治和组织保证。

我的工作是从带动党建工作的负责人开始的。原来的党建工作是由村里的妇女主任具体负责的,她做工作一直是怎么方便怎么来,为的是应付领导检查。后来,我专门找了几天时间,一项项地帮助她梳理党建档案,同时经常带着她出去学习,告诉她具体的工作应该怎么做。通过一两次细致的教学,我们村的妇女主任现在已经基本能够把党建的各项工作弄明白了。

思想建党,保持一定频次的党课是必要的。在一次党员大会上,我给村里的党员讲述了村老党员康平(音)的事迹。康平(音)原是一名砼工(混凝土工人),他原来参加过人民大会堂的建设,后来获得了北京市"劳动模范"的称号。退休回村后,康平(音)经常给村里的党员讲党课。作为一名党员,他总是严于律己,从来不让家人占自己医药费报销的便宜。有一次,康平(音)病重卧床不起,村书记上门看望,他还主动缴纳了下一年的党费。这位老人不仅讲党性有作为,而且敢担当重品行,以自身的实际行动为我们作出了表率。从他身上,我们不仅看到了一名合格党员应该具备的基本素质,更要学会寻找差距,积极向模范看齐。

我们村有一个党员微信群,极个别的党员从来不在群里发言,也不回复通知和消息,哪怕我在群里反复提醒,仍不见他们有反应。我当时就在会上说,这样的党员把党组织置于何处?你还记得自己党员的身份吗?如果不想要党员的身份了,没有问题,《中国共产党章程》第九条明确规定,党员有退党的自由。党员要求退党,应当经支部大会讨论后宣布除名,并报上级党组织备案,大家可以好好看一看;第九条还规定了,如果没有正当理由,党员连续六个月不参加党的组织生活,或不交纳党费,或不做党组织分配的工作,就被认为是自行脱党,支部大会应当决定把这样的党员除名,并报上级党组织批准。说这些主要想表明一点,包括我在内的所有的党员,其实距离党章党规的基本要求还有不少差距,离村民对我们的期待也有不少差距。怎么办?第一步就是原原本本地学。学什么?从最基础的党章开始学。目前最新的党章是经党的十九大修改后的版本,有一个总纲,11章55条内容。我们首先要看好第一章,搞清楚作为党员需要履行哪些义务。这是第一步,明白怎么做一名合格党员。第二步是老老实实地改。每个人或多或少都有缺点、短板,有问题不可怕,可怕的是不敢面对问题。"不忘初心、牢记使命"主题教育中有一个环节是,每名党员根据自己的实际情况写问题,说整改措施,这就是一个很好的反思机会。原原本本地学,老老实实地改,归结起来就是一句话:履行一个党员应尽的义务。这绝不是说给领导听的漂亮话,而是切实地以党员的客观标准观照自己的思想和行为,努力让自己进步。一席话刚落,几位老党员便带头鼓起了掌,后来的党建工作也逐渐有了好转。总之,党建工作其实并不难做,关键还是得下功夫,花心思去研究。

二、产业兴村:路都是走出来的

习近平总书记在宁夏考察时明确指出,发展产业是实现脱贫的根本之策,要因地制宜把培育产业作为推动脱贫攻坚的根本出路,有产业才有就业,有就业才有增收。我们村比较典型的产业扶贫例子有两个,第一个是碧桂园集团发展的苗木种植项目,第二个是村里自主发展的秋葵项目。碧桂园公司于2018年8月入驻于营村,流转了20多亩土地用以种植白蜡和国槐,现在已拓展到近60亩。通过土地流转,雇村民种植和管理白蜡、国槐,帮助村民增收。截至2020年,碧桂园公司向村民发放的工资总数已超过30

万。村民有了工作，土地重新焕发了生机，大家的精神状态也随之发生了明显的变化，不再等、靠、要，而是主动找活儿干，寻找致富之路。93户建档立卡贫困户全部实现脱贫，与企业的大力扶持密不可分。

秋葵是一种保健蔬菜，具有健身、养胃、护肤的作用，在上海、北京等城市非常受欢迎，但在农村普及度不高。2019年3月，我在村两委会上提出，以村集体合作社的名义流转村中心广场附近的10亩土地进行秋葵试点种植。当时，村两委班子既不支持也没有反对，大家最关心的问题有两个，第一，秋葵好种吗？第二，秋葵能挣钱吗？为了打消大伙儿心中的疑虑，我想了不少办法，首先通过村务微信群普及秋葵的相关知识，然后与滦平县职业技术教育中心取得联系，邀请山东寿光以及本地的农业专家来村授课，现场讲解种植和管理经验。经过半个多月的动员，最终有7户村民表示愿意试种，一个多月后，他们拿到了经暖棚培育的秋葵幼苗。分散在全村的个人试验地连同村中心的10亩秋葵示范园地，保证了我们有稳定的产出。成熟的秋葵经过分拣、包装，最终在"人民优选"平台销售，或者直送人民日报社的食堂以及滦平县城的大型商超，避免了农产品卖不出去的尴尬。截至2019年销售期结束，13亩秋葵的毛收入超过了75 000元，老百姓通过务工、送货增收了6万多元，扣除报社拨付的扶贫资金和种植成本，村集体还有3万多元的盈余。通过秋葵种植，我们对农业产业发展有了更理性的认识。产业是否符合自身定位，基础设施能否配套，管理技术是否到位，仓储物流如何保障，销售渠道怎么打开……这些都需要我们通盘考虑。另外，农业发展中存在许多不可预见的风险，如极端天气、大面积病虫害等，也需要我们未雨绸缪。总之，发展农业产业异常艰辛，需要更多懂技术、会管理、有情怀的人才参与进来。当然，能够找到适合本村的可持续发展模式，即使付出再多辛苦，我觉得也是值得的，心里非常有成就感。

三、基建亮村：敢于提"要求"、寻帮助

作为挂职的第一书记，牵线搭桥是我们的重要作用之一，也就是说，要努力把外面的资源引进来，把百姓的声音传出去，搭建好桥梁。初来乍到，不认得几个人，没办法开展工作。后来，我想了一个笨办法，对照滦平县机关公务常用电话号码本，凡是和农业、农村发展相关的部门，我挨个打电话，

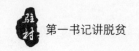

一是介绍村里的情况，二是希望上级领导有空多来村里指导工作。一圈电话打下来，不少相关部门的领导都愿意和我取得进一步的联系，了解村里的详细情况，并通过不同的方式给予我们支持。去年，在人民日报社和滦平县委县政府的大力支持下，我们村先后启动了道路、桥梁、生态坝、自来水、村党群服务中心、污水处理、街巷改造、厕所改造、全村绿化等11项工程，在显著改善村庄基础设施建设的同时，也为村民们增加了不少就业机会。随着于营村的日益进步和发展，很多长期在外的老百姓也纷纷回村感受家乡变化，更有人选择留下来和家乡一起成长，这是我们最希望看到的。

四、服务润村：坚持为老百姓做实事

人民日报社有一个非常好的传统：每年年初都会在社会范围内广泛征集意见，选出十个群众最关心也最需要解决的问题，明确交办单位着手解决，年底再回头看反馈，若仍未圆满解决，则继续跟进解决方案。我现学现用，把这个办法用到了村庄服务治理上。2018年底，村里经过讨论确定了2019年要为老百姓干的十件实事，包括发展一项产业、设立一个基金、修建一条道路、组织一次支部共建等。2019年底，所有的计划都得到了落实，说明方法很奏效。2020年，我们沿用此传统，也讨论确定了十件实事，目前已经完成了大概30%，接下来的70%正在逐一落实。立 flag 并不难，难的是在面对困难时的坚持，我的经验是不要想太多，只想着找办法完成它，总会有收获。

五、后记

其实做第一书记和当村书记都是非常辛苦的活儿，不仅要讲拼搏会奉献，还得有激情有韧劲。在和村干部以及村民相处的过程中，我最大的感触是，要想成为一名合格的农村带头人，至少要做好三点：第一，做好发展的开拓者。发展是基础，村里的经济得不到发展，产业没有亮点，一切无从谈起。第二，做好民生的实干家。干部干部，先干一步，不干的，半点马克思主义都没有。有一位前辈曾经跟我说，成绩自己会说话。最近跟老百姓聊家常，他们都感叹村里的经济在这几年发生了非常大的变化。所以，只要我们脚踏实地地做了，老百姓都会看在眼里，记在心里。第三，做好群众的贴心人。

我始终相信,你把群众放心上,群众也会把你放心上。记得2019年夏天,我和村干部连续几天晚上加班,在村里的小广场陪着村民排练广场舞,学习大合唱,有一天晚上突然降温,我没有带外套,有位村民看见后便悄悄回家拿了件洗干净的外套给我。我当时特别感动,积压了好几天的疲惫一下子就被冲淡了不少。

扶贫是项大工程,不仅第一书记,很多基层干部工作都非常辛苦。我们乡里有位年轻的扶贫干部,2019年底因为工作繁忙,吃住都在单位,连回去换身衣服都顾不上。他调侃自己,再不回家收拾一下,入户都会遭嫌弃。我也亲身感受到发展农村产业的不易,上面提到的秋葵项目就遭遇过采摘工不够、管理技术不到位、销售渠道打不开等困难。这些情况和问题不可能只在于营村一村存在,而是我们国家贫困地区的普遍状况。对此,我们应当给予高度的关注,有一份热发一份光。

2019年1月25日,习近平总书记在人民日报社新媒体大厦与我进行视频连线,他嘱咐我要踏踏实实为老百姓干点实事,为贫困乡村带来一些新变化。总书记讲,脱贫攻坚是一项历史性工程,是中国共产党对人民作出的庄严承诺,我们党最讲认真,言必行,行必果,说到做到。他希望广大新闻工作者发扬优良作风,扑下身子、沉下心来,扎根基层,把基层特别是脱贫攻坚一线,作为学习历练的平台和难得机会,增加见识,增进感情,增长才干,实实在在为当地百姓解决实际问题,为贫困乡村带来新变化。

脚上有泥,心中才有底,脑中才有料。到最基层的中国农村去走一走,到最偏远的山区去看一看,我们才会感受到最立体的中国,获得更多向上生长的力量。这种原始的生命力会让我们在今后的各项工作中更加沉稳,更加有底气。

(2020年5月26日,为复旦大学、华东师范大学、上海对外经贸大学师生讲座讲稿)

创新模式、铆足干劲
为盘州市脱贫奔康贡献央企力量

攀钢集团派驻贵州省六盘水市盘州市瞿家庄村第一书记
何 凯

一、深入脱贫攻坚第一线

（一）鞍钢集团攀钢的历史沿革

到盘州挂职之前，我在鞍钢集团攀钢工作。攀钢位于四川省攀枝花市，这也是全国唯一一个以花名命名的城市，"花是一座城，城是一朵花"，用以描述攀枝花再贴切不过。攀枝花是中国乃至全世界矿产资源最丰富的地方之一，被誉为富甲天下的聚宝盆。20世纪60年代，为开发富饶的攀西资源、建设"大三线"战略后方、改变我国钢铁工业布局，党中央做出了建设攀钢的重大战略决策。1965年春，党中央举全国之力，动员数十万建设者，在没有大城市依托、不通铁路的条件下，用5年的时间在2.5平方公里的不毛之地建起了一座现代化的"象牙微雕钢城"，成为我国冶金建设史上的一座丰碑。

攀钢的建设发展得到了党中央许多领导人的高度关注和亲切关怀。毛主席指示，"攀枝花不是钢铁厂问题，是战略问题""攀枝花建设不好，我睡不好觉"。邓小平同志亲自选定攀钢厂址，指出"这里得天独厚"。方毅副总理9次召开攀西资源综合利用问题专题会议，8次到攀钢实地视察调研。

面对大山，很多人提出疑问，几百万吨的大型钢厂能不能建在这里。先辈们跋山涉水来到攀枝花，三块石头架口锅、帐篷搭在山窝窝，天作罗帐地是床、野菜盐巴下干粮，克服重重困难，最终把钢铁企业建在了这里。攀钢一期工程于1965年开工建设，1970年建成投产；1999—2004年间，先后重组成都无缝钢管公司、成都钢铁厂、四川长城特殊钢有限责任公司；2010年与鞍山钢铁联合重组，成为鞍钢集团的全资子公司。历经50多年的建设发展，攀钢已成为全球第一的产钒企业,我国产业链最为完整的钛加工企业,我国第二大铁精矿和第一大钛精矿生产企业,国内第一、世界顶级的重轨生产基地,我国重要的汽车用钢、家电用钢、特殊军工钢生产基地。所属企业主要分布在四川攀枝花市、凉山州、成都市、绵阳市及重庆市、广西北海市等地。但无论在哪个发展阶段,攀钢始终坚持发展一片产业,带动一方经济,造福一方百姓。

（二）四十岁"攀二代"的人生转折

我是"攀二代",我的父亲是名军人,退伍后在攀钢工作,我在攀枝花长大,毕业后也成了攀钢人。我一直在攀钢钒公司冷轧厂工作,这座绿树成荫、装备先进的现代化工厂,主要生产家电和汽车用钢。2018年7月,组织选派我到贵州六盘水市盘州市瞿家庄村任第一书记,任期两年。记得第一天到瞿家庄村报到,乡亲们用大碗酒的淳朴方式迎接我,我硬着头皮把乡亲们的"热情"一饮而尽。随后,跟着村干部翻山蹚水两个多小时,到村里最远的3个组了解雨季塌方堵路的相关情况。看着茫茫青山,我在心里默默鼓励自己,再苦、再难,也要咬紧牙关,展示出鞍钢集团攀钢扶贫干部的担当。

这是一个四十岁"攀二代"的人生转折。我的人生从工厂到农村,从工业到农业,从工人到农民。这个变化是巨大的。

（三）精彩盘州——我的第二故乡

盘州是由贵州省直辖六盘水市代管的县级市,地处滇、黔交界,是贵州的西大门,被誉为滇黔锁钥、川黔要塞。由于其自古就是屯兵之地,地名多带官字,如张官、刘官、松官、高官等。六盘水市是"凉都",当全国多地开启高温"炙烤模式"酷暑难耐时,盘州却独享夏日19℃的清凉。来到盘州,你大可纵情于山水,忘情于自然,深度体验盘州全域旅游,畅游在乌蒙大草原、妥乐古银杏、哒啦仙谷、娘娘山4个国家4A级景区和省级旅游度假区,瀑布、溶洞、峡谷、湖泊比比皆是,山奇、水灵、石秀、物华处处成景,你还可以品味29个不同民族多姿多彩的"文化盛宴"。在这里,你会惊叹大自然的鬼斧神工,沉醉于精彩盘州的独特魅力。

六盘水市和鞍钢、盘州和攀钢的关系是密不可分、牢不可破的,缘起"三线"建设,情定脱贫攻坚,意在千秋万代。

二、昨日的瞿家庄盼发展

（一）瞿家庄村概况

瞿家庄村属于国家一类贫困村，位于盘州市刘官街道东北部，海拔1 680米，距街道办事处5公里，面积15.8平方公里，下辖18个网格，7个自然村寨，共868户2 868人，其中建档立卡贫困户160户558人（2019年底全部实现脱贫）。瞿家庄由老瞿家庄村、三十亩村、箐脚村三个村合并而成。平野菜花香、枝头春意闹，这里景色秀丽，四季分明，有手工面、刺梨果，还有大家听说过没见过的"九大碗"。

我到瞿家庄村以后，历经上千次入户走访，终于梳理出了瞿家庄村的主要致贫原因。

1. 少路。2 868人的村庄，只有一条又弯又窄的穿寨公路，遇上暴雨塌方，村民只有绕道而行，村民之间也少有来往，产业布置成本非常高。

2. 缺水。全村耕地面积6 035亩，完全靠天吃饭，等雨水浇灌，只能种植不怎么喝水的"懒庄稼"——玉米。

3. 无劳力。大量青壮年劳动力外出打工，农村只剩下空巢老人和留守儿童。

4. 无产业。主要种植玉米，缺资金、少技术、没项目。

5. 不平静。群众工作在刘官街道有名的难做。

6. 不健全。村两委人员、网格员更迭频繁，工作能力和态度双差，历史旧账多，群众埋怨重；村活动室偏远，办事极不方便；没有党员活动阵地；2018年底被评定为市级软弱涣散党支部。

综上所述，瞿家庄村的脱贫攻坚任务是艰巨的。经过多方考察和调研，我确立了"党建＋产业"的帮扶模式。

（二）关于瞿家庄村的梦想

按照要求，我的扶贫时间是2年半。在这2年半的时间里，我究竟能为瞿家庄村带来什么变化？在我的内心深处，一直有个梦想，那就是打造先进瞿家庄、幸福瞿家庄村、希望瞿家庄。

为了实现这个梦想，我在大量调研的基础上，结合瞿家庄村的实际情况，制定了道路、水利、产业三年规划，明确了"抓大壮小扶微"＋"小规模多元化、示范性探索、成功后放大"的工作思路,策划21项"产业+基建+党建"援建项目,得到了鞍钢集团攀钢的大力支持。"抓大"就是引水修路,"壮小"就是扶持刚刚起步的致富带头人,比如我们的水产养殖扶贫基地就是合资,集团公司出大部分资金,致富带头人出小部分,优先承包经营;"扶微"就是点对点精准帮扶,比如资助农户建家庭猪圈、买猪买牛等。"小规模多元化、示范性探索、成功后放大"就是在种植养殖上小规模投入,多元化试行,风险小,失败转向快,摸着石头过河,给老乡做示范,如果成功,引领老乡和合作社复制放大。

截至2020年6月,集团先后投入帮扶资金757.398万元,援建了14个扶贫项目,涵盖党建、基建、民生、医疗、教育、产业等方面,种出了云茸、分葱、蒜苗、辣椒、小黄姜、洋芋、白菜、豆角、西瓜等10多种经济作物,养殖了石蛙、牛蛙、淡水鱼等,改变了只种玉米的产业结构。产业发展带动瞿家庄村发生了翻天覆地的变化。在鞍钢、攀钢两级集团的帮助下,在盘州市党委和政府的支持下,我把这些帮扶资源用在了"刀刃"上,而我当初的梦想也正逐步变成现实。

三、今日的瞿家庄换新颜

(一)先进瞿家庄村

没有规矩不成方圆,首先要立规矩、抓制度建设。我制定完善十几项规定,《党支部工作职责》《党员考核细则》每半年评定一次;《村支两委网格员八项规定》是规范村干部言行的规章;还有具体的管理细则,如《考勤管理办法》《环境卫生清扫管理办法》《进村入户开展工作制度》《产业发展(管护、种植)制度》等;360字的《村规民约"三字经"》,朗朗上口,通俗易懂,入脑入心。我们将村里一所1970年建造的小学打造成现在的党建活动阵地,凝聚党员,服务群众。确立颇具特色的党建工作法和"服务、引领、凝聚、实效"的工作目标,先推动我们村党支部工作走上正轨,再按部就班上台阶。短短几个月的时间,就让村两委的工作更加科学化、规范化、标准化,提高了党支部的向心力、凝聚力和战斗力,也增强了党员的认同感、归属感和荣誉感。此外,我们还通过引进国有企业先进管理经验等途径,打造了一支守纪律、肯吃苦、讲奉献的干部队伍,为脱贫攻坚各项工作的顺利开展提供了人才支撑。

脱贫攻坚工作是我在驻村期间最重要的工作,两年的脱贫摘帽会战既艰辛又扎实。大家在平时的工作中都有明确的目标,从早晨天蒙蒙亮到晚上星星点灯,"5+2""白加黑"是常态;我每年回家3次左右,除了春节,其他节日都是在村里过的,最长有五个月没休息过一天。到农村工作,颠覆了我对乡村干部的认识,他们扎根基层,干的是最累的活,吃的是最真的苦。好在一切的付出都有了回报,如今的瞿家庄村可以说是初见成效,有标识、有党旗、有制度、有书刊、有设施、有台账、有实效,在贵州省、六盘水市、盘州市等各级验收和第三方评估中交出了合格答卷,群众满意度95%以上,2019年,29户未脱贫户58人全部实现脱贫,贫困人口全部清零,2019年底还成功摘掉了"软弱涣散党组织"的帽子。

(二)幸福瞿家庄村

"果蔬产业扶贫示范园"和"水产养殖产业扶贫基地"加上新建的产业道路,是我们村子的致富之路、幸福之路。通过对果蔬产业园、水产养殖基地、小学食堂、卫生室、农业灌溉系统、机耕道路等项目的投入,瞿家庄村的村容村貌发生了翻天覆地的变化。

村里有个大池塘废弃了将近30年,我们带领村民清淤、垫层、修筑,将它重新翻修投入使用。修复后的大塘子水库占地2.1亩、蓄水3 200立方米,为云茸种植、蔬菜灌溉提供稳定水源,也改变了村寨长期缺水的局面,为推进"千家万户小康菜园"工程建设,实现"四季有绿、四季有花、四季有果、四季有菜"的现代农村新景象创造了条件。另外,果蔬基地供水管道伸入田间地头,新建拦水堰一座、输水管道9.55千米,核心区灌溉面积800亩,实现了果蔬稳定灌溉,一改村里无水种地的局面。

村里几条道路的修建涉及近百户村民土地占用,我和村干部一家一家登门协调,嘴说干了,腿跑瘸了,得到了绝大部分村民的理解和支持,但极个别的村民对征用自家土地修路表示极度不满,有拿十几年前甚至几十年前的纠纷要求解决后再谈的,有漫天要价土地赔偿的,有土地所有人同意但其父母兄弟千方百计阻拦的,还有拿祖坟、宅基地等说事儿的,更有村民拿着镰刀、锄头闹事。我们跨越了重重障碍才修通了四条村级产业路,分别命名为"鞍攀路""鞍心路""新攀路"和"攀红路",每个路名背后都有不同寻常的意义。"鞍攀路"代表鞍钢集团攀钢真心实意、真金白银帮扶瞿家庄村,希望村民心连心振兴本村;"鞍心路"表示在鞍钢集团攀钢帮助下,村民安心、放心地踏上了小康路、致富路;"新攀路"表示在新攀钢建设关键时期修的新兴路、希望路;"攀红路"通向瞿家庄党建活动阵地,象征一颗红心向着党,听党的话、跟党走。有了这些路,村民出行问题得到了解决,拉近了村民之间的距离,为一体化管控 18 个村民组、扩大种植养殖规模、实现可持续发展打下了基础;打通了突发火情、医疗急救、地质灾害抢险时的生命通道;攀钢同时援建的果蔬产业扶贫示范园也因为产业路落成降低了运营成本,村民运送肥料、种子到地里,再也不用走田埂小路了,很多村民正计划买三轮车,以进一步节省人力。瞿家庄村村支书袁瑞礼说,攀钢为他们修建的是友情之路、生命之路、发展之路。

在种植产业扶贫方面,我们修建了 35 亩果蔬菜大棚,预计年产果蔬 20 万斤,年销售额 30 万元,成功种植的云茸、分葱、蒜苗、小黄姜、辣椒等经济作物在当地销售火爆。获得的收入一部分归村民分红,一部分归村集体,为村子今后的发展蓄力。更重要的是,村民可到果蔬菜大棚务工,在家门口就能挣钱,也能方便照料家庭。在果蔬产业扶贫示范园里,长期务工人员 20 人,每小时有 7 块钱的收入,效益好还有奖金。截至 2020 年 6 月,鞍钢集团攀钢援建瞿家庄村项目点的务工人数共计 11 000 人次,务工收入达 130 多万元。

在养殖产业的建设方面,我们新建水产养殖基地 4 亩,预计年产商品蛙 1.15 万斤、种蛙 300 对,其他水产品 3 000 斤以上,年销售额至少 50 万元,村集体收入年增加 4.5 万元。在这方面,我们充分利用了当地环境的优势,采用百年老水井作为养殖水源,用石头、沙子、水草仿照野外环境搭建标准化养殖水池,我们还在棚内种植了大量的葡萄等绿色植物,"葡萄树下养石蛙,中国盘州第一家"的说法就是从这里来的。养殖基地于 2020 年 5 月初开始投入使用,除蛙以外,我们同时还养殖了甲鱼、小龙虾、乌鱼、青鱼、草鱼等。该项目惠及瞿家庄村全体村民。

知识改变命运,知识让村庄更有希望。鞍钢集团攀钢对贫困村的帮扶不仅体现在产业上,更投入于教育中。"你若心怀梦想,攀钢伴你成长",这是鞍钢集团攀钢给小朋友们的寄语。2019 年 8 月 14 日,攀钢团委将盘州市刘官街道瞿家庄村、淹五寨村和四川省凉山州盐源县黄草镇格朗河村的 31

名小朋友接到攀钢参观,感受大工厂火热的生产场景,了解钢铁是怎样炼成的。"我要好好学习,考上大学,不辜负攀钢对我们的关心和帮助。"这是瞿家庄村初二学生卢征艳参观后的感悟。我们积极开展"金秋助学"活动,为升学的孩子提供资金支持。2018 年,我们村有 8 户建档立卡户家庭的子女考上大学,鞍钢集团攀钢一次性给予每人 4 000 元的奖助金,2019 年,11 位考入大学的孩子也同样获得了资助。对于家庭特别困难的学生,我们联系了攀钢二级单位进行点对点对口帮扶,目前已结成 14 对。在青年的培育方面,我们与四川机电职业技术学院取得联系,选派专业教学团队,奔赴盘州市、凉山州盐源县、喜德县、木里县,开展电工、焊工技能培训,上百名适龄青年经过培训后获得了电焊工技术证书,有了一技之长。

在民生改善方面,我们为当地的小学援建了 180 平方米的新食堂,2020 年 5 月投入使用,大大改善了师生们的就餐环境。攀钢职工总医院为刘官街道的老人义诊,为初中、小学、幼儿园的孩子做先天性心脏病的筛查等;2020 年,鞍钢集团攀钢投入 320 万元,在盘州 6 个乡镇 8 个村新建了村卫生室,解决了上万人看病远、看病难的问题,瞿家庄村卫生室预计于 2020 年 7 月中旬投入使用。此外,我们还在瞿家庄试点了两个小康寨,在活动广场和新建道路上安装了 96 盏太阳能路灯。在街道办挂职之前,我在村里住了将近一年,太阳落山后,村子里总是黑漆漆的,现在,路上、广场上都被点亮了,越来越多的人开始在路灯下跳广场舞,这让我由衷地感到高兴。

四、带货书记:吾心安处是吾乡

参加扶贫工作的这两年,我只在春节回过两次家,从早到晚,折算一下时间,相当于原来三年的工作时间;750 万元 20 个项目,都是我时时刻刻关注的"孩子",生下来就要抚育培养他们,要让他们茁壮成长,开枝散叶;我自己的 5 户帮扶户,全村 2 868 个村民,他们都是我心头的牵挂,是我今生的际遇,永远的财富。每日穿梭于田间地头,走坏了几双鞋,鞋子都"开口笑"了,当然,随之而来的是老百姓的认可,是百姓对你开口笑;我在第一年上山钻林子时染上了皮肤病,每年发作两三次,每次一个月,晚上痒得睡不着,腰椎颈椎的毛病也日益严重,乡镇的医疗条件有限,到现在也没有抽出时间好好治疗。不过,一切付出都有回报,此次扶贫经历让我找到了自己的第二故乡,感觉为百姓办事比给自己做事还兴奋。比如,今年受疫情影响,很多农产品滞销,瞿家庄村也不例外。于是,趁着"双品网购节"活动,在鞍钢集团和攀钢两级集团的安排部署下,我作为攀钢驻村第一书记走进了抖音、天猫直播间等平台,为盘州市带货。整个"双品网购节"期间,鞍钢电商采购商城共计下单437笔,成交金额317万;截至2020年6月,鞍钢集团在盘州消费扶贫达3 400余万元。

这两年,关于瞿家庄的报道有五六十篇,作为第一书记,我也获得了许多荣誉。但我深知,无论是村子的巨变还是我个人的收获,这些成绩的取得与党和政府的关心、鞍钢集团攀钢的支持还有老乡的理解和帮助密不可分。夜空中最亮的星,是扑下身子真蹲实驻的你和我,是我们同环境的共同生长。而成长的印迹除了镌刻于村子的巨变中,也融进了我自己的心得感悟中。

1. 心安之处便是家,他乡亦能变故乡。在刚到村子的前三个月,我把每家每户都走了一遍,细致地了解了每一户的情况,争取走到、看到、问到、记到,最后做到精准扶贫。每日的"绣花"功夫不仅使我很快与老百姓打成一片,更为我今后解决棘手问题打下了坚实的基础。尽快忘掉旧身份,融入新角色,把心态调整好,把干劲提上来,其正面作用是非常大的。短短两年,稍纵即逝,人生百年,一晃就过,哪有那么多时间让我们长吁短叹?早点心安,何处不是家乡?!

2. 术短而难持,道长而绵远。技多不压身,没有一腔热血、两把刷子,终难成事。工作了这么多年,从工厂到农村,从工人到农民,从工业到农业,我对于"干劲"体悟深刻,而在扶贫工作中,"干劲"则显得更加重要。脚下沾有多少泥土,心中就沉淀多少真情。大多数事不是会了才干,而是干了才会;有些事情不是看到希望才去坚持,而是坚持了才看得到希望。所以,要勇于尝试也要懂得坚持,没有一行一岗如想象中简单。大学毕业后参加工作以来,我当过技术员,也做过许多其他岗位,之前总是这山望着那山高,觉得自己如果站到别人的岗位上会做得更出彩。随着待过的岗位越来越多,我才明白,只有小演员,没有小角色,干好任何岗位都不容易,尽自己所能干到极致才是正途。总之,我们既要有只争朝夕的干劲儿,又要有来日方长的坚持。人生没有彩排,每一次都是直播,我们可以享受年轻,但不能挥霍。珍惜青春,给自己的人生留下一些印迹,这是最重要的事情。

3. 路在心中朝前走,是非曲直后人说。工作和生活,无非就是学点儿东西,做点儿事情,悟点儿道理,交点儿朋友,我们要善于把复杂的事情简单化,不要望得太远,给自己过多的压力,这样不仅做不好事情,也不利于身心的健康发展。只要真心实意帮扶、真金白银帮助、真刀真枪工作,一定能换来笑脸和尊重。我现在走到哪里,老乡们都会笑脸相迎,何书记长何书记短,现在,村里各家各户的看门狗都不拿我当外人了。

最后向大家普及一下"三支一扶"计划。"三支一扶"指大学生在毕业后到农村基层从事支农、支教、支医和扶贫工作,其目的在于为高校毕业生向基层单位落实就业问题提供具体的指导和保障,也为毕业生提供大展拳脚的舞台。在这方面,习近平总书记的经历为大家提供了很好的榜样,他的学习和阅读不仅只是在象牙塔里进行的,更是在广阔的天地中展开的。正是因为经历了丰富而长久的实践锻炼,才厚植了他治国理政的根基。2020年是扶贫攻坚决战决胜的关键之年,接下来,乡村振兴马上拉开帷幕,农村天地大有作为,希望有识、有志之士踊跃参与,在如此伟大的工程和历史进程中书写自己的华章!

(2020年6月6日,为复旦大学、贵州大学师生讲座讲稿)

山海相连　扶贫攻坚

中国远洋海运集团派驻湖南省怀化市沅陵县借母溪村第一书记

徐　锋

一、从大海到大山的跨越

我在挂职之前是一名船长。谈到船长，大家想到的也许是《泰坦尼克号》里的白胡子老船长，或者是《加勒比海盗》中风趣迷人的杰克船长，还有直面海盗勇敢作战的菲利普斯船长。船长给人留下的往往是勇敢、睿智、冷静、果断、临危不乱的正面的形象。而作为现代集装箱船舶的船长，首先要具备过硬的专业技能，能够在船舶遭遇突发事件时，根据应急预案程序进行应急处置，因为这将直接影响船舶的安全和船长的威信。其次，船长还应该是一位出色的管理者，既要照顾好船舶又要管理好船员。在船舶安全管理中出现的问题往往是因为缺乏安全意识或缺少责任感造成的，船长必须以身作则，严格按照船舶安全管理体系，敢抓敢管，做到严不离规、管不离章、罚不离法，使船舶的安全管理工作规范化、制度化，真正建立起安全管理的长效机制。船舶的环境比较封闭和特殊，船员容易产生一些不良心理反应，从而大大加强了管理难度，若管理不当，彼此之间产生的小矛盾和小摩擦将直接影响和危害船舶安全。因此，船长必须明白，一个人的本事再大、能力再强，却总是有限的，要管好一艘船，必须真正树立团队意识，激发全体船员的责任感，保持轻松愉快的工作环境。船员们在同一艘船上生活和工作，可谓名副其实的同舟共济，作为船长，就是要努力培养船员这种同舟共济的精神。

2018年8月23日，我从大海走进大山，由上海抵达湖南，经历了"语言关""饮食关""蚊虫关""工作关"，真正成为一名驻村第一书记。从刚开始时听不懂话、吃不了辣，到现在吃得了苦、耐得住烦，我带上了一些湖南人的性格特点。曾文正公曾这样形容湖南人，"吃得苦、耐得烦、不怕死、霸得蛮"，简直再贴切不过。

我所挂职的借母溪村可以用几个关键词来描述：地广人稀、绿色生态、封闭落后。一说地广人稀：村域面积 58.4 平方公里，相当于上海市杨浦区的大小（约 61 平方公里），或者虹口区（约 23 平方公里）加上徐汇区（约 55 平方公里）的面积。借母溪村由四个村合并而成，共 873 户 3 307 人，人均占地面积可达 17 000 多平方米；而上海人均占地面积约 26 平方米，所以说借母溪村是真正的地广人稀。其中，3 000 多位村民里又有大约一半的人外出务工或留居外地，村里只剩下一些"老弱病残"和少数当地务工人员。借母溪地处云贵高原向江南丘陵过渡的第二阶地，武陵山脉南支向东南方向伸展的中低山区部分，是典型的溪谷地貌，有深溪、学宗溪、熊溪等多条溪流。借母溪国家级自然保护区的一部分在村域范围内，这里沟谷纵横、溪水潺潺、物种丰富、景色清幽，被誉为"天然氧吧""世外桃源""生态王国"，留守在家的村民依然按照时节进行耕种，日出而作，日落而息。借母溪虽然景色优美，但相对来说比较封闭落后。沅陵县仅有一条高速公路与外界相连，没有火车站、机场。位于沅陵县城与张家界市之间的借母溪村距两地均约 66 公里，到两地的车程约 1 个半小时，落后的交通严重制约了物流、旅游等各方面的发展。借母溪村属于深度贫困村，初始贫困发生率为 30.46%，这意味着在 2014 年时，村里年人均纯收入低于 2 300 元的人口占全村人口的 30.46%。湖南今年的脱贫标准是年人均纯收入 4 000 元。也许在大家看来，这是一个很小的数字，但对于借母溪村的某些村民来说，这已经是一个很高的标准了。有些贫困户的家里可以用家徒四壁来形容，他们唯一的电器就是电灯，这也是在我国的贫困地区所真真切切发生着的现实。

二、扶贫工作介绍

介绍完我之前的工作经历和我所挂职的村子，下面我想与大家分享我近两年的挂职感受。在这里，我将通过三个故事来阐述扶贫的重要性以及扶贫工作的一些方式方法。

第一个故事是关于曹印小朋友的。最初见到曹印小朋友是在 2019 年初，她随奶奶来村委递交低保的相关资料，不大点的小姑娘跟在奶奶身后，也不说话，一双大大的眼睛好奇地打量着周围。通过帮她家办理由单人保变为全家保的申请手续,我了解到,小姑娘今年已经4岁多了,但因为家庭困难没有上幼儿园。根据扶贫政策,每年补助1 000元支持贫困户家的小孩上幼儿园,但村里唯一的一家民营幼儿园每学期需要收取1 000多元的费用,就是因为差了这1 000多元,小朋友只能留在家中。2018年10月17日,中远海运集团在全体职工中发起了扶贫捐款活动,共募集300余万元,其中沅陵县分配到45万元。后来,我们资助给曹印小朋友家2 800元,让她能够到幼儿园读书。当我和村干部把这笔捐款送到她家时,奶奶刚从田里干活回来,得知我们的来意后,她一下子就给我们跪下了,眼泪止不住地往下流,一直自责没照顾好孙女,那一幕让我久久不能平静。从城市来到农村,我真实地感受到农村生活的艰辛和困窘,通过深入了解村民的家庭及生活现状,我也深刻领悟到扶贫的重要意义。能在脱贫攻坚的关键之年参与这项工作,我很荣幸,很自豪。

  第二个故事与我们的产业项目有关。习近平总书记说过:"发展产业是实现脱贫的根本之策。要因地制宜,把培育产业作为推动脱贫攻坚的根本出路。"扶贫扶长远,长远看产业。中远海运集团自2010年定点帮扶沅陵县以来,按照"扶持一个村,带动一个乡,扩展一个县"的思路开展扶贫工作,突出"强基础、壮产业、兴教育"的做法,积极投身借母溪的脱贫致富工作。截至2020年,集团累计投入资金6 000万元,带动地方资金8 300多万元,实施项目71个。回顾十年帮扶之路,大致可以分为三个方面。

  首先是基础设施建设。基础设施落后,一切都无从谈起。2010年,扶贫工作队来到沅陵县借母溪村,面对的是散落于深山之中的各户村民共700余人。那时,村里还没有路与外界连接,要想进村,就必须蹚着溪水走、沿着山路爬,从外面的公路到村里需要6个多小时。因此,中远海运集团投资修建了洪水坪至千塘湾6.37公里的旅游公路、千塘湾至胡子溪4.2公里的消防公路,以及37公里村组人行道;此外,还完成了5座危桥改造、27公里巡护步道建设、太阳能路灯安装、改厨改水、改栏改厕等工程。

  其次是发展产业。路修好了,村庄环境整治好了,借母溪国家级自然保护区的名声打出去以后,游人纷纷慕名而来。于是,我们开始鼓励村民发展农家乐,同时修建千堂湾游客接待中心、西门游步道、中远幸福桥、望母亭、鸽子花桥、观光休闲亭等景点,恢复水碾房,整改文化广场,走上了乡村旅游脱贫致富之路。近几年,随着村子的合并和保护区条例的严格落实,旅游发展的范围开始向外扩散,我们又陆续修建了中远海运生态农业园、洪水坪游客服务中心、洪水坪旅游商品休闲街等。六任挂职扶贫的常务副县长、两任挂职的第一书记,盯住一个村,坚持一个思路,持续投入建设,不断把乡村旅游做得越来越强。以生态农业园为例,该项目于2017年立项,投入260万元进行一期建设,2018年8月,又增加投入200万元进行二期建设,2020年4月底正式运营,目前经营状况非常好。仅一个项目就花了近三年的时间来打造,可见贫困地区产业项目推动之困难。2018年8月,我们准备进行二期建设时,正好碰到土地流转租金5年调整期,有些村民不想再流转土地了,有些村民想提高土地流转费用,如果在这个时候放弃建设,意味着之前投入260万元建成的农业园可能会惨淡收场。于是,我和村两委到组上和村民开座谈会,逐户做思想工作,仔细分析产业项目建成后的受益情况、对村域旅游的促进作用等。几个村民小组会议下来,村民终于由反对变为支持,一起参与到农业园的建设中来。农业园建成后引入承包经营者,他们自筹200多万元进行农业园的装修和设施建设,按理说,我们的任务到这里就完成了,但是没办法不为其经营操心。实际上,我们和承包者在经营发展理念上存在很多分歧,有时你会觉得他们好高骛远,动辄就要把农业园打造成湖南省学生社会实践基地,有时你又担心他们宣传营销不到位,宣传面局限在乡里和县里,拿不出更好的宣传营销策略。所以,你有时需要给他泼点冷水,有时又需要鼓励他,有时更要帮他想办法进行宣传推介。在磕磕绊绊中,生态农业园终于正式营业了,一个月以来,客源稳步提升,周末每每爆满,项目大获成功。随着产业扶贫的发展,我们也在总结产业扶贫发展的模式。扶贫工作队负责资金帮扶,进行项目建设;项目建成后将产权捐赠给乡政府,由乡政府对外寻找承包经营者;承包经营者承包后与村集体签订分红协议,村集体给予贫困户分红;贫困户可参与项目建设及项目用工增加收入,扶贫工作队在项目建成后负责指导和监督,可以说真正做到了产权明晰、利益联结、机制完善。之后的产业帮扶项目,我们将坚持这个模式去做。

最后,我们的扶贫工作还体现在教育和医疗方面。在教育硬件方面,帮助借母溪村军大坪九年一贯制学校、筒大坪九年一贯制学校、明溪口镇高砌头九年一贯制学校、二西苗族乡中心小学各新建综合教学楼一座;完成军大坪、筒车坪、枫香坪和明溪口等学校的多媒体教学项目。在教育软件方面，设立"远航·追梦"励志奖学金，开办"自强班"，帮助贫困学生完成学业；发起"为中国而教"公益活动，自2014年起，共招募派遣六批71名大学生志愿者到借母溪村、北溶乡等边远学校支教。

第三个故事与一位叫李宗波的小伙子有关。他是湖南省就业扶贫海员培训第一期培训班的学员，后来接受过新华社湖南分社、《湖南日报》《中国交通报》等五家媒体的采访和报道。

扶贫必扶智。教育是拔去穷根，阻止贫困代际传递的重要途径。一般而言，教育扶贫大多通过改善乡村学校的软硬件设施或师资力量来达到，除此之外，我们进一步将扶贫与扶智相结合，将扶智与就业相结合，开展了就业扶贫海员培训项目。我们充分利用湖南省劳动力资源丰富、人文环境较好的优势，大力宣传航海文化，通过就业扶贫海员培训，真正形成"一人上船，全家致富"的良好社会效应。

2018年10月，我们先行在集团定点扶贫的安化县和沅陵县试点开设第一期船舶服务员的培训班，开班人数最低为20人。作出决定后，我们便通过县扶贫办、人社局、微信朋友圈等途径发送招生通知，但效果不是很好。一则大家对船舶服务员不了解，二则多数青年已经在外打工，有较为稳定的工作，不想回来折腾了。当时，李宗波的舅舅给县里开车，正好听到我们说起招收船员的事，就问我，他的外甥是建档立卡贫困户，初中毕业后就跟着父母去深圳打工了，现在工作也不是很稳定，能不能参加。我说，当然可以了。我当即让他打电话给李宗波，跟李宗波详细介绍了就业扶贫海员培训项目的情况以及船舶服务员的工作内容，并承诺负担所有的费用，包括交通费用、体检费用、培训考试费用等。一番讲解之后，李宗波在他爸爸的陪同下从深圳直接到长沙参加了体检，并最终参加了培训。第一期培训班有21人，很多都是临时从工厂请假过来的，都很犹豫，想看看到底是什么情况。有一位报名的学员提前一天赶到长沙，住在亲戚家，亲戚听闻参加培训不要钱，之后还给找好工作，误以为是传销组织，劝他不要上当，结果第二天这位学员便没有来参加体检。经历了重重困难，就业扶贫海员培训项目第一期船舶服务员培训班顺利在2018年11月初开班，21名学员中最终有16名于2019年1月顺利上船工作。2019年1月2日，湖南省政府与中远海运集团签订战略合作框架协议，明确"就业扶贫海员培训"项目是双方合作的重要内容之一。

在接下来的工作中，我们坚持问题导向，按时间节点抓落实，通过工作方案的完善和工作流程的梳理，逐步提高效率，形成了三方分工协调工作机制。省交通运输厅总负责，提供资金人员支持；省扶贫办负责宣传发动，组织学员报名；中远海运集团船员公司派员协助进行笔试面试，并负责考证结束后就业安排。截至2020年4月初，共培训建档立卡贫困户学员363名，通过考证合格学员287名，已上船就业120名，其余考证合格船员正在等待上船工作或在办理相关证书。今年，我们还将从报名的贫困学员中选择具有大专及以上学历人员，建议他们参加"大连海事大学电子电气员班"的培训，培养高层次船员队伍，实现海员就业扶贫项目的可持续发展。

三、后记

习近平总书记说，脱贫摘帽不是终点，而是新生活、新奋斗的起点。借母溪村在2017年退出贫困村序列，沅陵县在2019年也已经脱贫摘帽，但我们的帮扶工作并没有因此而终止，而是逐步向乡村振兴过渡。2020年，在借母溪村旅游发展方面，新的游客接待中心即将建成，游客接待中心与集镇之间将新建旅游商品休闲街，增加旅游商业，丰富旅游业态，让游客来到这里既有地方参观，又有地方吃饭，还有纪念品可以购买。此外，针对村里的基础设施，我们计划形成基础设施维修管护机制，让基础设施能够更好地服务村民。

2020年是脱贫攻坚收官之年，也是我们国家即将实现第一个"一百年"奋斗目标之年。虽然受"新冠"疫情影响，世界形势动荡，但依然不会阻碍中国前进的步伐。生在这样一个伟大的时代，一个历史不断被改写的时代，一个更加需要国人努力奋斗的时代，希望大家都能够充分发扬艰苦奋斗的作风，追求卓越，为祖国的强盛尽自己的一份力量。

（2020年6月7日，为复旦大学、中南大学师生讲座讲稿）

感受、启示、期待

新华社派驻贵州省铜仁市石阡县大坪村第一书记
李本源

我是新华社派驻贵州省石阡县大坪村的第一书记李本源,今天有幸受邀与大家分享我在大坪村参与扶贫实践的故事和心得,心情很激动。一方面是因为回想起自身投身脱贫攻坚战的酸甜苦辣,另一方面能和大家一起交流,我感到非常荣幸。

我所在的大坪村属于国家新阶段扶贫开发一类贫困村、省级深度贫困村,它位于贵州省东北部,铜仁市的西南部,属于佛顶山国家级自然保护区的缓冲区。全村共有13个村民组,220户865人,建档立卡贫困户95户398人。2014年,其贫困发生率为46.01%,经过几代基层干部的接续努力,目前全村所有的贫困户已全部脱贫。2018年之前,大坪村的基层干部连办公场所都没有,只能借用现在的村卫生室作为临时办公点,现在的村委会由新华社捐资援建,我驻村期间便住在二层最右边的屋子里。大坪村四面环山,海拔在800米到1200米左右,晚上睡觉时有一种被大山怀抱的感觉,很踏实。今天我与大家分享的主题是"感受、启示、期待",下面我就从这几个方面分别来谈一谈。

一、感受:初心不改、风雨兼程、依靠群众

从2019年8月接到扶贫任务到2020年6月,已经过去了近一年的时间,在这一年的时间里,我感触良多,我想用三个词语从三个不同的角度谈一下:初心不改、风雨兼程、依靠群众。初心不改,是我最大的动力。作为一名共产党员,我在刚接到扶贫任务时是经历了一番思想斗争的,我家里有两个孩子,老大两岁多一点,老二才刚刚满月,我妻子还在攻读博士,学业很忙,这个时候家里是离不开我的。没想到当我把扶贫任务告诉家人时,得到

了家人的一致支持,老婆更是选择了休学一年在家抚养两个孩子。在感动的同时,我感到一丝愧疚,但我内心没有遗憾,有的是一种道不尽的荣幸。当时我就下定决心,不管千难万难,一定要把脱贫攻坚的任务落实好、完成好,绝不能给党组织丢脸,也不能辜负家人的奉献和付出。既然是党组织派给我的任务,我就是共产党员的代表,我的目的就是要让群众得实惠,让群众说共产党好,知党恩、跟党走。

牢记初心、不忘使命还只是第一步,作为驻村第一书记,在工作中必须振奋精神,风雨兼程。大家都说基层工作难做,这个说法是有根据的,因为有些工作受客观条件的限制,比如召集百姓做群众工作,我们必须得等到晚上,老百姓白天需要下地干活,只有忙完回家,等大家吃完饭,工作才能开展。常常是忙到晚上十一二点,然后回到村委会继续整理工作记录,第二天一大早再爬起来做一些脱贫攻坚的日常工作。在基层做工作,"白加黑""5+2"是常态,说不辛苦是假的。正因如此,我们才更需要肩挑重担风雨兼程的勇气和毅力。古诗有云:三更灯火五更鸡,正是男儿读书时。我把它改成"三更灯火五更鸡,正是男儿建功时",用以勉励自己。

从工作方法上看,依靠群众是根本。当前,脱贫工作进入攻城拔寨的攻坚期。习近平总书记在指导脱贫工作时指出,脱贫攻坚是干出来的,靠的是广大干部群众齐心干。也就是说,群众是脱贫攻坚工作的主体力量,要打赢脱贫攻坚战,关键在于激发群众的积极性。如何激发群众的积极性?首先,要引导群众树立人穷志不短的观念,摒弃"靠着墙根晒太阳,等着别人送小康"的等、靠、要思想,鼓励大家用勤劳的双手来改变落后的面貌,创造美好生活。其次,要尊重群众的主体地位,在扶贫工作中,扶贫资金怎么用,扶贫产业怎么定等,要让贫困群众做主,真正让贫困群众成为脱贫致富的规划者、参与者、受益者,只有这样才能把事情办好。

二、启示:打造一个堡垒,发展一个产业,凝聚一片人心

担任大坪村第一书记以来,我围绕着脱贫攻坚做了一些具体的工作,也从这些具体工作中得到了一些启示和思考,概括下来就是:打造一个堡垒,发展一个产业,凝聚一片人心。

打造一个堡垒。一名党员就是一面旗帜,一个支部就是一座堡垒。担

任大坪村书记以后,我抓的第一项工作就是补齐基层党建工作短板。首先,我协调大坪村党支部与新华网建立了定点党建帮扶的密切联系,通过党支部的结队共建,联合开展支部活动,从而打造大坪村基层党组织的坚强堡垒。其次,抓好以村党组织为核心的村级组织配套建设,将基层党组织打造为引导贫困群众脱贫致富的主心骨。如何做?我从提升村内党员的党员意识和党性觉悟入手,积极营造基层党建文化氛围。除了增加会议室的党建元素外,我们还修建了一面文化墙,让党员文化上墙,让每一面墙壁都会说话,以情育人,以情感人。党建氛围活跃起来后,每位党员都能清醒地认识到自己的身份,时时刻刻鞭策和鼓舞自己。大坪村的党建工作得到了石阡县县委的充分肯定,村党支部被推荐为石阡县"标准化规范化建设示范党支部"。

发展一个产业。就是将大坪村的长效产业——茶叶种植和加工——优化升级,以此提高贫困群众的造血能力。发展产业是稳定脱贫的基础,也是脱贫攻坚的主要工作。为此,我到村以后比较注重长远谋划产业,一方面推动新华社援建的茶叶加工厂建成投产,另一方面引进龙头茶企,打造"党支部＋龙头企业,合作社＋农户"的合作发展模式。在扶贫工作中,企业所发挥的作用是不可缺少的。就拿我们引进的龙头茶企来说,它不仅能够为农户提供栽种及管护技术培训,为村集体经济茶园提供管护资金,而且还增加了就业岗位,吸纳了大量农村剩余劳动力。另外,我们还借助企业的市场开拓能力,壮大产业规模,提高了收茶率。以往,老百姓只在每年3—4月之间的20几天采茶,很多夏茶和秋茶由于缺少销售渠道,百姓就直接不收了。引进龙头茶企后,在它的带动下,我们实现了春夏秋三季度收茶青(编者注:指的是从茶园里刚采摘下来的叶子,作为加工成品茶的原料),可以从3月份一直收到10月份,由此使村民有了四五个月的增收。

凝聚一片人心。来到大坪村后,对于村里的大小事务,我都放在心上,时间久了,村子里的百姓们便成了我心头的牵挂。今年,在疫情最严峻的那段时间,我被隔离在山东老家,当得知我所挂职的平山乡和大坪村存在口罩等防护物资缺乏的情况,我积极对接协调,捐资赠物。受疫情影响,大坪村的学校需要延期开学,只能在家上网课,但有一些贫困家庭的学生却不具备上网课的条件。当时,我召集党支部成员开会研究募捐,最终把爱心企业捐赠的价值4万元的平板电脑送到了36个贫困户学生的手中。民心是最大的政治,脱贫攻坚是一项民心工程,要时刻想着群众。只有把群众当亲人,群众才会把你当亲人;只有走进群众,才能了解群众。因此,我们必须坚持以人民为中心的发展思想,倾听群众的呼声,缓解民生的困难,这样才能得到群众的理解和支持,从而实现带领群众共同致富奔小康的目标。

三、期待:加强学习,坚定理想,校准方向

习近平总书记指出,青年兴则国家兴,青年强则国家强,青年一代有理想有本领有担当,国家就有前途,民族就有希望。这里我想向广大青年提三点期待,与大家共勉。

第一,期待大家加强学习,始终把政治建设作为第一要务。终身学习是当代社会的一个生存概念,而在学习中我们要特别注意加强思想政治学习。只有加强思想政治学习,我们才能时刻保持清醒的头脑,把握正确的政治方向,看清历史发展的潮流,在各种大是大非面前立场坚定,爱憎分明,树立正确的世界观、人生观、价值观。要认真学习领会习近平新时代中国特色社会主义思想,多关心国家大事,注重学习党和国家的路线、方针、政策,从书本中学,从基层干部中学,从群众中学,从工作实践中学,扎实打好理论基本功,在学习中成长进步。

第二,期待大家坚定理想,始终把服务基层作为第一追求。基层是社会财富创造的前沿阵地,是落实国策、改善民生的最终环节,更是广大青年施展才华、实现价值的舞台。我们要树立共产主义远大理想,把个人追求与国家兴亡、民族复兴的神圣使命结合起来;同时,既要仰望星空,也要脚踏实地,要以时不我待、只争朝夕的精神主动投身到基层的火热实践中去,把在基层的就业创业视为价值实现的重要途径之一。青年到基层特别是贫困农村发展,既能获得难得的人生历练,实现自己的理想抱负,也能满足当地对人才的迫切需求,更能带动当地经济发展,帮助大家脱贫致富,可谓一举多得。

第三,我作为新闻人想着重强调的一点,即,校准方向,增强四力。习近平总书记在全国宣传思想工作会议上强调,要不断增强脚力、眼力、脑力、笔力,努力打造一支政治过硬、本领高强、求实创新、能打胜仗的思想宣传工作

队伍。在扶贫工作中,我们看待问题要有三只眼,第一只眼:要站到扶贫干部的角度看问题;第二只眼:要站在困难群众的角度看问题;第三只眼:要从新闻人的角度看问题。

新闻工作者要牢记习近平总书记的教导,更自觉地增强四力,要下基层,接地气,多走、多看、多想,认认真真地进行实地调研。像我们报道脱贫攻坚战,一方面要向老百姓宣传党的扶贫政策,另一方面要反映群众的愿望和期待,还要学会用"第三只眼"看问题。用新闻镜头瞄准脱贫攻坚以来广大农村所发生的翻天覆地的变化,把我们的新闻笔触聚焦于全面建成小康社会的伟大实践,充分发挥新闻舆论的宣传引导功能,以新闻人的正能量参与到新时代的伟大建设中来。

(2020年6月9日,为复旦大学、贵州师范大学师生讲座讲稿)

带着母亲开展驻村扶贫的第一书记

中国旅游集团派驻云南省普洱市孟连县景信乡回俄村第一书记

王 玮

我是擅长调动亲人和群众脱贫攻坚积极性的第一书记,我积极动员70岁的老母亲、老党员不远千里、不辞辛劳地投入到景信乡回俄村的驻村扶贫工作中;我也是一位亲切待人、满怀奋斗激情的共产党员,经常面带微笑地出现在困难群众家里,出现在脱贫致富工作陷入瓶颈的村小组中;我还是一位善于发现问题、研究问题、解决问题的扶贫战士,始终积极争取各方资源,帮助群众解决所急、所需、所盼。

2018年7月30日,为响应党中央和中国旅游集团号召,我怀揣对扶贫事业的无限憧憬,踏上了这方美丽的红土地——景信乡回俄村,并以第一书记的身份开始了自己的驻村扶贫生活。在扶贫期间,我带着母亲在平凡的岗位上,扎扎实实地工作、默默无闻地奉献,得到了各级党委、政府以及广大党员群众的一致认可。在父老乡亲们的心中,我就是群众最亲近的家人。

一、不忘初心抓党建,处处落实真履职

"一个地方要脱贫致富,关键在于基层党组织,核心在于基层干部。更为重要的是,必须让群众变被动为主动,真正摒弃'等靠要'思想,从精神上开始脱贫。"作为一名驻村书记,我是这样说,也是这样做的。

在紧锣密鼓开展脱贫工作的同时,我一刻都不敢松懈基层党建工作。首先,我充分认识到自身的使命担当和职责定位,坚持把党建扶贫双推进当作第一要务;切实深入领会党的十九大精神以及习近平总书记扶贫开发战略思想,积极学习中央、省市县关于扶贫攻坚的政策文件;强化扶贫工作的业务知识,熟练掌握扶贫政策,明确每项工作的程序规范和具体要求;积极提升驻村工作队员站位意识,引导队员有效融入脱贫攻坚工作,做到安心、

专心、精心、用心,带着智慧与激情,怀揣感恩之心,以清醒的头脑认真开展各项工作。

对于每一次村党总支和村民小组会议,我都特别珍惜,总会提前做好充足准备,利用每次机会开展政策宣传引导。小组会议上,我会积极向村干部、组干部宣讲党的路线、方针,普及与农民息息相关的强农惠农政策,以及讲解良种补贴、退耕还林、"两免一补"、医疗保险、养老保险等政策,同时还经常向村民介绍近年来实施的安居工程、道路硬化、人畜饮水、农村电网等基础设施方面的政策和发展。

贫困户承担了不小的精神压力,尤其是那些因残、因病致贫的人家,生活的难题有时甚至使他们接近崩溃的边缘。我及时关注到了这一点,十分注重对贫苦户的心理疏导,积极开展"精神扶贫",否则他们很可能放弃对生活的希望,滑向社会的对立面。为此,我常带驻村工作队队员到这些亟待"放松压力、精神脱贫"的贫困户家中,为他们讲解目前的扶贫政策,主动协调解决现实困难,帮助他们寻找致富门路,协助联系外出务工机会等。

二、不远千里进农村,切实真驻村

"只有静下心来,深入了解村情、民情,才能有的放矢,精准定位,帮助群众实现真脱贫。"我时刻提醒自己,把这个信念根植于自己心里。

从大都市派驻到离家 3 000 多公里外的偏远贫困乡村,陌生的环境、全新的工作、艰巨的任务,一股脑儿向我涌来。虽然如此,我的信念却从未改变,始终以"俯首甘为孺子牛"的精神,想民之所想、解民之所需,扎扎实实为群众办实事、办好事,全心全意服务人民。通过实地走访,调查了解村里农牧业的发展;主动去村民家里唠家常,了解他们的思想状态、近期生产生活的困难;在村民群众中宣传相关惠民政策、法律法规,争取群众的信任、理解;及时报送工作信息,反馈扶贫情况等。

与此同时,少数民族群众的淳朴善良、热情好客以及如亲人一般的关爱,使我倍感亲切温暖,更快地融入了当地的生活。随着对村里的人口、资源、耕地、作物产量、经济收入等各类情况的了解逐渐深入,我深切感受到了农村工作的辛苦和农民生活的艰辛,而能够为老百姓办成一件实事、好事成了最让我快乐的源泉。从一开始的茫然,到现在能脱口而出所在村小组的所有建档立卡户的基本情况,其中的艰辛只有我自己知道。

岁月见证着回俄村各小组的发展变化,见证着村民们大步迈入幸福生活的每个瞬间。在上级有关部门的关心支持下,我和村干部们一道,用真心扶真贫,用实干解真困,排除万难帮助村民争取项目。我们为回俄村村民安居换新装,提升村民居住环境;实施道路硬化,建设活动场所,实现文体设施全覆盖;甘蔗、茶叶等传统产业提质增效,新兴产业坚果、牛油果种植如火如荼,肉牛养殖逐渐形成产业链。

三、不遗余力强动员,切实真帮扶

作为女儿和母亲,我总是更为关注村里的独居老人和留守儿童。在第一次休假回家时,我动员自己的母亲,一位退休的老党员参与到脱贫攻坚战中来。最终,母亲不顾70岁的高龄,义无反顾地同我一起踏上了回俄村驻村扶贫之路。截至目前,她已先后两次到回俄村开展驻村扶贫工作,累计时间长达11个月。其中,第一次在2018年10月7日至2019年3月16日,第二次是2019年10月7日至今,驻村扶贫工作仍在继续开展。

我的母亲退休前是一名医生,到了村里后,她主动肩负起村里百姓的医疗咨询工作,并免费为村上的老人和奋斗在一线的扶贫工作队员做常规健康体检,受益者达50余人。不仅如此,母亲还自掏腰包资助3 000余元为大家抽血化验。驻村期间,母亲当起了村里的"紧急救护员"。一位9岁的佤族小姑娘李艳芳在寨子里骑自行车时不小心摔伤,胳膊不能正常伸展,母亲得知后马上帮她进行了有效处理;回俄村一组的小姑娘娜母,从小因为身体原因不能正常行走,只能用手臂支撑的方式进行挪动,母亲便亲自上门给娜母做了各方面的体征检测,并根据孩子的身体状况建议娜母去昆明医院做矫正治疗手术。

母亲全心全意的付出让我更加用心地观察村民们的日常疾苦,争取以实际行动为村民解危济困。回俄村二组有一户拉祜族四口之家,能干农活的只有户主扎丕一人,女儿还有听力残疾,家里经济情况十分拮据。在一次接近年关的走访中,我发现他家没有浴室,家人洗澡格外不便。于是,我便自掏腰包资助1 000元盖起了浴室,让一家人干干净净过新年。因为家中人口多,但实际劳动力少,扎丕一直没钱交新农合款项。我得知后,第一时间帮他凑钱,交齐了家里五个人的医疗保险。

回俄二组还有一户三口之家,丈夫本人患过脑梗,无法从事重体力劳动,儿子尚在求学,学费的压力使得一家人难以承担。我得知后,借一次学校收书本费的机会,主动给他家转账1 000元,并将余下的200元给孩子用作生活费。另外,听闻孩子有专科升本科的想法,我又从集团申请来4 000元的学费,资助他读书。

佤族一独居村民因长年劳累和饮酒导致肠胃病变,我陪他去县医院做了胃息肉切除手术,后来又利用休假时间带他去省城三甲医院进行复查,并协助购买治疗药品等。还有一户傣族村民面临因商家违约导致家中七彩花生滞销的窘境,我知道后便积极想办法帮他联系销售渠道,帮销花生132公斤。

在这次新冠肺炎阻击战面前,我和驻村工作队员向村民发出倡议书,组织筹得善款13 560元,最后将全部捐款交给了孟连县红十字会,以实际行动回馈党和国家。

四、不辱使命抓扶贫,实现真脱贫

"党和集团把我派驻到这里,我要对得起群众的期盼,对得起派出单位的信任,必须在充分了解群众所急、所需、所盼的基础上,能够真正为他们出谋划策。"作为中国旅游集团派驻景信乡回俄村的驻村扶贫干部,我用自己的帮扶成绩和脱贫成效向百姓和集团交出了满意的答卷。

2019年6月,通过多方争取协调,景信乡回俄村贺糯组得到捐款57万元,成功启动了306亩茶叶提质增效项目。从零星少量种植茶叶发展为连片规模种植,贺糯组57户148人(含建档立卡35户104人)全部实现增收,完成了57户农户多年来发展生态茶产业的愿望,为建设生态宜居、产业兴旺的美丽乡村奠定了坚实基础。我还为回俄村回俄一二组争取到27.6万元的捐赠资金,实施了新建取水口、管道安装、净化器、蓄水池等项目,解决了回俄一二组2个村民小组145户514人的饮水问题。我积极争取了94.515万元的捐赠资金,完成了回俄村东岛傣族组、独固组、贺恩新寨组、景信一组、撒拉科小寨组5个小组道路硬化6 930平方米的项目,将原破损老路拆除新建520平方米,安装涵管10米,使得回俄村5个小组道路交通基础设施得到了明显改善,组内道路通达性得到了大大提高。

在回俄村驻村扶贫一年零九个月的经历,是我一生的荣幸和缘分。特别在母亲的直接支持下,我通过不懈努力,得到了更多基层同志和广大群众的信任和肯定,真正感受到了与群众同呼吸共命运的使命召唤。我将矢志不渝,牢记习近平总书记对全国第一书记的嘱托,谨记集团公司的信任与村民的期盼,通过不断的努力和付出来回报这里的每个人和每一寸土地,真正推动景信乡回俄村脱贫攻坚与乡村振兴全面有机衔接,为全面建成小康社会、建设社会主义现代化国家、实现中华民族伟大复兴中国梦而奋斗!

(2020年6月9日,为复旦大学师生讲座讲稿)

做一个让老百姓信赖的第一书记

武汉大学派驻湖北省恩施州恩施市芭蕉侗族乡白果树村第一书记 李锦江

恩施市白果树村的基本情况

恩施于1983年8月19日建州,是我国最年轻的自治州,也是湖北省唯一一个少数民族自治州。恩施位于湖北省西南部,东连荆楚,南接潇湘,西临渝黔,北靠神农架,辖6县2市,首府为恩施市。恩施市属多民族居住地,共有44个少数民族,占总人口的40.66%,其中,以土家族居多,苗族、侗族次之。恩施市地处长江之南、有八百里画廊之称的清江中游,是著名的土家女儿会、恩施玉露茶的发源地;该市地处武陵山区,号称西部林海、华中药库、世界硒都、烟草王国,有恩施大峡谷、土司城、腾龙洞、梭布垭石林等著名景点。

芭蕉侗族乡在恩施市城区以南,是2018年国事活动茶叙用茶"恩施玉露"的产地,也是恩施市唯一一个用侗族命名的乡镇,全乡共17个村1个居委会。我派驻的白果树村位于芭蕉侗族乡东部,地处恩施市南端12公里,209国道及恩来、恩黔高速公路从白果树村穿行而过,且设有互通。全村平均海拔700米,村委会驻地海拔约600米,下设7个村民小组。目前,全村710户2 495人,其中劳动力1 621人,外出务工436人,下半年外出务工者居多。土地面积11.32平方公里,承包耕地面积6 673.2亩,林地面积10 500亩。2014年全村人均纯收入7 382元,2019年全村人均纯收入13 355元,增幅为80.9%。

白果树村群山环绕,山明水秀,自然气候适宜,主要农作物为玉米、土豆、红苕,经济作物以茶叶为主,干鲜果为辅。全村森林覆盖率70%,树种繁多,植被保持完好,白果树、尖山坪古银杏被湖北省林业厅挂牌登记为国家保护树木。虽然白果树村资源丰富,但是全村先进技术缺乏,交通条件落后,因病、因残致贫较多。其中,技术落后23户,占全村贫困9.9%;交通条件落后21户,占全村贫困户9%;因病致贫65户,占全村贫困户的28%;因残致贫36人,占全村贫困人口的5.3%。该村2014年建档立卡贫困户232户684人,截至2019年,共计脱贫221户662人。至2020年6月,还有3户7人未脱贫,脱贫比例达到99.72%,全村贫困发生率也由2014年的28.66%下降至现在的0.28%。

武汉大学帮扶情况介绍

2015年,按照中央统一部署,武汉大学开始积极参与精准扶贫工作。根据教育部要求,武汉大学对接恩施市进行精准扶贫工作帮扶。几年来,武汉大学以习近平总书记关于扶贫工作系列重要讲话精神为指导,认真贯彻落实中央扶贫开发工作会议、中央单位定点扶贫工作会议精神,以受援地的实际需求为导向,紧紧围绕精准扶贫、精准脱贫工作,充分发挥自身科教优势,切实开展智力帮扶、教育帮扶、产业帮扶、医疗帮扶等工作;积极开拓创新,扎实推进扶贫,有力助推地方政府脱贫攻坚;落实主体责任,加强组织领导,强化组织保障,完善体制机制建设。学校领导每年赴一线调研扶贫工作,可谓真情实意帮扶,真金白银投入。

1. 扶贫资金投入。2016年,武汉大学投入专项帮扶资金37万元,整合引进各类社会帮扶资金580万元,成立专业合作社,帮助白果树村引进自来水,并惠及周边4个村,捐款捐物计20.6万元,消费采购120万元。2017年,投入建设资金75万元,捐款捐物计118.5万元,采购扶贫物资324.6万元,并积极争取引入整合部门和社会资金776万元用于驻点村的建设发展。2018年,投入建设资金215.4万元,捐款捐物计116.4万元,采购扶贫物资346.2万元,积极争取引入整合部门和社会资金647万元用于驻点村的建设发展。2019年,投入建设资金212万元,捐款捐物计16.8万元,采购扶贫物资达577.8万元,争取引入整合部门和社会资金460万元用于驻点村的建设发展。

2. 基础设施建设。要致富,先修路。白果树村地处山区,村民居住较为分散。2016年前,村民出行全靠步行、摩托车、三轮车等较为落后工具,在简易的沙石路上行驶。2016年至今,武汉大学通过直接资金帮扶和多方协调项目资金,共在全村修建了10条约10公里的通组公路,2条约11公里的经济循环路。"两不愁"的基础是吃饭问题,吃饭就需要安全的用水。白果树村地处喀斯特地貌,山多水少。2016年前,全村老百姓靠天吃水,多数人都用屋面水,或平时在山沟挑水吃。武汉大学协调项目资源和资金,自2016年开始,将该村列入农村安全饮水工程,总投入建设经费约500万元,开启了"一股清泉进万家"的自来水时代。2017年,我们投入22万元修建了村委群众活动广场,2019年投入40万元修建了百姓大舞台,还开展了3.5公里的产业路亮化工程等。

3. 基本健康帮扶。在贫困地区,因病致贫是主要致贫原因之一,因此,武汉大学高度重视健康帮扶工作。2016年,学校提供援建资金15万元新建白果树村卫生室,改变了白果树村无卫生室的历史。2017年,武汉大学人民医院向白果树村卫生室捐赠了心电图机、血液分析仪、尿液分析仪等价值10万元的医疗设备与器材,以及价值5万元的常备药品;基础医学院"暖医之家"大学生暑期社会实践队还深入白果树村,开展调研考察,送医送药下乡,开展义诊活动,并建立"健康扶贫大学生志愿服务"实践基地。此后,白果树村卫生室一举成为全乡"先进卫生室",让周边3个村的村民在家门口也能得到便捷优质的基本医疗服务。此外,武汉大学每年定期派三大医院的专家和基础医学院的师生到白果树村开展健康支教、义诊咨询、送医送药等活动。

4. 帮扶成效。通过近五年的帮扶,白果树村面貌发生了翻天覆地的变化。经济方面,白果树村已建成三个产业园区,即209国道沿线工业园区、生态茶园种植观光示范区、李子采摘体验区;交通方面,全村通路率达100%,通达70%村民的家门口,2条国道、1条高速公路直通村口。基础设施方面,实现联通、移动、电信通信讯号4G网络覆盖率100%,电视入户及电信宽带覆盖全村70%以上农户,电力照明改造升级后达标率为100%。教育方面,适龄儿童入学率达100%,白果树小学的硬件条件已经达到城市学校的水平,可以保证至少20年不落后。群众的生活保障方面,新建卫生室1所,商业店21家,2019年全村参加新型农村合作医疗700户2465人,参保率99%。这些完善的文体设施、教育设施、医疗设施、群众服务设施,已覆盖到全村村民。

5. 领导调研。各级党委和政府非常关心和支持白果树村的发展,2019年2月17日,湖北省委副书记、省长王晓东专程到扶贫点白果树村调研精准扶贫工作;2019年6月13日,湖北省人大常委会常务副主任王玲一行到白果树调研指导脱贫攻坚工作开展情况。此外,湖北省人大民宗侨外委主任委员王永高也曾到白果树村调研。2019年7月24日,国务院扶贫开发领导小组办公室周晓云处长到白果树调研武汉大学精准扶贫工作开展情况,并给予了充分肯定。武汉大学党委书记韩进、校长窦贤康、副校长周叶中、李斐等领导也曾分别到白果树村指导脱贫攻坚工作,走访贫困户以及扶贫企业。

我的扶贫思路

2018年,我被武汉大学派驻到恩施市,担任驻村第一书记。几年的扶贫工作干下来,如果用一句话概括我的扶贫思路,那就是,探索了一条以教育帮扶为引领,以"特色产业+产业转型升级"为核心引擎的扶贫之路。我通过整合多方资源,创新工作举措,建立标准化生产体系,不断增强白果树村产业发展内生动力。我全力推进精准脱贫,助力当地社会经济跨越发展的特色道路,为白果树村绘就了一幅美丽乡村的新蓝图,取得了明显经济效益和社会效益。

具体而言,我的工作可以概括为以下三个方面:第一,治贫先治愚,扶贫先扶教,以创新务实举措推进教育帮扶,阻断贫困的代际相传;第二,发展支柱产业,注重以"特"制胜,以攻坚拔寨精神切实推进产业发展;第三,建强组织谋发展,脱贫攻坚才有保障,将脱贫攻坚与乡村振兴有机结合,打造一支"带不走的工作队"。

一、教育帮扶

白果树村设有全日制小学1所,教职工8人,学生117人,从学前班到六年级有7个班级,平均每个班级在17人左右。2018年我刚来的时候,学校非常破旧,屋顶漏水,门窗不全,墙壁脱落,地板坑洼。经过近三年的帮扶,武汉大学为白果树小学先后投入资金110余万元进行基础设施建设,修缮了教学楼,更换了师生课桌椅,还建设了文体操场和信息化教室等。这些改造让白果树小学旧貌换新颜,彻底改善了办学条件。

升级硬件只是基础,我们又从软件提升上下功夫。扶贫先扶智,扶智要有知,教育的核心是教师队伍的自身素质。所以,我们采用了"送上门"和"接过去"的帮扶方法,即武汉大学每年选派2名优秀毕业生赴白果树村小学支教,称为"送上门";同时,选派20名芭蕉乡的村小学教师到武汉大学两个附属小学进行一个月的集中跟岗培训和学习,称为"接过去"。这种帮扶方法的目的是让老师们了解和学习武汉大学附属小学的育人理念、科学的教学方法以及系统的教育思路。扶智措施效果明显,一方面,我们选派的支教老师很好地补充了当地的师资,同时也为教学活动提供了新的方式;另一方面,我们接过去培训的老师回来以后,无不感叹收获巨大,既开阔了视野,又学习了先进的方法。在今后的扶贫工作中,武汉大学将继续坚持"送上门"和"接过去"双管齐下。

针对留守儿童、贫困学生,我们组织了以密歇根州立大学为主,辐射到加拿大、英国、新西兰等地的中国留学生组成的扶贫支教团,来到白果树村小学,每年进行为期三周的义务支教。此项目得到了恩施州团委的认可和大力支持,形成了长效机制。

与此同时,我们还将学校的校园文化作为一项重要的建设内容。校园文化是学校教育的重要组成部分,也是学校前行的灵魂。武汉大学的帮扶不仅体现在物质层面,更集中于精神层面。为培育基础教育文化,武汉大学扶贫工作队全程指导白果树小学进行校园文化建设。学校原来很少有像样的文体活动和全方位的素质拓展,更谈不上信息化教学等先进教学措施。武汉大学电子信息学院利用网络通信学科优势,一方面援建信息化教室,让孩子能系统地了解外面的世界和科技;另一方面,定期派教师来学校进行科普讲座和机器人体验等活动,为大山里的孩子开阔视野起到了重要作用。

总体来讲,教育扶贫是我国扶贫助困的治本之策。学习改变命运,知识改变未来。我们让贫困山区的孩子通过努力学习走出大山、融入城市,改变贫困的命运。正如武汉大学窦贤康校长在白果树小学调研时所说:"教育好一个孩子,可以彻底挖掉一个家庭的穷根,阻断贫困代际相传。"

二、产业帮扶

发展支柱产业,我注重以"特"制胜。发展特色支柱产业是实施精准扶贫的重要抓手,武汉大学在帮扶白果树村发挥支柱产业的示范带动作用时,坚持"扶持一个项目、带动一个产业、发展一片经济、脱贫一方百姓"的思路,形成"两机制两实现"扶贫攻坚模式。

所谓"两机制",第一个是帮扶成立农业合作社,切实构建市场主体与贫困户连接机制。白果树村原先80%的农作物是茶叶,90%的收入来源于采茶,产业结构单一。采茶本是劳动密集型产业,与劳动力情况息息相关,而在贫困户中,缺劳动力和缺技术的不在少数。为此,武汉大学自2016年便开始指导白果树村发展产业,其中,依托专业合作社是一种有效方式。三年来,我们共在全村发展了3个特色专业合作社,一是茶叶专业合作社,致力于让茶叶提质提效,让农户增产增收。目前该合作社在全村帮扶贫困户21户,带动70%的村民增收10%。合作社2018年营业收入突破2000万元,2019年达到2500万元。二是组建了一个以发展养殖恩施黑猪、高山土鸡为主的特色养殖专业合作社,专门发展特色畜牧业。以合作社为基础,我们发展了6个养殖大户,带动了贫困户37户,人均收入增加1000元。三是针对恩施市方圆40公里内种植空心李子,特地引进资金300多万元,组建了一个空心李子生态种植专业合作社。目前该合作社已发展李子地417亩,其中200亩的年收入保守估计可达1万元/亩,实现亩产收入翻一番。

"两机制"的第二个是实施消费扶贫策略,切实做到贫困户增产增收。自2016年开始,为切实帮助扶贫点农民增产增收,武汉大学实施"订单式"消费帮扶。2016年,学校将恩施农产品纳入工会年终福利采购清单,总成交金额近120万元;2017年,学校工会按教职工意愿采购恩施土特产价值264万元;2018年,采购恩施土特产价值354万元;2019年采购577万元恩施土特产,其中在白果树村采购400万元农产品。学校还在校内设置了定点扶贫农畜产品展示店,协调社会企业采购农产品,尽可能帮助销售白果树村的农副产品。此外,为催化老百姓内生动力,武汉大学利用消费扶贫策略,帮助合作社和村集体经营公司创收盈利,再以部分盈利向群众分红,刺激和鼓励老百姓多多参与合作社,实现规模发展,合作共赢。2018年,白果树村在恩施市贫困村中首开分红先河,实施产业分红,实现了我的第一个工作目标。

所谓"两实现",第一是以特色产业为引导,帮助产业转型升级,实现质量兴农。"恩施玉露"茶本是十大名茶之一,芭蕉侗族乡又是茶叶生产的主要乡镇,保护品牌、提高产品的价值和品牌形象是当务之急。要引导贫困地区把特色茶叶做精、做优,需要注入科学的种植技术和管理水平。武汉大学帮助引进名优企业入驻芭蕉乡,指导合作社按照精品化、绿色环保有机的思路发展,积极引导农民实现特色产业转型升级。在名优企业的带动下,白果树村茶叶合作社建成有机生态茶园1 000亩,并计划建立产业观光园400亩。该合作社获得首批"恩施玉露"特色地理保护商标许可证,并实现茶叶出口,取得欧盟认证。

第二是以乡村振兴为引领,实现电商富农。传承、发展和提升农耕文明,走乡村文化兴盛之路,是精准扶贫当下要考虑和衔接的。武汉大学发挥科教优势,以"互联网+精准扶贫+农产品上行"为切入点,依托武汉大学师生校友网络和农产品电商技术,为白果树农民提供交易平台,通过对接农产品上行促进种植大户、家庭农场、合作社等新型农业经营主体发展,有效带动广大农民增收、脱贫、致富。

我在2018年时提出的产业发展目标是,白果树村形成"135"产业发展格局,即帮扶1个村集体经济公司、支持3个农业专业合作社、发展5个养殖大户,带动全村老百姓优化主导产业,积极发展特色产业,持续健康发展村集体经济,带动全村农民增产增收。到2020年6月,我们村已经有了4个农业专业合作社和8个种植养殖大户,算是实现了我的第二个工作目标。

三、党建帮扶

村党支部下设7个党小组,现有党员72人(包括预备党员1人),入党积极分子3人;60岁以上的党员32人,46—59岁的党员12人,45岁以下的党员28人;外出务工党员15人,带病及年迈党员10人。经过一番努力和建设,我们村村委于2017年被恩施市市委市政府表彰为"优秀村委会"。

基层党组织建设是脱贫攻坚的坚强保证,也是以脱贫攻坚统揽发展全局的重要抓手。围绕以党建带扶贫、以扶贫促党建,将基层党建与精准扶贫工作深度融合,发挥党建扶贫在脱贫攻坚中的关键作用,武汉大学坚持把帮助白果树村建强村级党组织作为脱贫攻坚的头等大事,最大限度地发挥基层党组织的战斗堡垒作用和党员干部的先锋模范作用。从2018年起,武汉大学每年都会在全校范围遴选优秀基层党委对口帮扶白果树村,与该村党支部结对共建。目前,已有2个学院党委参与了党建共建工作,主要采用党委对应村委,党支部对应村党小组,党员对应农户的"三对应"模式。结对过程中,基层党委可以充分利用专业学科优势,党员广泛参与优势,点面结合,精准施策。两年多来,共计25个党支部400名党员参与到扶贫工作中,捐款捐物达90万元。

按照党的十九大报告中提出的"加强农村基层基础工作,健全自治、法治、德治相结合的乡村治理体系"的要求,全面提升白果树村基层党组织的政治功能和服务功能,优化村级活动阵地建设、发展创业致富门路,千方百计地增加群众收入成为武汉大学党建帮扶的目标。要提升乡村治理能力,关键在人、在干部、在党员。武汉大学通过工作队驻村帮扶、各级领导定期督察督办、送思想上门、送党课上门、办干部培训等方式,全面系统地培养了一批想干事、敢干事、能干事的先锋队和带头人。

扶贫体会

我出生于黄冈的一个农村家庭,"扶贫"这个词勾起我这个"70后"的儿时回忆。作为一名从农村走出来的大学生,家里穷苦的生活经历既是我"跳农门"的动力,也使我骨子里就带有对农村的独特感情。2018年3月,正值武汉大学选拔新一批干部前往恩施市进行精准扶贫,我的第一感觉是,国家正在进行一场没有硝烟的战役,同时,这也是为民造福的大工程,我能参与这样的历史性事件将是多么宝贵的机会和财富啊!所以,我毫不犹豫地向组织递交了报名申请,踏上了我的扶贫之路。两年多来,我的体会可概括为以下三点。

第一个体会:用钉子精神把扶贫工作扶到点上。习近平总书记讲过,"精准扶贫,重在精准,必须扶到点上"。为此,我在扶贫工作充分发挥了"钉子精神"。"钉子精神"是自觉地把个人融入党和人民的事业之中,个人服从整体,忠于职守,兢兢业业,干一行爱一行,全心全意为人民服务的精神。具体可以从三个方面理解：一是甘当螺丝钉。很多人都以为挂职扶贫就是走过场，其实不然，它需要我们站在党和人民的立场，站在历史的角度看问题，牢记党员的身份，扑下身子扎扎实实地做事。二是善做小铁钉。要下足绣花功夫，把自己当作老百姓，沉入到老百姓中去，才能体会到百姓的苦与乐。三是勇于钉钉子。一锤接一锤，锲而不舍，埋头苦干，不要怕亏，不要怕错。扶贫工作就像老百姓做针线活，要一针一线去穿。工作中有了钉钉子的精神，再硬的墙壁也能钉进去。经过两年多的努力，白果树村的干群关系得到了极大改善，不但不再有信访户，就连农户之间的小摩擦都很少见了。村中偶尔出现一些小纠纷，大家的第一反应是"找李书记说理去"，只有付出，才得信任。

在这里我想举几个例子。2018年，我组织了一场贫困户技术培训暨产业连接帮扶签约会，会前看到一位老人孤零零地在会场坐着，我下意识地走过去和他聊天。后来得知，这位老人是村里的"五保户"，名叫高庭培，在村里已没有亲人了。老人以捡垃圾为生，房屋天穿地漏，无电无水，屋内还被捡来的垃圾全部堆满，属于严重危房，生活条件恶劣。村干部曾经动员高庭培进行危房改造，但只因其要求太高，且不配合扶贫政策落实，也就作罢。我耐心地动之以情、晓之以理，终于疏通了高庭培多年的心结，最终他同意配合村委进行危房改造。随后的日子，我就成了他家的常客，不仅帮他盖好了敞亮的房子，还帮他购买了全新的家具和生活用品，眼前的一切让高庭培多次泪流满面。2019年底，老人只身手捧锦旗到村委会，激动地对我说："这七个月的日子胜过我前面的七十年，感谢党和政府，感谢武汉大学李书记的帮助，我一定要用这个方式来表达我的心情。"

第二个例子与我们村里最困难的家庭有关。这户人家户主名叫何祥美，非常忠厚老实，文化程度低。致贫是因为丈夫患癌症去世，而两个孩子又需要读书，家境极度困苦。两年里，我尽己所能，帮她们家争取一切可能的优惠政策，并为孩子的母亲养商品鸡以及在茶厂做临时工提供支持。我个人加上呼吁同事进行的捐赠，共计万余元现金，帮助何祥美家解了燃眉之急。另外，看着孩子学习成绩不理想，我经常上门为两个孩子辅导功课。大女儿于2019年考上了大学，小儿子正在读初中，两个孩子的学习一直是我最大的牵挂。我认为一定要重视教育帮扶，它是阻断贫穷代际相传的最好措施。

像这些特殊的家庭,我们必须要给予高度关注,用心帮助他们过上正常人家的生活。把老百姓装在心里,做老百姓的贴心人,这一点我做到了。但是自古以来忠孝难两全,对家人的亏欠使我心里多少有些遗憾。2018年4月,学校正式通知我赴恩施挂职的时候,父亲正在医院接受癌症手术。而且,当时我儿子正处于高三的关键时期,这个时候离开家去恩施扶贫,影响只有我自己最清楚。"好的,随时听从组织安排。"这是我当时唯一的回答。两年里,我几乎没有任何假期,日夜兼程地忙碌在恩施扶贫的路上,带病、带伤工作也是常有的事。舍小家为大家,共产党员应该有这样的奉献精神。

第二点体会:扶贫不光要给钱送物,更多的是要去改变思想。为此,我从三个方面入手,力求破旧立新,把扶贫扶到根上。首先要找出贫困群众中存在的旧的思想和陋习,这是需要我们实地走访调查研究的。村里共710户人家,我花了一个月时间全部走访了一遍,并严谨地时时记录。其次,要认真了解老百姓的新需求,群众中有哪些好的思想,大家向往什么样的新生活,这也需要我们深入群众,认真倾听。在此过程中,我们还要注意做好宣传和引导工作,把国家精准扶贫的好政策介绍给群众,做好他们的引路人。最后,在扶贫过程中,肯定会出现很多分歧,老百姓的思想和行为难免会跟我们脱节,怎么办?这时就需要帮扶干部敢担当、善作为,不要一味按照原来的路数去解决。当然,要在广泛听取了群众意见之后,再经过自己的思考,才能得出良方。还有一点必须始终贯彻,那就是做好群众的贴心人,坚持一切为了人民的思想。我总相信,"金杯银杯不如老百姓的口碑",老乡给我送的很多锦旗、字帖等就是最好的明证。

第三点体会:作为一名扶贫干部,一定要把扶贫当事业来做。我们都接受过"不忘初心、牢记使命"的主题教育,于我自身而言,我的初心是:作为一个从农村走出来的孩子,我对农村有天然的情结;作为一名共产党员,能有机会回报百姓的养育,参与到脱贫攻坚这场划时代的历史性工程中去,将是我一生的财富。而关于使命,我想以"四问四真"来概括。

第一,为什么要扶贫?答案是"真心为民"。扶贫是体现社会主义制度优越性、贯彻党全心全意为人民服务的宗旨、实现中华民族伟大复兴中国梦的基本要求。

第二,扶贫扶什么?答案是"扶真贫"。根本是要扶志和扶智。对于前者,要引导百姓立志,鼓励大家通过自己的努力脱贫;对于后者,具体方法是扶基础、扶产业,授之以渔,并不断激发贫困群众树立起自力更生、艰苦奋斗、积极向上的内生动力。

第三,扶贫该怎么扶?答案是"真扶贫"。也就是说,帮扶干部要付出真心、用足真情;提出的帮扶措施要出真招、见真效。我的足迹踏遍了白果树村的山山水水,从关乎村民切身利益的教育和医疗问题,到每家每户的具体问题,我都将其放在心头。哪里的农户还没有用上自来水,村里哪片区域电压不稳,哪里的沟渠垮塌冲毁了农田,哪些家庭有大病、特病,哪家的房子亟待维修……村民无小事,事事应尽责。对于不懂或不配合政策的群众,我充分发挥在大学做学生思想政治工作的本领,动之以情、晓之以理,最后都一一化解。事实证明,这种办法是有效的,是得到群众拥护的。

第四,扶贫后怎么办?答案是"真脱贫"。目标是让老百姓过上"产业兴旺、生态宜居、乡风文明、治理有效、生活富裕"的日子,这也是我们乡村振兴的总目标。实际上,白果树村早在2017年就已经脱贫出列了,但我觉得,我们根本的任务是带领乡亲们实现山清水秀、环境优美、产业兴旺、安居乐业的乡村振兴新景象。

以上就是我两年多的工作体会,千言万语汇成一个字:值!2020年是具有里程碑意义的一年,也是脱贫攻坚决战决胜之年,中国的发展不能没有贫困地区的发展。恰逢盛世,与有荣焉,让我们一起努力,为脱贫攻坚奉献青春和力量!

(2020年6月14日,为复旦大学、武汉大学师生讲座讲稿)

山沟沟里的"向阳坡"

北京航空航天大学派驻山西省吕梁市中阳县阳坡村第一书记

韩 庚

山西省吕梁市中阳县是北京航空航天大学(简称北航)的定点帮扶县,从2015年12月至今,北京航空航天大学已连续派出三名挂职副县长和三名驻村第一书记开展工作。其中,枣林乡的阳坡村是我帮扶的贫困村。阳坡村长期以来受交通状况、区位条件、自然环境的制约,发展缓慢,是典型的贫困村。

作为一名90后,2016年我从北京航空航天大学飞行器设计专业博士毕业后留校工作,在高校工作3年期间先后担任能源与动力工程学院专职辅导员、守锷书院团委书记等职务。2019年4月,学校选派我担任中阳县阳坡村第三任驻村第一书记。记得第一天去阳坡村的路上,望着一个个层峦起伏的山丘和千沟万壑的黄土坡,呼吸着夹杂泥土芬芳的空气,我越来越觉得这里像我的故乡——陕西渭北高原。同行的村支书老许对我说:"你要记住去村里的路,这里就是你的家。"那一刻,我想起了习近平总书记在梁家河插队时化用郑板桥的一首诗:深入基层不放松,立根原在群众中。千磨万击还坚劲,任尔东西南北风。从一名高校教师变成一名基层村干部,我开始琢磨着村里的一草一木、一砖一瓦,而劳动人民的醇厚和朴实让我更加坚定了在这片黄土地上为老百姓做实事的决心。

时光如梭,转眼间一年多已经过去。"爱心超市"让村民热爱集体活动了,"扶贫车间"让村民致富动力更足了,"产业发展"让村民的腰包鼓起来了,"美丽乡村"让村民更加热爱祖祖辈辈生长的这片黄土地了。而这里春日的枝头新绿、夏日的郁郁葱葱、秋日的满地金黄、冬日的银装素裹,也让我对阳坡村越来越爱得深沉。

"小超市,大能量"

阳坡村地处偏僻,交通不便,村民的柴米油盐都需要去县城采购。对于留守村庄的老人来说,每次下山,都是一次艰难的挑战,因此我便担当起村里采购员的重要职务。远水解不了近渴,依靠一个人采购,显然不是长久之计。北京航空航天大学的全体师生既是驻村第一书记的"娘家人",更是阳坡村的"守护者"。当我向学校反映了这个难题之后,学校后勤党委决定拿出15万元物资支持阳坡村发展。

面对从北京带回来的物资,在怎么帮村民实现便利的同时,最大限度发挥出这批物资的作用,成了摆在我们面前的一道新难题。经过村委讨论,大家一致决定建立爱心积分制度,用积分来兑换生活用品。如此一来,北航—阳坡村共建爱心超市的方案出炉了。

爱心超市宛如一座爱心供给站,将北航师生的爱心传递给阳坡村,爱心积分制度在阳坡村也浇灌出一朵朵文明之花。越来越多的村民感受到"爱心积分"给村里带来的变化,在移风易俗的同时,村民也"兑换"到了生活用品。小超市带来大能量,既传递了北航的爱心,更凝聚起了阳坡村的爱心。

"小坨坨,大产业"

2020年初,一场"新冠"肺炎疫情席卷全国。面对突如其来的公共卫生事件,阳坡村医疗保障物品匮乏,同时,村里的农民工无法正常返城复工,贫困群众的收入受到了严重冲击,少数脱贫户和边缘贫困户面临返贫的风险。由于挂念着村里的乡亲,刚过春节我就立刻返回村里,组织村民紧急开展疫情防控和脱贫攻坚工作。

疫情无情,人间有情。短短几天内,北航师生校友的爱心又一次汇聚到这个小村子。北京航空航天大学为阳坡村紧急配置了1 000个口罩和其他防疫消毒物资,更有电子信息工程学院的7名湖北籍本科生从学校补助中为阳坡村捐赠了2 000元扶贫抗疫款,北航校友、平安银行总行扶贫金融办公室副总经理徐岗为阳坡村捐赠了KN95口罩、一次性口罩等防护物品。涓涓细流汇聚成河,师生校友的捐赠保障了村民生产生活的正常运行,今年春耕春播的任务也如期完成,北航—中阳—阳坡共同凝聚起了抗疫战贫的坚强决心。

为了解决农村剩余劳动力无法返城就业的问题,我联络了北航的校友企业——吕梁航电新能源有限公司,推动阳坡村扶贫车间实现复产复工,让村民在家门口就业,在炕头边增收。吕梁航电新能源有限公司是首批入驻中阳县的北航校友企业,5年间为中阳县的脱贫攻坚事业作出了巨大的贡献。阳坡村和公司合作,承接了磁芯元器件的加工业务,目前共有20人参与工作。村级加工产业入村、加工入户的发展模式,可为农户人均年增收1万元,且不耽误农活和照顾家庭,同时可以拓展其收入方式,改善收入结构,增加纯农业户收入的抗风险能力,村民亲切地称之为"北航坨坨"。

村里的"脱贫示范户"雷月爱大姐是电子元器件加工能手,自从扶贫车间复产复工以来,月爱大姐每天上午下午连轴转,一天下来能做400多个产品,赚110多块钱。贫困户许小宏从小患有癫痫,因为身体缘故一直没有固定工作,没有收入来源。为了能让他有一份稳定脱贫的收入,扶贫车间安排专人每天把原料和工具送到他家,并回收完成的产品。看着许小宏重新对生活充满了信心,我们村干部心里也感到欣慰。小坨坨,大产业,从"要我干"到"我要干",扶贫车间的意义不仅仅是增加老百姓的收入,更重要的是激发贫困群众内生动力,扶贫扶智又扶志,增强了农户脱贫致富的信心和决心!

村支书许建忠同志组织党员带头种植泰椒、小杂粮,并且积极利用网络平台带货,让村里的传统种植产业焕发出了新的生机。村主任雷杰云引入黄粉虫养殖项目入户,月收益增加至少3 000元。阳坡村的黄粉虫项目还与北航"月宫一号"项目对接,将黄粉虫养殖入驻了实验舱,并加工成太空食品,登上了中央电视台。此外,阳坡村有千亩核桃林的自然优势,村委不断加大投入、配套设施、优化品质,通过低产改造、整形修剪、提质包销等措施,提升了核桃品质,使老百姓的核桃收入人均提高了3倍。阳坡村桃园紫云牧业公司通过"公司+农户"的形式发展肉羊养殖产业,参与农户连续4年每人每年收益1 000元,参与金融扶贫委托养羊的农户连续3年每户每年收益3 000元。目前,我们正在规划设计"种植—养殖—深加工—销售—餐饮"一体的生态循环经济模式,建成阳坡村高品质小杂粮加工基地,拓展阳坡村有机肥销售市场,推动小杂粮产品利用电商平台销售,增加村集体经济收益。同时利用阳坡村深山密林的地理环境优势,由村集体试验林下养殖高品质蛋鸡,并逐步建成10亩牛粪养殖蚯蚓基地,以"公司+合作社+农户"的合作模式推进,每亩利润可达2万元。一年多的时间里,通过打造产业集群,我们积极推动乡村电商产业发展,藏在吕梁山里的贫困村变成了美丽乡村。

目前,阳坡村已发展形成核桃丰产园项目、肉羊养殖产业、有机肥生产厂、电子元器件村级加工点、小杂粮加工、林下养鸡、蚯蚓养殖、黄粉虫养殖八大主导产业,建设了爱心超市、老年照料中心两个幸福工程,阳坡村种植、养殖、有机肥生产目前已形成循环经济体系。2019年脱贫户人均收入8830元,同比2018年增长了10%,由村集体经济循环带动全村脱贫户人均增收2527元。2020年,阳坡村被确定为"吕梁市美丽宜居示范村",这个山沟沟里的小村庄又一次焕发出迷人的光芒。

阳坡村是典型的老龄化村,常住村民基本都在60岁以上,70岁以上并且子女长期不在身边的留守老人有20多个。由于交通和外出采购的不便,村里的老人们曾经过着"三天做一顿、一顿吃三天"的生活。为了解决村里留守老人的生活问题,北京航空航天大学出资在阳坡村建立了老年照料中心,使全村20余名70岁以上的贫困老人在村支部正式"上灶""入托",实现了免费就餐、集体休闲和生活。许乐乐是阳坡村唯一的"留守儿童",父母离异,父亲长年在外务工,乐乐从小跟爷爷奶奶生活。乐乐天生患有唇腭裂,曾经依靠基金免费做了两次手术,但由于没有人专心引导锻炼,6岁时只会叫"爷爷奶奶",更不会数数识字。此外,许乐乐的奶奶还患有胆囊癌。在时任中阳县挂职副县长李建伟的组织下,北航师生校友募集善款20余万元为乐乐和奶奶治病。从阳坡村到中阳县、到吕梁市、到太原、再到北京,三任副县长和三任第一书记持续对许乐乐一家进行帮扶,安排乐乐奶奶在北京、汾阳等地检查治疗胆囊癌数十次。2019年9月,我带许乐乐在北京大学口腔医院完成了最后一次手术,术后恢复情况良好。从此,孩子说话不漏气,吃饭不漏水,牙齿咬得动,小学能跟上班。乐乐奶奶去年在北京大学肿瘤医院复查,病情稳定。

习近平总书记指出,中国梦是民族的梦,也是每个中国人的梦。全面建成小康社会，一个都不能少。在阳坡村，全面建成小康社会的伟大梦想便是每一个家庭、每一个村民的小幸福。扶贫是一个大口号，当它落到一个小家庭的时候，变成了一根顶梁柱，柱子一头写着希望，一头写着幸福，正是这一个个家庭的小幸福，汇聚成了中华民族伟大复兴的中国梦！我从小在黄土地长大，黄河两岸，一衣带水。我感受过黄土的贫瘠，也理解贫穷的苦楚。扶贫是一项伟大的事业，在今天，困扰中华民族几千年的绝对贫困问题即将得到历史性的解决。作为这一伟大历史时刻的亲历者和见证者，我为祖国自豪，为人民自豪，为强大的北航力量自豪，也为这个伟大的时代自豪！

扎根群众、立足人民是我们党成长壮大、从胜利走向胜利的坚实根基。民生无小事，对于脱贫攻坚区的老百姓来说，通过扶贫政策拿到多少钱，并不是衡量幸福的唯一标准。"阳坡"之所以被称为"阳坡"，是因为坡面向阳，一天能够接收最长时间的阳光。山之阳坡，民之安乐，那大山深处的点点灯光、袅袅炊烟，未来必将成为一片美丽的"桃花源"！

（2020年6月10日，为复旦大学、北京航空航天大学师生讲座讲稿）

张庄的故事

中国证券监督管理委员会派驻河南省兰考县张庄村第一书记
王晓楠

我从2017年11月份开始驻村,到现在约有两年半的时间了,很荣幸有机会分享驻村扶贫和张庄村发展变化的相关故事。张庄村与我党的好干部、县委书记的好榜样——焦裕禄书记有着密切的关系,因为该村是焦裕禄精神实实在在的发源地。1963年,焦裕禄书记来到张庄村,偶遇正在翻淤压沙护坟的村民魏铎彬,遂问计于民,找到了"翻淤压沙、贴膏药扎针"的治沙良方。这段动人的故事发生在张庄村"青年林"(当时称"下马台")。虽然沙被成功治住了,但是直到新世纪,兰考县仍没有摆脱贫困,依然是国家级贫困县。

习近平总书记在"第二批党的群众路线教育实践活动"中将兰考作为联系点,于2014年3月17日来兰考调研,并且到张庄村访贫问苦,召开了群众座谈会。总书记也是在这里提出,要进一步把农村基层党组织建设成为坚强的战斗堡垒;多渠道发挥农村党员先锋模范作用,使其能够带领村民一起建设社会主义新农村。总书记再三叮嘱,要切实关心农村每个家庭,特别是贫困家庭,通过因地制宜发展产业,以此保障农民的增收致富。可以说,脱贫攻坚的号召也是从张庄起步的,因此张庄具有一定的特殊性。

中国证券监督管理委员会(简称证监会)作为兰考县的定点帮扶单位,根据中共中央组织部、中央农村工作领导小组和国务院扶贫开发领导小组办公室《关于做好选派机关优秀干部到村任第一书记工作的通知》,自2015年7月起开始向张庄村派驻第一书记。我已经是第三任了,有两位同事先后在村里任第一书记,我们一茬接着一茬干,按照证监会党委以及地方党委的决策部署,跟着当地百姓同吃同住同劳动,一起朝着脱贫奔小康以及更远大的目标共同奋斗。经过不懈努力,张庄村于2017年3月随兰考县实现脱贫,到2019年底,张庄村全村建档立卡的贫困群众212户816人全部实现了脱贫,并且年人均收入从2014年的2500元增加到现在的13190元,还获得了全国文明村镇、全国乡村旅游重点村等荣誉。可以说,张庄村现在是人人有工作,家家能增收,村里边没有闲人,大家都干劲十足,老百姓的安全感、获得感和幸福感明显提升。

张庄村是一个行政村,下辖四个自然村,分别是官庄、张庄、冯庄、军李寨。全村的耕地面积4825亩,人口1008户3221人;村两委的干部有7人,年龄普遍偏大,2018年两委换届,有4名年轻干部进入村委会,整个村委的凝聚力、战斗力有了明显改善。现在最年轻的村干部已经是"85后"了。

我来自证监会,作为外部帮扶力量,我关注的重点是怎样把资本市场上的资源,包括产业资源和智力资源在内的各方面资源,与村做对接。我主要从产业、金融、教育等方面来做一个简要的介绍。

扶贫举措的第一个方面是产业扶贫。

兰考县域地区的各方面基础比较薄弱,所以我主要考虑的就是怎样来引导城市资源下沉到农村。证监会在这方面除了派驻干部以外,还注重加强政策供给。比如,2016年9月,证监会出台了《发挥资本市场作用服务脱贫攻坚战略的指导意见》,其中一条是,在不降低上市标准的情况下,为贫困地区的企业上市开辟绿色通道,即报即审。在当时,上市公司这种资源是很有价值的,所以这个政策也对整个扶贫产生了巨大的影响。

由于政策的支持,再加上当时派驻干部的牵线联络,一家新三板企业的总部迁到了村里。这个企业迁过来后仅在张庄村就占地110亩,总投资达一亿元。该项目建设了高端质控的标准化厂房,用农业项目工业化的思维来种植高端的褐蘑菇,带动了约300余名村民实现了家门口就业。例如采蘑菇这一项,工人里80%是女工,比较符合现在农村地区以留守的老人、妇女、儿童为主的人口结构。该企业的到来对当地产生了很大影响。具体来说,比如肯德基的素菇堡所用的蘑菇(富含硒)就是兰考基地生产出来的,并且兰考还是供港的蔬菜基地。我们所采用的技术克服了传统农业中重金属超标等问题,通过技术化的手段,实现了农业升级。企业落地后,为了更好地发挥龙头企业的带动作用,我们又与地方政府合作,建起了另一个相同的育菇基地来扩大生产规模。现在产业面临着供不应求的状况,所以说它的整个市场潜力还是很大的。

大的上市公司和大的厂房落地到当地的投资很大,作为普通老百姓,除了进厂务工,很难再有其他方面的收益,怎么办?我们就探索了一种"龙头企业＋合作社"的模式,设计了一种简易菇棚,虽然菇的产量要比大股东的稍弱一点,但是它投资较小,一个股东投资30万元。设计这种小菇棚以后,我们按照小区的方式(一个小区30栋,一栋30万)建设了一期一期的小额产业。这样就把一些零散的扶贫资金、创业贷款整合了起来,除了摘菇,还可以投资小部分,村民不但能打工,还能当股东,这些都使他们的收入进一步增加。

此外,我们还顺着产业链进行延伸。上市公司主营的是鲜菇种植,它不做的那一部分,我们就与其他企业合作来做。比如食品的深加工、鸡料厂。秸秆是生长蘑菇的肥料,河南是小麦的主产区,我们这种资源很丰富。为了有效利用秸秆,同时能与产业配套,我们又筹措资金建设鸡料厂,把产业链做完整;同时,产品包括深加工产品都需要包装,我们村与其他企业合作建设包装车间,像包装纸箱这样的小厂房就是沿着产业链再扩展出的新产业。

龙头企业的落地对当地产业起到了带动作用。在引入产业的同时,我们也通过旅游扶贫的方式来挖掘当地闲置资源的潜力。张庄村与其他很多村庄一样,也逃不过城镇化的趋势。兰考的交通比较便利,年轻人出门务工的很多。村里老旧的房屋闲置下来,年久失修甚至有的都倒塌了,既影响美观也浪费了资源。所以,村里就利用旧砖旧瓦对闲置院落进行美化,建成农村书屋、戏院、书画院等具有功能性的小景观,并且用贷款来打造民宿特色餐饮,挖掘传统手工艺,如手工布鞋这种既可体验又可采购的农旅特产,以更好地吸引游客,把张庄村的红色资源优势发挥得更好。

我们在村里建成了一个农村干部的培训学校来发展培训经济。学员上课期间,在校园里吃住都是在村民利用自家房屋改造的民宿和特色餐饮店里,这能够让老百姓直接受益。通过几年的努力,现在张庄村的旅游业已大有起色。2019年,张庄村上榜全国首批乡村旅游重点村。现在村里可接待游客数保守来说已经突破20万人次,而且张庄特产也开始成为热卖的香饽饽。从经验上来说,这些小产业不是从外部嫁接的标准化产品,而是根植于当地的资源慢慢挖掘出来的,是具有地方特色的。

例如，张庄布鞋已经成为网红产品。我们设计张庄布鞋这个项目的出发点是，村里60岁左右的留守妇女很难外出务工，做传统布鞋可以给她们创收。我们让留守妇女到布鞋坊做传统的切缝点老布鞋，纳一双鞋底可以得到80元的手工费，而且工作时间也较灵活，既可以在手工坊工作，也可以拿回家做，不影响家务和农活。这样一来，中老年妇女在家门口就能够每月增收两三千元；这个项目在设计过程中不完全是按照纯商业化来考虑的，而是带有扶贫的色彩。我觉得这是目前在做农村产业中必须要考虑的问题，即必须要符合当地的人力资源现状。虽然资本市场很讲市场化，但不能过早提"市场化"概念，毕竟很多农村的基础还比较薄弱。张庄村现在的几个产业从2018年创立到现在，在两年时间里慢慢积攒出了很大的影响力。再比如，我们还引入了孔雀特种养殖项目，村民利用自家的空闲院落来养孔雀。一组孔雀是5个，一共4组，然后每年孔雀蛋的销售收入就可以给一个家庭增收6000元。仅仅通过利用村内闲置的院落，老百姓喂孔雀就可以增加这部分收入，这个项目也完全是在探索过程中创设出来的，因为这个村本来就有养蛋鸡的基础，后来因为要搞旅游，养蛋鸡比较臭，会影响村里的环境，所以村里不太主张大家再去养殖蛋鸡，但是有很多村民对养鸡产业很依赖，没有了养鸡产业我们该做什么？后来我们了解到养孔雀是一个很好的选择，没有任何臭味，而且能把村民的院子变成小公园、小动物园一样的场所，小孩们也很喜欢。有一些开民宿的农户，因为养孔雀而使得民宿生意都变得更好了。

张庄村在地理位置上毗邻彭河。2019年初，围绕着黄河生态治理落地了一个40亿的大的文化旅游项目。2019年3月，证监会组织整个行业在兰考县举办了文旅产业的投融资论坛，邀请了多家上市公司、科研院所和金融机构参加。通过这种调研，各方提供了很多好建议。通过这样的举措，我们一点点来帮助村民挖掘当地文化旅游精品，然后创造更加舒适便利的旅游环境。最终目的就是希望把兰考张庄红色的IP擦得更亮，传播得更远，能够带动当地的村民脱贫致富。

除了扶持产业，还要集中精力壮大村集体经济。第一书记到村以后，我们有四项职责：建强基层党组织、推动精准扶贫、提升乡村治理以及为民服务。建强基层党组织是首要职责，需要有依托、有载体。村集体经济的发展，就是在巩固党在基层农村的执政基础，是优化农村资源配置的一个有效手段。在我们定点扶贫之前，张庄村集体经济为零，当时村里的产业就是传统的小麦和玉米种植，以及小规模的鸡、猪的养殖。所以第一书记到村以后，通过申请证监会和河南省的扶贫资金，结合当地相关的扶贫政策，建起了春秋大棚、标准化车间、采摘园，发展了兰考蜜瓜种植、虾养殖、红薯粗加工、草莓采摘等多项集体经济项目，通过对外承包、入股分红等方式增加收入。现在每年村集体收入保守数字在60万元以上，这一部分资金不但保障了村里的日常开支，还能为困难群众提供帮扶。

扶贫也要分步走。我们刚来时，村集体经济产业比较薄弱，迫切需要真金白银的投入，而且这种前期投入是必不可少的。上述所说的产业基本就是在前期依靠纯投入来实现村集体经济的从无到有，仅证监会直接捐助的扶贫资金就多达几百万元。建成产业后，下一步要考虑的是产业怎么实现以及可持续发展的问题。我这一两年的工作重点也是更加关注产业的可持续性，比如，我们最近和河南省内的一家造纸类的上市公司进行产业合作，开发再生资源。也就是说，村里提供一个闲置的垃圾站点，上市公司投入相关的设备来进行废纸回收，通过村企合作可以得到一部分收入。

扶贫举措的第二个方面就是金融扶贫。

产业和金融是相连的。在农村，更重要的资源就是乡村的发展智库。这个村到底该往哪里走？这个产业从哪里来？这个资金应该是个什么模式？这些只依靠目前村里的当地人员是很难解答的，需要外部力量来拉一拉、带一带。例如2018年4月，我们动员了好几家上市公司和证券公司出资成立了兰考交通共享经济研究院，这个研究院就相当于我们村的智库，村子在发展过程中有什么诉求，或者有什么地方还不是很明确的时候，我们都会给他们发函，寻求支持。这个研究院为我们提供了很多好的建议，也帮着整个兰考县的企业写社会责任书。通过这种方式提高了当地企业的融资能力，通过这样一个载体，把兰考经验进行总结，可以向更广泛的贫困地区进行推广。金融扶贫的另外一块就是活用金融工具。村子虽小，但资本市场力量大，我们不断寻找供和求之间的结合点，进而实现两面的对接。比如，我们联系一家期货公司时，结合当地的保险公司做了"期货＋保险"的试点，给这些蛋鸡上保险，帮助大家规避蛋鸡的价格风险。2018年的试点成了河南省落地的第一单,2019年春节后,我们又在2018年的基础上进一步考虑,既然风险问题解决了,那是否可能取得银行的授信?因为通过期货保险的运用,鸡蛋作为抵押物,它本身的质量也提高了。在这种情况下,我们通过"期货+保险"获得了银行的授信。在2019年2月份一个月,我们参保的合作社就触发了11万元的理赔,这对当地农民的影响很大,使他们的风险问题和融资难题得以同步解决。这些举措都是在驻村过程中一点点摸索出来的,是我们外部力量和村委一起磨合出来的,都是有生命力的。通过这样的摸索,我也发现农村还有很大的潜力。

股权投资机构都是上市公司,它的优点就在于掌握这些产业的信息。对农村来说,其实是直接可投资的,但按照股权投资公司的标准来说,我们可投的项目却是极少的。我们聘请了一些机构来做外部的金融顾问,用他的专业优势和资源优势指点我们怎样进行产业的规划遴选和引入。这种方式帮我们降低了以往产业发展过程中存在的盲目性和风险,也帮助我们缓解了乡村发展过程中的信息不对称等问题。而且这些机构的到来也为我们带来了一些先进的理念,比如影响力投资、社会创投、社会企业等,这些对村民来说是陌生的;这些企业的到来对乡村公共服务的完善和产业培育都非常有帮助。

我们还根据基层小产业的特点,与多层次资本市场进行对接。我在前面提到,基层基础相对薄弱,过早强调市场化是不太可行的,所以我们比较注重的是与财政政策、财政工具进行结合。比如,地方政府的专项债,我们在积极申请通过专项债来帮助产业的提升及基础设施的改善。通过这几年的努力,我们从本地挖掘了一些小的产业项目,包括之前兰考本地已经有的一些产业项目。2019年底,我们请证券公司来村里对这些产业进行了教研和辅导,遴选出22家村办企业,在四板市场进行挂牌。此事在河南省引起了轰动,村支书当时十分感慨:"上市敲的锣过去只在电视上看过,现在没想到锣可以在张庄村敲响!"这对于振奋当地群众的斗志有着巨大的作用。

扶贫举措第三个方面就是教育扶贫。

脱贫也好,乡村振兴也好,最核心的因素在于人。我们对教育特别重视。我向单位汇报后,证监会出资900万元,下属会馆单位出资600万元,一共出资1 500万元为张庄村新建了一个义务教育标准化的学校——张庄小学。目前,这个学校已经接近完工,学校采取的是装配式建筑方式,从而保证了它的抗震能力以及环保性。在这个过程中,为了改善扶贫资金划拨效率比较低的情况,我们探索了"财政扶贫资金+社会组织"的模式,把扶贫资金委托给省里的扶贫基金会来进行管理。扶贫基金会管资金,兰考县政府来承担建设责任,通过双方的配合保障建设工程资金拨付的效率以及手续的合规性和完备性,这也是一个有益的探索。

教育扶贫注重的是加强农村的公共服务,提高群众的人口素质。现在我比较关心的是农村儿童的早期教育,因为我自己也有孩子,来驻村的时候,孩子还不到两岁。来到村里后,我感到农村地区在公共服务环节还需要加强投入。另外,我们对村民加强技能培训,比如说走秀、电商直播等,我们都请来老师为村民授课,同时给村里加强硬件建设,比如说修建图书馆,希望孩子们能养成阅读的良好习惯。

除以上三个主要举措外,在消费扶贫上,我们三任干部都是把消费扶贫作为进村以后的第一项实事来办。消费扶贫是这一两年热起来的,但是我们在张庄村探索得很早,从2016年就开始做了。驻村干部来村里后面临的第一个问题就是融入当地,而最好的办法就是给大家办实事,最直接的方式就是帮大家卖东西。刚开始村民畏惧这种产业发展的风险性,担心卖不出去,不敢发展生产,我们几次活动做下来以后情况有了很大改善。在激发内生动力方面,我们用的就是消费扶贫的手段。

在乡村治理上,我们采取了"党建引领+三治融合"的模式。除了落实基础制度,丰富党内生活,例如"三会一课"、固定党日等,我们更加强调党的基层组织是为民服务的,要通过给老百姓办实事来凝聚人心、和谐干群关系。为了树立好村干部在村里的形象,我们每天早上6:00起来义务打扫街道,刚开始没什么感觉,但几年坚持下来,就因为这件小事,干部在村民中的形象就高大起来了。我们后来还制定了"1+1+n帮扶到户"的党员帮扶计划,例如让老党员和入党积极分子结对,再加上村干部一起来帮扶困难群众,也是希望通过这种方式来凝聚人心,提高村委组织群众、依靠群众和服务群众的能力。

在法治乡村的建设上,我们借鉴了资本市场的经验,聘请了律师事务所的律师担任村民们的法律顾问。当时,村民一遇到问题就找村干部,没有找律师的概念和意识,通过律所的介入提供援助,帮他解决完问题后,起到了很好的法制教育的作用。后来村民再遇到事故纠纷、工伤赔偿等问题就不发愁了,学会了咨询律师。通过这样具体的事,我们实现了对老百姓进行教育的目的。此外,为了弘扬社会主义核心价值观,弘扬正能量,我们还开展了大讲堂、饺子宴、农民运动会、艺术团等基层文化活动,通过这些活动提升了群众战胜困难的信心和勇气。2017年底,张庄村被评为全国文明村镇。

在村民自治问题上,除了村规民约,我们比较注重的是乡贤力量。村里的致富能手、返乡大学生都对农村发展有非常大的帮助,我们来村以后,通过实际调研了解谁比较厉害、他们现居何处,我们尽量去动员这些人,所以现在我们村也有大学生、致富能手回来了。比如,有一位返乡能人,之前在北京做生意,前两年经过我们动员,他回到村里承包了一个果园,还在村里做"非遗"的文化活动,活动期间,每晚客流量达到两三万人,对当地群众起到了非常好的带动作用。

以上扶贫举措取得了很大的成效,全部建档立卡贫困群众的收入大幅增长,获得了全国性的荣誉。张庄村的脱贫攻坚工作也得到了各级部门、领导和群众的肯定。2018年10月30日,在改革开放与中国扶贫国际论坛召开前夕,来自全球100多个国家的专家和大使到张庄村调研,认为张庄实践为世界减贫提供了宝贵经验。2019年6月28日,"中国共产党的故事——习近平新时代中国特色社会主义思想在河南的实践"专题宣传会在兰考举行,30多个国家的近300名政党领导人和代表来到兰考调研,他们感慨地说,这么小一个村庄竟然能吸引这么大的企业,在这里看到了习近平总书记倡导的乡村振兴战略在中国农村的落地生根,看到了中国共产党对普通百姓的人文关怀,看到了中国百姓更加自信。

我自己也因为驻村扶贫的缘故,有机会在中央电视台、《人民日报》、新华网、省委书记座谈会、干部培训班等一些平台和场合,向国际友人讲述驻村扶贫以及和兰考干部群众共同奋斗的故事,并有幸获得了"全国金融青年服务明星""证券期货系统劳动模范"等荣誉。人生就像一场很奇妙的旅行,大概10年前,在我的学生时代,我在学校里学习的正好是普惠金融理念,论文题目也和普惠金融有关,虽然后来的工作离这个概念有了距离,但是没想到有这样一个契机,在10年后来到了兰考。兰考是全国首个普惠金融改革试验区,有机会来这里深入实践,使我对党的执政理念的先进性有了更加深入的理解和认同。我本人丰富了对农村工作的认知,提高了攻坚克难的本领以及理论联系实际的能力,这些都是非常难得的宝贵经验。

我觉得自己很幸运,在这里想分享一些感悟。

第一点,如果是学生,在学校期间要不遗余力地把书读好。工作以后能读书的时间越来越少,随着工作任务越来越重,有了家庭、孩子后想读书就越来越难,学生要珍惜在校园里的时间。

第二点,我觉得基层真的就是一个大课堂。习近平总书记也提到,希望我们年轻人能加强这种劳动教育,来自找苦吃。尽管我过去也没在农村待过,但是这也并不妨碍我仍然可以在农村找到灵感。我刚来村里时带有很多想象,后来村支书教会了我很多,我也学习了很多,这些都是在实践中慢慢摸索出来的。

第三点,年轻人是中国大国担当中的重要力量,肩负重大使命。我希望大家能够不断砥砺初心,少想一点自己,多想一点贡献,多想一些付出,多考虑自己的社会责任,也希望大家能够学有所用,并且在这个过程中要保持一颗平常心。梁漱溟先生当年曾说,如果农业进步有三个要点,流通金融、引入科学技术、促进合作组织,不管哪一个方面,人的因素、人才的因素都是最核心的。现在农村最大的短板还是人才短板、人力短板,希望能有更多的年轻人到农村来,他们来了,村里就有了希望,乡村振兴也就有了希望。

(2020 年 5 月 3 日,为复旦大学、同济大学、郑州大学师生讲座讲稿)

真抓实干搞基建　　深入农村谈扶贫

司法部派驻四川省巴中市平昌县驷马镇陇山村第一书记
张体磊

我是张体磊,2018 年 9 月,司法部派我到四川省巴中市平昌县驷马镇陇山村担任驻村第一书记。我将从四个方面与大家交流陇山村的扶贫工作:第一部分是陇山村的简介,包括地理位置和基本状况;第二部分是我要了解基层、了解农村的原因;第三个部分是我是如何在当地开展工作的;第四部分是我在扶贫工作中的一些感受和想法。

一、陇山村的简介

李白的《蜀道难》写道:"噫吁嚱,危乎高哉!蜀道之难,难于上青天!"陇山村地处四川东北地区,属巴中的平昌县。巴中地处大巴山,即通常所说的蜀道。蜀道的南段有三段路,从汉中到巴中的这段路叫米仓道,是蜀道的中段。米仓道路过巴中市,也路过大巴山,离陇山村距离不远。所以,古往今来,平昌县的地理位置都比较重要,它还曾是红四军的革命根据地。陇山村方圆四五平方公里,村里居民相对分散,有的住在半山腰,有的住在山底下,甚至有的离聚居区遥远。

司法部自 2015 年以来帮扶陇山村,当时,村子的基础设施、道路条件、住房情况等非常糟糕,村里约有 80% 的房屋都是危房。陇山村包含六个农业合作社,共有 457 户 1 875 人,2015 年建档立卡的贫困户有 104 户 349 人。经过帮扶,陇山村已于 2016 年实现整体脱贫,家家户户都有住房。

二、深入农村的原因

我的硕士研究生专业是犯罪心理学,2013 年,我来到司法部,在机关工作五年多。在机关时,工作主要是写材料,整天浸泡在文件中。时间越长,我越发觉得自己不能理解工作中的某些文件,非常有必要去基层锻炼,来补上自身对基层情况不是特别了解的短板。同时,我认识到,了解农村是行政工作的基础。2020年5月28日,李克强总理说,中国有6亿人每个月的收入也就1 000元。我在农村生活、工作的这两年确实对此深有感触。农村老百姓虽然现在大部分外出务工,但以一个家庭上有老下有小的结构来说,两个人的劳动收入还是很低的。

三、如何在当地开展扶贫工作

我们村扶贫的力量、技术骨干在哪儿?我的职责就是领着大家干,算是第一支力量。常驻村两委,也就是村支部书记所带领的工作小组,这是第二支力量。第三支力量就是驻村工作队,一般都是从县或镇上抽调的各级干部,这三支队伍大概共有5个人。第四支力量是帮扶干部,按照四川省的规定,帮扶干部是从县内学校、政府机关抽调的各种力量,他们逢事必来,与老百姓进行沟通交流。我们村共有53个帮扶干部,我帮扶五户,其他干部一般都是帮扶一户到两户。从2016年进行帮扶到现在,我们在陇山村主要做了以下一些工作。

第一,道路建设。道路建设一直是工作重点,我们在这方面投入了较大的物力与精力。

第二,住房安全。在开展帮扶工作以前,村上里90%的房子都是土墙房子,我们通过几个工程进行了整改。第一个工程就是异地搬迁,把一些比较分散的住户迁到聚居点;第二个工程就是原址重建,对于村民生活较为方便的住处,在原有的地址上重新建设;第三个工程是危旧房改造,不打乱主体结构,在房子里面装修,外面修缮排除危险。这几年,异地搬迁总计41户122人,危旧房改造99户,基本上实现了贫困户和一些非贫困重点户的住房安全问题。

第三,发展产业。尽管我们村这几年有了发展,但村里80%的劳动收入依旧是来自外出务工。靠山吃山、靠水吃水,我们村现在发展的产业可以分为短期、中期和长期。

短期产业主要是蔬菜产业,这也是现在搞得最好的产业。目前,有约200亩的蔬菜生产基地,主要通过村集体吸收农户,把蔬菜生产集中起来,卖

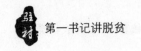

到司法部系统。司法部系统体量大、人数多,对蔬菜有较大的需求量。同时,我们与周边的达州监狱和巴中监狱进行了长期的经营合作,销售陇山村的蔬菜。

中期产业主要是养殖业,包括土鸡、土鸭和土猪的养殖。我们现在通过电商进行销售,还和北京的几个饭店谈了合作。

长期产业是我们村的核桃种植。我们村核桃树已经种了4年多,按照一株一百元包给有帮扶关系的干部。2019年,合作社核桃的销售收入已经达到了600多万元,其中,电商平台上销售收入达到400多万元。

四、扶贫工作中的感受和反思

第一,必须学会本地的方言。作为北方人,刚到四川时不会说也听不懂四川话,工作时村两委的干部包括工会的会员对我比较照顾,说话比较慢。但工作之余,他们说的话我基本听不懂。另外,我们走村入户时和老百姓交流,不可能每次都带着"翻译"。所以,要深入一个地方工作,一定要学会本地的方言,尤其对于我们驻村第一书记的要求,用四川话来讲就是"一定要把这个龙门阵摆好,一定要跟老百姓学会吃盒子",从听得懂到说得来,这个角色得转变好。第二,一定要掌握本地的风土人情。当我们了解了四川人的生活习惯、工作习惯包括人际交往习惯后,遇到一些难题时通过交流沟通可能就会迎刃而解。第三,就是要听老百姓的心里话。就整体来说,我挨家挨户探访时,无论去哪一家,这家人首先反映的都是问题、困难,但是这些问题和困难与村两委干部掌握的情况并不一样。通过这一点,我时刻提醒自己在工作中,首先就是学会倾听村民倒苦水,然后把我们的帮扶政策、主要目的和他们说清楚。

(2020年6月2日,为复旦大学、重庆医科大学师生讲座讲稿)

扶贫是良心活

中国交通建设集团派驻云南省怒江州秋那桶村第一书记
姚聪学

扎根秋那桶——把扶贫当作事业

如果说,世界上有一个地方,集聚了神的光、佛的语、仙人的衣袂、人世的炊烟、美妙的歌声,那这个地方一定是秋那桶。一条怒江、两座雪山,人神共居——秋那桶是落入凡间的如画小寨。

"秋那"在怒族语言中的意思是"相对平坦、适合居住","桶"的意思是"和平、平安"。村子既然叫"秋那桶",本想当地百姓生活自然不会太差,凭借丰富的旅游资源,脱贫致富奔小康应该并不难。然而,一切并非想象中那么容易。

2018年10月,我由中国交通建设集团选派担任秋那桶村第一书记、工作队队长。刚到怒江州,当地人告诉我:"在怒江,距离是用时间衡量的。"我从怒江州府所在地六库出发,一路上换乘了好几次,花费2天半时间才穿越306公里的怒江大峡谷,到达秋那桶村。

看天一条缝,看地一道沟。秋那桶村位于怒江大峡谷北端,紧邻西藏,属于全国"三区三州"的深度贫困村。随处可见的峡谷与急流,适合耕作的土地奇缺,对外的交通更是艰难。看着老百姓的生活,想想肩负的重任,我决定把扶贫当成自己的事业,带领大家一起朝着真正的"秋那桶"努力。

知根知底——有困难找姚书记

精准扶贫,首先要了解村里人。

秋那桶村一共有10个小组,村里的百十来户人家,高高低低、零零散散分布在山坡上,许多地方只有陡坡上的崎岖小路。最远的一个小组距离村委会竟有 6 公里,走村入户需要步行山路 3 个多小时。并且,村里的坡路极为危险,丙中洛镇一位扶贫干部 2017 年冬不慎滑倒滚下山坡,幸亏被两根竹竿挡住,才没有坠入怒江。

当地人大都说怒语,熟悉普通话的不多。刚进村那一个多月,我和懂怒语的队员一起早出晚归,奔走在村里大大小小的坡路上。哪条路近,哪条路陡,我们心里早已一清二楚。我们心里更清楚的,还有村里的贫困:谁家的房子还不能挡风避雨,谁家取水需要走多久山路,谁家有人病重开支过大,谁家孩子近期又逃学等。作为一名扶贫干部,我的首要任务就是解决这些眼前难题,努力让他们实现"两不愁三保障"。

2019 年初,我来到石普组的百姓家里,得知这家人遇到了一件"悲喜交加"的事——女儿才英被云南经贸外事职业学院录取。以当地的教育条件,孩子能考上职业院校已不容易,全家都指望孩子上学读书改变命运、摆脱贫困;但是,求学费用又成了难题。在交谈中,我了解了这个家庭的不幸——男主人患有癫痫病,全家人主要靠女主人卖农产品维持生计,虽然享受了国家的易地搬迁安置,但让孩子赴昆明求学实在困难。看着这个家庭一贫如洗的景象,我想起了自己当年的求学之路,更加坚信教育是改变命运的最佳途径,也立志必须为这个家庭做点事。随后,在我的劝导下,一家人坚定了求学的想法,我也帮助他们切实解决了生活费用问题。

像才英一样人穷志不短的人还有很多,大学生李丽莎、13 岁体育特长生和丽雅、专升本学生马文生、大学生李铁军、张雄、尼达当组、73 岁老人和志、身患骨髓炎的石普组老组长张玉新、残疾老人余秀英等。在我的努力下,越来越多的爱心人士加入这场没有硝烟的脱贫攻坚战中,一位又一位困难群众得到了帮扶,一个又一个困难家庭走出了阴影。如今,我这位说普通话的"外人",早已成了秋那桶村老百姓心中的"亲人","有困难找姚书记"也是老百姓时常说的一句话。

产业开发——"跟着姚书记脱贫致富"

脱贫致富,外界的物资支持很重要,但激发当地群众内生动力、寻找经济增长点更重要。秋那桶村的山多且深,坡度高,靠种地仅能维持温饱,脱贫致富几乎不可能。所以,秋那桶村要脱贫,必须有自己的特色产业。

在调查民情时,我发现村民有制作民族织毯、制作石板、编织手工艺品的传统,但是规模小、人手分散,没有形成品牌,更没有形成产业。我想,如果能使之形成产业,那么既能使群众自己参与脱贫攻坚,又能使怒族、藏族的传统手工艺得到传承。走访之后,我找到村民彭德军,他是个有想法的人,我希望他能牵头成立手工艺品农民合作社,而我来负责解决经费和生产中的组织协调问题。果然不失所望,彭德军挑选了一批"能工巧匠",并紧锣密鼓地制定了统一的生产规范。很快,在我的协调下,贡山县文化和旅游局下拨经费20万元,秋那桶创福手工艺品农民专业合作社成立了。经过近一年的努力,合作社实现了年销售额13万元,建档立卡户人均分红800元。

有了经济效益后,我便申请成立了秋那桶村乡村旅游合作社,依托怒江天然的旅游资源,开发村周边户外线路。2019年国庆期间,四天时间就收入1万元,外地游客购买了村里的农副产品8000元。面对这些收入,村民们很高兴:"跟着姚书记干,就能脱贫致富。"

易地搬迁——"姚书记说的咱都信"

汹涌澎湃的怒江江面上,急浪滔滔,卷起千堆飞雪,势不可挡。一条约有拇指粗的钢缆悬在湍急的江流上方,微微摇晃着,这便是"溜索"。溜索是怒江大峡谷中旅游者最青睐的体验项目,唯有体验溜索过江,才能体会怒江十八怪之"溜索要比汽车快"的真正含义。然而,对于秋那桶村那恰洛组的村民来说,他们并不喜欢依靠这条跨度约200米、高30米的溜索过江。山高水急、路陡雾浓,只是为了谋生,他们每天才不得不在溜索上来回穿梭。

其实,那恰洛小组面临着严重的地质隐患,按照相关要求,他们必须尽快完成易地搬迁。告别溜索渡江,住上政府建的新房,可以大大帮助那恰洛小组脱贫。但是,村民们并没有想象中那么积极。我走遍31户家庭,挨家挨户做动员,了解了他们的顾虑和担忧:他们故土难离思想很深,担心进城后村里的地和产业都没有了,生活会更加困难等。于是,我召集大家开会讨论,针对他们心里的想法一一解释。解除他们的疑虑后,我带着部分那恰洛小组的村民前往幸福新区安置点,实地考察即将搬迁的新房和周围的环境。

幸福新区安置点位于贡山县,一排排米黄色的楼房整整齐齐,极具民族特色。周围还设置了医院、商店以及学校等便民设施,生活十分便利。看到眼前的一切,村民们很高兴地说:"姚书记说的都是实话,他说的话咱都信。"这次实地考察结束后,我凭借组建合作社收获的口碑"趁热打铁",消除了村民们心中的顾虑,那恰洛小组的易地扶贫搬迁工作也画上了圆满的句号。

家人支持——"爸爸你回来我就长大了"

秋那桶村虽然落后贫穷,但村民纯朴善良,随着扶贫工作的推进,我们的感情逐渐升温。在我心中,扶贫是我的事业,尽管经常不能陪伴家人,但是家人都很支持我的工作,也正是他们的支持才让我能把更多精力投入扶贫事业。2019年春节,我离开西安的前一晚,儿子突然问我什么时候才能回来。我想了想说,大概还有两年吧,他低着头默默地说:"等你回来我就长大了。"是啊,等我回去他就长大了。我们父子俩一起仰望星空,皓月当空、繁星点点。我给他讲述我所做的一切,讲述怎么让贫困地区那些吃不好、穿不好、不快乐的孩子像他一样快乐健康地成长,未来成为社会栋梁之材,共同建设祖国。

2020年春节前夕,突然发生了新型冠状病毒肺炎疫情,于是我们从年三十就开始忙起来,第一时间组织全村的党员和各组组长开展疫情防控工作。关键时刻,基层党组织必须发挥作用,特别是党员,要第一时间亮出身份。我带着打印好的宣传单去每个小组做拒绝聚集的动员工作,村两委及工作队员每天都和家人说不要多出门,自己却义无反顾地走向疫情防控第一线。我和父母、爱人离得远,只能在电话里嘱咐他们多注意身体,而我能做的就是在村里和大家一起坚守在疫情防控一线。秋那桶也是我的家,他们也是我的家人,守护他们的健康是我当时最重要的事。

扶贫工作无大事,每天都是群众的点点滴滴;扶贫工作无小事,事关祖国全面小康事业。在这场没有硝烟的战役中,成千上万扶贫工作者满怀热情、扎根一线,帮助村里的群众摆脱贫困,过上好日子。能够参与这项历史性的工程,见证新的历史,我倍感自豪。

(2020年4月,为复旦大学师生讲座讲稿)

情系基层　维护稳定
精准扶贫　奔向小康

西藏大学派驻西藏自治区那曲市色尼区俄色村第一书记

扎西曲扎

为民的事无小事，大量工作在基层。习近平总书记曾指出，社区（村居）是基层的基础，只有基础坚固，国家大厦才能稳固。中国共产党坚持以人民为中心，是为人民服务的政党。我们抓好扶贫工作就是要把贫困群众大大小小的事情办好，改革创新基层治理，提高治理能力，更好地服务于人民群众。

一、驻村点的基本情况

西藏大学总共有6个驻村点，我的驻村点在色尼区色雄乡俄色村，海拔4 600米左右。俄色地理环境条件差、气候恶劣，全年四分之一的时间都只能看到雪景。俄色有8个自然村，全村103户599人（其中59户在那曲市里，3户在乡政府所在地、另外41户在俄色行政村所在地），全村建档立卡贫困户21户，贫困人口134人，有13个贫困边缘低保户，贫困人口占全村人口的24%左右。驻村点离县城140多公里，刚好在两县两乡交界处，位置比较特殊，因此矛盾纠纷经常发生。

二、完善治理体系，为脱贫攻坚保驾护航

我认为，驻村干部是政策法规的宣讲员、生产发展的参谋员、生活宽裕的服务员、乡风文明的倡导员、村容整洁的规划员、民主管理的监督员、脱贫致富的引路员。全心全意为村民服务是驻村干部的工作宗旨。

（一）健全组织体系，夯实组织基础

1. 村两委换届选举

根据西藏自治区关于基层换届工作相关指示精神，按照基层组织换届

工作办公室关于第九届村(居)基层组织换届工作安排和部署,结合色雄乡实际,乡党委制定了第九届村(居)组织换届工作方案,召开了关于基层组织换届工作安排部署会。在乡党委的统一要求下,我协助村两委筹备酝酿换届工作,严格执行村(居)基层组织换届工作程序,从确定选民、进行选民登记工作,到选民口选、个别谈话等方式进行摸底,最后上报乡党委审核批示,确保了在2017年村(居)基层组织换届工作中没有出现任何问题。

2. 成立第一届妇女联合会

根据上级组织安排,积极配合乡党委和妇联工作,并严格按照选举程序选举产生了第一届妇女联合会成员。2018年3月8日,俄色村成功召开了历史上第一次妇女大会,鼓励妇女同志积极发挥作用。

3. 制度体系建设

色雄乡俄色村党支部目前有44名党员,其中预备党员3名;男党员41名,女党员3名。

(1)建立健全党员档案材料。当初接手这个工作时,我除了一张花名册,没有任何党员资料。为规范管理和教育党员,我想尽办法补充党员档案。

(2)建立健全党内制度体系。为改善组织体系,夯实组织基础,我参考了其他基层支部制度,结合当地支部情况,建立健全了"三会一课"制度、党员发展程序等相关基础制度。

(3)村委会制度建设。从前,村民开会时没有规矩,整整一天的会最后还是无果而终。所以,我积极咨询乡人民政府,征求村委会领导班子成员的意见,建立了干部外出请假制度、述职报告制度、考核制度、考勤制度、会议制度、分工制度等基础制度。

(4)补充完善村规民约。村内在处理各项事务时,没有相对完善的村规民约,只有口头上代代相传的"规矩"。因此,我补充完善了相关条例,形成了书面的村规民约,做到了各项村内事务处理时有章可循。

4. 基础设施建设

2018年,在党建经费1.5万元的基础之上,我们自筹了2万元左右的经费,把原来的会议大厅改造成了"党员活动室",并补充家具,打造全新的接待室。在上一届驻村工作队的帮助下,争取了将近15万元资金,重新修建了

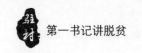

阳光棚。重新分配村委会文化室的房屋,专门改造了村卫生室、农村书屋、兽医站、防灾减灾物资储备室等。

(二)加强维护稳定,树立稳定压倒一切的思想

为确保全村平安和谐的态势,我们以"保稳定、促发展、创和谐"为维稳工作目标,在区委、乡党委的统一领导下,我带领全村学习相关纪律要求,提高村民的维稳意识、安全意识、防范意识,积极参加各类维护稳定工作,共同创造美好和谐生活。

在敏感节点和非常时期,我们结合俄色村实际情况,组织召集村两委班子成员和各双联户户长召开维护稳定工作部署会,成立领导小组,制定值班巡逻制度,提出相关工作纪律要求。特别是在重大节日和活动节点,认真实行请销假制度,对外出人员和外来人员实行登记制度,认真履行"红袖标"的值班巡逻制度,确保全村没有发生任何影响社会稳定的事件。

(三)实施扶贫开发,实现共同富裕

习近平总书记曾指出:"消除贫困、改善民生、逐步实现共同富裕,是社会主义的本质要求,也是我们党的重要使命。"我们以改善贫困群众生产生活条件为重点,以增加贫困群众收入为核心,以帮助贫困群众脱贫致富为目标,通过各种途径帮助贫困群众理清思路、更新观念,为结对帮扶贫困户出主意、办实事、送政策、送技术,提高贫困人口基础素质和自我发展能力。结合实际,我们制定了相关扶贫开发工作计划,2019 年,完成全村贫困 21 户 134 人全部脱贫摘帽的任务,助力俄色村稳步迈入全面小康。

1. 结对帮扶工作

结合俄色村贫困户基本状况,我们认真开展了结对帮扶对象确定工作。2017 年初,我们召集所有 21 户建档立卡户户主,发放了慰问金 19 200 元;同时,更新了结对帮扶对象 34 户,人数 147 人。

根据十三五规划,国家统一投资为村里建设了幼儿园,2017 年底竣工。教育局要求从 2018 年开始招生,并且要求正常运行,但是这里根本就没有师资。后来,考虑到全村适龄儿童的教育问题,我来担任幼儿园负责人,聘用了一名刚刚毕业的大学生来协助我从事教育和管理工作。

利用当地文化产业和市场需求,我主动联系民营企业和政府技能培训机构,先后送出 28 名村民学习挖掘机、民族手工艺、汽车修理、美容美发、厨

师等技能,先后为15名村民介绍保安、清洁工、餐厅服务员、酒店服务员等就业岗位。

2. 扶贫材料造册归档

我们及时与村委会沟通联系,了解和掌握基本信息,保质保量完成了扶贫材料造册归档工作。这两年是脱贫攻坚工作的关键时期,我们帮助村委会整理"一户一档"材料、"扶贫手册""四级建档"等材料,制定"一户一表"基本信息,填写"一户一卡",更新"一库六册"等相关数据信息,及时完成扶贫相关材料汇编工作。

3. 帮助策划"一村一合"工作

为集中资源、按劳分配、提高质量,我们从实际出发、因地制宜,结合当地资源,积极策划了"牦牛养殖场"和"奶制品、肉制品加工厂"的合作社。合作社采用科学运营、科学管理的运作模式,主要生产奶制品、肉制品等特色产品,为增加村民收入、提高人民群众经济水平和生活质量奠定良好的基础。结合我村贫困户多、村委会班子成员文化程度不高等实际情况,我们积极制定全村工作计划,及时开展形式多样、内容丰富的宣传教育活动,使贫困群众提高意识、转变观念,通过各种渠道、各种方式来帮助贫困群众提高生活质量、增加收入。

(四)开展思想教育,转变思想观念

在思想观念方面,我们以走村入户、走访深谈、个别教育、集中教育等形式开展教育工作。特别是建档立卡贫困户和享受最低生活保障的贫困户,我们主要通过思想教育和生活帮扶相结合的方式来进行教育,力图转变"等靠要"的思想,提供科学建议,使他们认识致贫原因。并且,大力指导他们今后如何改变生活状况,如何提高生活水平。另外,我们还通过与村民同劳动、同生活等方式来间接教育,使他们通过劳动来改变生活、改变思想、改变观念。

(五)办实事好事,摘贫困帽子

协助村两委班子成员,召开系列村民会议宣传党的惠民政策。同时也与村民一起劳动,与村民一起到山上维修铁丝防栏,与村两委班子成员、监督委员会成员、各双联户长一起参与修水坝、修桥,与村民一起维修村内道路,参与全村村民筛查包虫病的全面体检。

2017年,我从15万元经费中拿出3万元购买糌粑慰问全村村民,剩下的12万元购买了微型挖掘机,主要用于修路、修桥;2018年,我通过各种渠道争取经费14万元,修建阳光棚、维修文化室;通过与西藏自治区农牧厅草原处取得联系,我还争取到了价值大概33万元左右的草场防护栏项目,在2019年初落实实施。

(六)落实惠民政策,紧跟时代步伐

积极配合相关部门开展宣传讲解惠民政策,根据实际情况,通过电视、报纸、集体宣讲、入户宣讲等方式,让村民们及时知道党中央对农牧民的优惠政策,特别是他们最关心和最关注的民生问题。我将惠民政策"明白卡"发放到每户群众手里,定期去户里了解情况查看"明白卡",督促扶持资金、生态岗位补偿等惠民政策落实。

习近平总书记曾说过:"在基层能听到群众真正所想,了解群众真正所需。贫困的基层地区能使干部经历严峻的考验。"基层工作无小事,关系广大人民群众的切身利益,基层是锻炼干部的地方。千家万户和睦,才能社会和谐;社会和谐安定,才能国家安康。希望基层工作人员不忘初心、牢记使命,全心全意为人民服务。服务好人民群众是基层工作的重心,广大人民群众的利益高于一切,基层工作人员要做到与人民群众打成一片,从人民群众利益出发,从群众中来,到群众中去。

(2020年6月28日,为复旦大学师生讲座讲稿)

让党的旗帜在扶贫一线高高飘扬

中国保利集团派驻内蒙古自治区喀喇沁旗新丘村第一书记
王军辉

驻村第一书记的职责是：建强基层组织，脱贫攻坚，为民服务，提升治理能力。我个人把这四项职责总结为：党建引领攻坚、心系群众帮扶，核心是党建引领一切工作。下面，我将以"让党的旗帜在扶贫一线高高飘扬"为题分享我在脱贫攻坚路上的点滴收获。

一、责任担当、使命光荣

中国保利集团有限公司成立于1984年，系国务院国有资产监督管理委员会管理的大型中央企业。保利的第一桶金来自武器装备，如今已经成为覆盖贸易、地产、金融、文化、民爆、轻工、工艺、丝绸、信息通信九大业务板块的"航母级"集团公司。"保利"的意思就是保国利民，作为央企，保利集团主动履行社会责任，助力脱贫攻坚，内蒙古喀喇沁旗就是保利集团定点帮扶6个旗县之一。在伟大的新时代，我们保利的党员干部，守初心担使命，带头践行背井离乡、改换门庭、能下能亏、刮骨疗毒的考验，发扬艰苦奋斗的精神，为决胜脱贫攻坚贡献着应有的力量。我有幸参与到脱贫攻坚战中，为这项对中华民族、对全人类都具有重大意义的伟业贡献一份力量！

二、心系群众、济困帮扶

我到任后，以党建为引领，从学政策、摸底数开始逐步开展工作，为群众排解难题。在入户走访贫困户老陈家时，我了解到老陈因病致贫，老伴又在修牛棚时砸成重伤，便拿出身上所带的现金慰问了老两口。此后，我又四处筹集资金5 000元，加上个人出资的1 000元，为老陈家重建了一座牛棚，保证了三头母牛安全过冬并顺利生下三头小牛犊，从而为他们家的脱贫致富

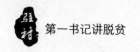

夯实了基础。

群众事无小事,能做的尽量去做,能帮的尽力去帮。我对各类困难群众都格外关注,争取在生产生活中解决群众的实际困难。当然,最重要的是激发村民的内生动力。经过调研,我在村里牵头成立爱心超市,并动员好友捐赠5 000元启动物资,把爱心物资以积分的形式兑换给群众,以"传递爱心、济困帮扶"为宗旨,激励了群众的主观能动性。

三、教育扶贫、爱心资助

扶贫必先扶智,不仅要帮助脱贫人口"站起来",更重要的是让他们"站得稳""走得远"。培养一个大学生,脱贫一个家庭,让贫困地区的孩子们接受良好教育,是阻断贫困代际传递的重要途径。

贫困家庭学生慧甲在锦山中学上学,成绩优异,连续两年获得了保利奖学金。读高三时,我接续资助他生活费,让他安心读书。帮助慧甲同学的事情,起到了很好的带动作用,我与保利置业集团山东公司营销部经理刘伟、龙湖集团山东区域公司投资二中心总监丁慧中、山东源晟项目管理公司负责人丁勇、好友地产爱心人士李桂斌,自发组成"保利+爱心"助学团队。2020年5月,"保利+爱心"助学团队代表去内蒙古赤峰市田家炳中学看望了五位受到资助的优秀贫困学子。这五位同学虽然家庭条件困难,但他们乐观阳光,成绩拔尖,始终保持着昂扬向上的学习劲头。今后,"保利+爱心"助学团队会与受助学生有更多的交流,为同学们提供更多物质及精神层面的支持。

四、战疫战贫、双战双赢

我曾经是一名军人,多年当兵的过程中,和家人聚少离多。在确定到内蒙古挂职时,母亲边给我收拾行李边说:"注意身体,爸妈还指望你养老呢。"扶贫任务很重,就在我驻村忙工作的时候,母亲因糖尿病引起的系列并发症住进了医院。当我得知消息时,母亲的左眼已经失明,这成了我心中永远的痛。春节假期,得知"新冠"疫情严峻,我放下了心心念念的家人,在大年初一就写下请战书,主动请缨到一线参加防疫战斗。通过信息化手段与村支部书记及村干部保持沟通,我及时部署了疫情防控工作,充分发挥党支部的战斗堡垒和党员的先锋模范作用,把党旗插到疫情防控的一线,并经多方联系为群众购置口罩660个、肥皂180块。

做好脱贫攻坚工作,既要"输血"更要"造血"。"打赢脱贫攻坚战,产业扶贫是一个重要抓手""产业扶贫是最直接最有效的办法,也是增强贫困地区造血功能、帮助群众就地就业的长远之计"。新丘村基础差,2019年之前没有产业项目,村集体经济几乎为零。为发展村集体经济,我个人筹集资金10 000元,并邀请战友来村考察投资、回山东考察育苗项目、开展有机肥项目等。

我积极谋划新丘村产业发展,2020年春节前与保利集团在喀喇沁旗挂职的张立群副旗长共同向集团申请40万资金,用于村集体发展育苗产业基地项目。项目投产后,预计年产值能达到40万元,可使村集体经济增收4万元,创造稳定就业岗位30余个。

五、不忘初心、继续前进

2020年是脱贫攻坚的收官之年,我们村两委及工作队以会议、座谈等各种形式深入学习习近平总书记扶贫工作的重要论述,深刻领会习近平总书记系列重要讲话精神,坚决克服疫情影响,稳固"两不愁三保障"成果。守初心、担使命,发扬吃苦耐劳、敢打硬仗的作风,在以习近平同志为核心的党中央坚强领导下,我们完全有信心、有条件、有能力如期打赢脱贫攻坚战,与全国人民一道步入小康社会。

(2020年6月9日,为复旦大学、内蒙古大学师生讲座讲稿)

见微知著　睹始知终
——听方言谚语　讲脱贫故事

华中农业大学派驻湖北省恩施州建始县扎鱼口村第一书记
杨胜勇

小乡村见证大发展——
国家大局与扎鱼口村脱贫成效

党的十八大以来，我们党坚持以人民为中心的发展思想，明确了到 2020 年农村人口实现脱贫，贫困县全部摘帽，解决区域性整体贫困的目标任务。我将从驻村脱贫攻坚的由来开始，分享扎鱼口村的巨大变化与成就。

习近平总书记在深度贫困地区脱贫攻坚座谈会上的讲话指出，打攻坚战的关键是人。深度贫困是坚中之坚，打这样的仗就要派最能打的人。目前，中组部、省县乡各级共派出了 25.5 万个驻村工作队，累计选派 290 多万个县级以上党政工作单位和国有企业干部到贫困村担任第一书记或驻村干部，目前在岗仍有 91.8 万人。在工作中，驻村第一书记要指导配合村里原有的书记，主要负责脱贫工作。

扎鱼口村隶属于湖北省恩施州建始县，全村有 10 个村民小组，315 户 1 345 人，其中贫困户有 109 户 294 人。全村已经于 2017 年整村脱贫出列。从 2015 年开始，扎鱼口村前后有三任第一书记驻村。第一任书记任职时，村里道路通行还不方便，在第二任书记任职时扶贫工作已经取得了初步的成果，而第三任书记就是我。

在扎鱼口村的脱贫成效上，我们十分重视基础设施的建设，积极组织道路修建、河道修理。在 2019 年，全村都装上了太阳能热水器和 4G 网络。同时，我们还拓宽升级了全村的旅游公路，基础设施投入累计 1 600 万元，其中最典型的项目是厕所改革（雨污分流处理）、新建电线（规范安全）、村里道路和路灯（全村通电）、4G 网络塔修建。

我们积极推动村里的产业发展，确保村民增收。村里主要支柱产业是新品种甜柿和集体经济种植生姜，同时今年新引进线椒种植（鄂西南和重庆接壤，辣椒需求量很大）。第二大产业是村里的茶叶（高山地区建始县茶产量非常大），绿茶种植范围广，尤其是新品种藤茶（黄酮含量非常高，是所有茶里最高的）。第三大产业是生猪的养殖和土家族特色食品加工。

乡风文明建设也是驻村工作队关注的重点。我们村于 2019 年组织了年度最美村民（孝顺公婆、家庭和睦、产业发展楷模）评选活动，同时组建了四线锣鼓非物质文化遗产庆祝活动队。

小故事蕴含大道理——
贫困山区脱贫工作中的故事和感悟

在恩施这个地方，我听了许多群众总结出来的具有民间特色的谚语，这些谚语反映了劳动人民的生活经验和为人处世的道理。我选取了一些和我们驻村工作相关的谚语，结合着我们的驻村故事为大家分享。

第一个：要碰刺架子，不怕刺架刺。刺架子是像玫瑰花那样带刺的植物。这里的意思是，要去处理刺架子的时候就不要怕被刺，彰显了我们做脱贫工作有着克难攻坚的必胜决心。驻村第一书记要过三关：语言关（建始这边说西南方言官话，不太好懂）、政策关（学习各种脱贫攻坚政策）和生活关（恩施饮食辛辣、长年缺水、爬行动物多）。在平时工作中，我们总结出了一些原则：群众打招呼不能拒绝；去乡亲们家里不管板凳上有什么东西不能擦；不能伤害群众的热情，烟茶必须喝；乡亲们送的土特产要非常珍惜，不怕困难，掌握群众工作。

第二个：屋檐滴水颗颗滴水窝。下雨时，屋檐上的每一滴水都会滴到前面水的水窝中去。这意味着，父母长辈一定要做好后辈的表率，领导做工作一定要公道正派、站得正。我们在重大事情的商议上会召开村民会，保证决议公开透明、公平无私利。既要自身清白，也要群众明白，村民对于驻村的村干部要信得过。这体现了共产党员的钉子精神，看准路子，说得算、迎着干，再大困难也不变，像钉钉子那样推进脱贫攻坚工作。

第三个：牵住牛鼻子。习总书记讲过，给钱给物，不如帮建一个好支部。支部建设是我们保证脱贫攻坚成效最关键的部分。不能做老好人，要在其位谋其政，遇到困难不害怕。既要埋头干事，又要抬头看路，找准村里的薄弱环节，向前推进。

第四个：赶驴不要怕闻屁，当官不要怕受气。扶贫干部在工作中不要怕受村民的气。例如有一次，我在处理企业产业合作过程中，本来在前期谈得非常愉快，已经与企业达成了合作意向，但是在最后签协议要求村民交几百块的种子费时确遇到了阻力。作为驻村书记，我当时很尴尬，但其实之后站在村民的角度考虑问题才发现，在驻村小组入驻前村里也推进过很多其他产业，那时企业把种子卖了之后就跑了，村民吃了亏、受了损失，所以他们才顾虑重重。而从企业角度来讲，如果种子发过去不要钱，后期村民可能会不认真对待，钱就没法收回来。所以在当时，通过我给村民做担保，种子钱先不收，但是在卖辣椒的时候钱要支出，中间有风险由我来担保，这个事情最终才落地。归根结底，要逐步通过市场化开展产业扶持，让老百姓有实实在在的收益。我作为驻村书记能吃亏，少是非；肯吃亏，多权威；长吃亏，才能有作为；多吃亏，才能有人跟随。

第五个：升米恩，斗米仇。别人在困难的时候，给予他一升米的帮助，他会感恩；但是如果长期的帮助一旦中断，他就有可能记恨你很久。例如，村里最后一栋房子要拆旧复垦，我们出钱给一家人在老房子附近搭了一个板房，但是不久后，他们又要求在房子周围修路，被我们拒绝后甚至非常生气。可见，获得和获得感不是一回事，扶贫要致力于教育与志向。人穷志不短，要让群众有脱贫的意识才行。

小天地孕育大作为——
助力乡村振兴，为伟大复兴贡献智慧力量

今年的"新冠"疫情对于乡村振兴和巩固脱贫攻坚成果产生了不小的影响。第一是外出务工的减少。以往全村的务工人数是682人，但今年因为出村晚，外面所需的务工人员也少，所以部分村民没有找到工作。第二是对扶贫产品销售和产业扶贫产生了一定的冲击。第三是给具体帮扶工作带来了

一定的压力,国家税收的变化直接影响了财政收入和支出。所以,我们需要花更大的力气来打好脱贫攻坚战,凝聚更大的人心和力量。

从脱贫攻坚到乡村振兴,要推进党建扶贫、教育扶贫、产业扶贫、文化扶贫、社会扶贫、消费扶贫六位一体的扶贫工作体系。在党建扶贫方面,华中农业大学与31个深度贫困村进行了结对,提供相应的技术指导、党课培训等。在教育扶贫方面,华中农业大学以前每年都会组织贫困山区的孩子们到武汉去学习、了解科普知识,2020年由于疫情的影响,学校对在村学习的小朋友们进行了在线视频学习和培训。在产业扶贫方面,华中农业大学和正大集团签约,优化产业发展,巩固脱贫成果,保证脱贫可持续。在文化扶贫方面,我们组织文艺节目进村,给贫困山区捐赠书籍,建设图书室等,提高村民文化水平。在消费扶贫方面,我们开发了恩施许多有名的特产进行销售。

2020年是脱贫攻坚战的决胜之年,冲锋号已经吹响。让我们只争朝夕,不负韶华,做新长征路上的奋斗者。

(2020年5月31日,为复旦大学师生讲座讲稿)

后　记

复旦大学在实践育人工作上不断探索、持续创新，把三全育人理念落在常态，把育人机制建在长久，教育引导更多的青年师生走到中国的最基层、生产活动最前线，围绕脱贫攻坚、乡村振兴、基层治理、环境保护等各个方面开展师生实践活动，教育引导青年师生自觉将个人成长成才融入"两个一百年"的奋斗目标中。

本书的完成凝结了很多人的努力。首先，要感谢参与"百名驻村第一书记讲脱贫"活动的奋斗在全国各地脱贫一线的驻村第一书记们，感谢他们在百忙之中抽出时间为我们的青年师生带来这样有高度、有深度、有温度的讲课。其次，要感谢复旦大学的硕士研究生潘晨、薛宏伟、胡洁琼、梁毓文、仇伊凡、姚建萍和张相彤同学，感谢复旦大学出版社的编辑黄丹老师，他们为最后的成书做了大量细致的工作。最后，感谢开展活动过程中驻村第一书记派出单位、兄弟高校以及复旦大学校内各院系的支持和配合。

图书在版编目(CIP)数据

驻村第一书记讲脱贫/赵强主编. —上海:复旦大学出版社,2020.9(2023.6 重印)
ISBN 978-7-309-15245-6

Ⅰ.①驻… Ⅱ.①赵… Ⅲ.①扶贫-案例-中国 Ⅳ.①F126

中国版本图书馆 CIP 数据核字(2020)第 149217 号

驻村第一书记讲脱贫
赵 强 主编
责任编辑/黄 丹

复旦大学出版社有限公司出版发行
上海市国权路 579 号 邮编:200433
网址:fupnet@ fudanpress.com http://www.fudanpress.com
门市零售:86-21-65102580 团体订购:86-21-65104505
出版部电话:86-21-65642845
常熟市华顺印刷有限公司

开本 787×960 1/16 印张 17.75 字数 291 千
2020 年 9 月第 1 版
2023 年 6 月第 1 版第 2 次印刷

ISBN 978-7-309-15245-6/F·2729
定价:68.00 元

如有印装质量问题,请向复旦大学出版社有限公司出版部调换。
版权所有 侵权必究